Isabell Pohlmann

Steuererklärung 2022/2023

Rentner, Pensionäre

Stiftung Warentest

Mit Leitfaden für ELSTER

Inhaltsverzeichnis

Immer öfter in der Pflicht

Auch im Ruhestand müssen Sie häufig weiter mit dem Finanzamt rechnen: Eine Steuererklärung ist für immer mehr Rentner und Pensionäre Pflicht. Wen trifft es? Werden automatisch Steuern fällig? Und wie lässt sich eine Steuerlast begrenzen?

Im Ruhestand eine Steuererklärung abgeben – muss das sein? Immer häufiger lautet die Antwort „ja". Denn die Zahl der Rentner und Pensionäre, die mit dem Finanzamt abrechnen und dann auch tatsächlich zur Kasse gebeten werden, wächst jedes Jahr. Allein die Rentenerhöhung im Sommer 2022 – 5,35 Prozent Plus in West- und 6,12 Prozent Plus in Ostdeutschland – sorgt nach Angaben der Bundesregierung dafür, dass rund 100 000 Rentnerinnen und Rentner für 2022 erstmals Steuern zahlen müssen. Insgesamt trifft es rund 7 Millionen Rentner, die voraussichtlich insgesamt rund 46 Milliarden Euro Steuern zahlen müssen.

Die Pflicht, die Steuererklärung einzureichen, trifft vor allem die Jüngeren, denn für jeden neuen Rentnerjahrgang ist immer weniger von der gesetzlichen Rente steuerfrei. Wer zum Beispiel im Jahr 2004 aus dem Berufsleben ausgestiegen ist, dem blieben zunächst noch 50 Prozent seiner gesetzlichen Rente steuerfrei. Liegt der Rentenbeginn im Jahr 2022, sind es nur noch 18 Prozent. Hinzu kommen die Auswirkungen der meist **jährlichen Rentensteigerungen,** die im Normalfall zum 1. Juli anstehen. Das Geld, das Sie dadurch zusätzlich aufs Konto bekommen, ist komplett steuerpflichtig. Dadurch steigen die steuerpflichtigen Einkünfte stetig an, und darum rutschen auch immer mehr Menschen im Ruhestand gegenüber dem Finanzamt in die Pflicht.

2021 hat sich das kaum bemerkbar gemacht – damals war die Rentenerhöhung in Folge der Corona-Pandemie in Westdeutschland ausnahmsweise komplett ausgefallen, in Ostdeutschland stiegen die Renten gerade einmal um 0,72 Prozent. Das deutliche und voll steuerpflichtige Plus aus dem Sommer 2022 wird nun allerdings dafür sorgen, dass Rentner und Rentnerinnen, die bisher nichts mit dem Finanzamt zu tun hatten, plötzlich die Steuerformulare ausfüllen müssen.

Muss ich – oder muss ich nicht?

Ob auch Sie zu denjenigen gehören, die im ersten Schritt die Steuerformulare ausfüllen und im zweiten Schritt tatsächlich Steuern zahlen müssen? Die Frage lässt sich nicht auf die Schnelle beantworten. Je nach Einzelfall sind mehrere Berechnungsschritte notwendig, damit Sie einschätzen können, ob Sie beim Finanzamt in der Pflicht stehen und mit welcher Forderung Sie rechnen müssen. Auf den folgenden Seiten zeigen wir Ihnen an mehreren Beispielen, wen es treffen kann und warum das so ist.

Vorab stellen wir aber kurz vor, welche Besonderheiten das Steuerjahr 2022 bereitgehalten hat: Gesetzesänderungen, Folgen der Corona-Pandemie bis hin zu den Urteilen des Bundesfinanzhofs zur Doppelbesteuerung von Renten. Als erfahrene Leser und Leserinnen dieses Steuerratgebers können Sie mit solchen Informationen einschätzen, auf welche Stellen Sie bei der diesjährigen Steuererklärung besonders achten müssen; und Sie erfahren, wo sich eventuell neue Chancen für Sie ergeben.

Ist dieser Ratgebers etwas Neues für Sie? Dann hilft er Ihnen mit dieser Übersicht, vorab einige Knackpunkte bei der diesjährigen Steuererklärung aufzuspüren, die Sie etwa aus der Zeit der Berufstätigkeit so nicht kennen.

Steuerjahr 2022: Das ist neu!

Das Steuerjahr 2022 ist geprägt durch Änderungen, die zu Jahresbeginn noch nicht absehbar waren. Denn mit dem Ausbruch des Kriegs in der Ukraine und aufgrund der damit verbundenen Kostensteigerungen etwa für Energie, Benzin und Lebensmittel hat die Bundesregierung im Laufe des Jahres verschiedene Gesetzesänderungen auf den Weg gebracht. Vieles wurde bereits gesetzlich umgesetzt, andere Änderungen sind vorgesehen, sie waren aber bei Redaktionsschluss für diesen Ratgeber noch im Gesetzgebungsverfahren.

Auch die angekündigten, aber noch nicht endgültig verabschiedeten Erleichterungen fließen in diesen Ratgeber ein. Dazu gehört beispielsweise die **Energiepreispauschale** von 300 Euro, die Rentner und Pensionäre zum 1. Dezember 2022 erhalten sollen. Da die genauen steuerlichen Regelungen dafür bisher noch nicht endgültig feststehen, bleiben sie aber etwa bei den Beispielrechnungen auf den folgenden Seiten außen vor.

Sollte es an den bisher angekündigten Steuererleichterungen im Laufe des Gesetzgebungsverfahrens noch relevante Änderungen geben, die die Steuererklärung für 2022 betreffen, finden Sie die Informationen dazu online auf der Seite test.de/Steuerratgeber-Extra.

Einige der wichtigsten Steueränderungen, die bereits Anfang 2022 oder im Laufe des Jahres erfolgten, zeigt die folgende Übersicht:

- **Mehr steuerfrei:** Der Grundfreibetrag liegt 2022 bei 10347 Euro für Alleinstehende und damit um rund 600 Euro über dem Vorjahreswert. Für Ehe- und Lebenspartner sind es nun 20694 Euro im Jahr. Für ein zu versteuerndes Einkommen bis zu der Grenze zahlen Sie keine Steuern.
- **Werbungskosten:** Waren Sie im Laufe des Jahres 2022 noch berufstätig, ehe Sie in den Ruhestand gegangen sind, profitieren Sie von einigen Veränderungen rund um die Ausgaben für Ihren Job – etwa davon, dass die Werbungskostenpauschale von 1000 auf 1200 Euro erhöht wurde.

Haben Sie Ihren Job im Homeoffice erledigt, dürfen Sie weiterhin die Homeoffice-Pauschale von 5 Euro pro Tag geltend machen. Ursprünglich war ein Auslaufen dieser in Folge der Corona-Pandemie eingeführten Pauschale vorgesehen, doch nun soll sie auf Dauer gelten.

- **Nebenverdienst:** 2022 wurde der Mindestlohn gleich zweimal erhöht – im Juli zunächst von 9,82 auf 10,45 Euro und seit Oktober dann auf 12 Euro Bruttolohn pro Stunde. Üben Sie einen pauschal versteuerten Minijob aus, dürfen Sie seit Oktober 2022 im Schnitt bis zu 520 Euro monatlich verdienen. Bleiben Sie mit Ihrem Verdienst in diesem Rahmen, ist es möglich, diesen brutto wie netto zu erzielen. Im Regelfall übernimmt der Arbeitgeber für Sie die Sozialversicherungsbeiträge und auch die Lohnsteuer von pauschal 2 Prozent. Alles zusammen führt er an die Minijob-Zentrale ab. Einen pauschal versteuerten Zusatzverdienst müssen Sie nicht in der Steuererklärung angeben.

Zukunft der Rentenbesteuerung

Für die nähere Zukunft sind weitere Änderungen geplant, zum Beispiel um zu vermeiden, dass es zu einer verbotenen Doppelbesteuerung der Renten kommt: Es ist nicht erlaubt, dass sowohl die Renten als auch die Beiträge, auf denen diese Renten basieren, besteuert werden. Der Bundesfinanzhof (BFH) hat im Jahr 2021 festgestellt, dass es für künftige Rentnerjahrgänge zu einer Doppelbesteuerung kommen kann (Bundesfinanzhof, Az. X R 33/19 sowie Az. X R 20/19). Um das zu verhindern, plant die Bundesregierung folgende Änderungen:

Vorsorgebeiträge: Schon ab 2023 sollen Berufstätige Vorsorgebeiträge – zum Beispiel Zahlungen an die gesetzliche Rentenversicherung oder in einen Rürup-Vertrag – voll und nicht nur zu einem überwiegenden Teil als Sonderausgaben in der Steuererklärung geltend machen können. Dadurch sinkt die Belastung im Berufsleben. Ursprünglich war vorgesehen, dass die Vorsorgebeiträge erst ab 2025 voll als Sonderausgaben zählen.

Steuerpflicht: Geplant ist zudem, dass der Zeitpunkt, ab dem die Renten zu 100 Prozent steuerpflichtig sind, nach hinten geschoben wird. Ein entsprechendes Gesetz ist aber noch nicht verabschiedet.

In der Pflicht oder nicht?

Zugegeben: Die Aussicht, sich möglicherweise durch die Steuerformulare kämpfen zu müssen, ist nicht verlockend, vor allem, wenn Sie eine größere Nachforderung vom Finanzamt fürchten. Umso glücklicher werden Sie sein, wenn Sie zum Beispiel nach dem Lesen dieses Buches feststellen, dass Sie sich das Ausfüllen der Formulare sparen können.

Sind Sie selbst unsicher, ob Sie ranmüssen oder nicht, kann im ersten Schritt eine Nachfrage bei Ihrem Finanzamt helfen. Oder Sie holen sich Unterstützung bei einem Steuerexperten, etwa im Lohnsteuerhilfeverein oder bei einem Steuerberater. Dort erfahren Sie nicht nur, ob die Erklärung Pflicht ist, sondern Sie bekommen eben wenn nötig auch Unterstützung beim Abrechnen. Wann der Besuch empfehlenswert ist, lesen Sie im Abschnitt „Allein abrechnen oder Unterstützung suchen?“ ab Seite 39.

Der Rentner im folgenden Beispiel kann sich zumindest vorerst entspannt zurücklehnen – er muss nicht mit dem Finanzamt abrechnen.

→ Zum Beispiel Anton A.

Der 65-Jährige ist alleinstehend und seit dem 1. Januar 2022 Rentner, seine gesetzliche Jahresrente beträgt 12 400 Euro. Andere steuerpflichtige Einkünfte hatte er nicht. Muss er Steuern zahlen? Da 82 Prozent seiner Rente steuerpflichtig sind (→ Seite 167), geht das Finanzamt von 10066 Euro steuerpflichtigen Einkünften aus. Sie liegen innerhalb des steuerfreien Grundfreibetrags, der 2022 für Alleinstehende 10347 Euro beträgt. Also muss Anton A. nichts versteuern und nicht einmal eine Steuererklärung abgeben.

Anton A. kann sich allerdings nicht auf Dauer darauf verlassen, dem Finanzamt aus dem Weg zu gehen: Sollte es auch in den kommenden Jahren wieder deutliche Rentensteigerungen geben, kann es passieren, dass er doch noch beim Finanzamt in die Pflicht kommt. Warum das so ist, lesen Sie ab Seite 13 unter „Steuerfreibetrag gilt meist auf Dauer".

Kurzausflug ins „Steuerchinesisch"

In dem Beispiel von Anton A. taucht mit den „steuerpflichtigen Einkünften" eine Formulierung auf, die Ihnen als Laie eventuell nicht ganz geläufig ist. Schließlich werden in der Alltagssprache Begriffe wie Einnahmen, Einkommen und Einkünfte häufig in ähnlichem Zusammenhang verwendet. Steuerrechtlich gibt es allerdings einen Unterschied, sodass wir uns an dieser Stelle für einen kurzen Ausflug in die Fachsprache entschieden haben, da der Begriff Einkünfte im weiteren Verlauf des Ratgebers häufiger auftauchen wird:

Einkünfte sind im Steuerrecht, kurz gesagt, die Einnahmen aus einer Quelle beziehungsweise aus einer Tätigkeit minus der Ausgaben, die erforderlich sind, um diese Einnahmen zu erzielen. Bei einem Arbeitnehmer ist das zum Beispiel der Bruttolohn minus Ausgaben für den Job. Diese werden auch Werbungskosten genannt, und dazu zählen zum Beispiel die Ausgaben für den Arbeitsweg oder für eine berufliche Fortbildung.

Rentner berechnen ihre Einkünfte ähnlich: Vom steuerpflichtigen Rentenanteil gehen die Werbungskosten ab, zum Beispiel Kosten für eine Rentenberatung oder auch Ausgaben für eine juristische Auseinandersetzung um die Rente. Meist fallen solche Ausgaben nicht an. Dann berücksichtigt das Finanzamt automatisch eine **Werbungskostenpauschale** von 102 Euro im Jahr. Auch Pensionäre ziehen von der Bruttopension Werbungskosten ab, um die Einkünfte zu ermitteln – meist ebenfalls pauschal

102 Euro. Hinzu kommt ein sogenannter **Versorgungsfreibetrag** mit Zuschlag (→ Seite 23).

Zusammengefasst: Einkünfte sind Bruttoeinnahmen abzüglich der für sie erforderlichen Ausgaben.

Wir werden in diesem Ratgeber versuchen, steuerliche Fachbegriffe so weit wie möglich zu vermeiden. Allerdings lassen sich auch einige weitere Grundbegriffe nicht umgehen. Diese werden wir jeweils an den entsprechenden Stellen erklären.

Wie viel von der Rente ist steuerpflichtig?

Für die Frage, ob eine Steuererklärung abzugeben ist, ist die Höhe der jährlichen steuerpflichtigen Einkünfte entscheidend. Die kritische Grenze des Grundfreibetrags liegt 2022 bei 10 347 Euro für Alleinstehende und 20 694 Euro für Ehepaare oder eingetragene Lebenspartner, die gemeinsam eine Steuererklärung abgeben. Wird diese Grenze überschritten, ist die Abgabe einer Steuererklärung Pflicht.

Wenn wie im Beispiel von Anton A. auf der Einnahmenseite nur die gesetzliche Rente steht, können Sie selbst ermitteln, wie viel davon steuerpflichtig ist. Als Rentner von heute haben Sie den Vorteil, dass ein Teil Ihrer Rente immer noch steuerfrei bleibt. Nach noch geltendem Stand sind erst für Neurentner, die 2040 oder später in den Ruhestand gehen, die Bruttoleistungen komplett steuerpflichtig. Diese Grenze soll sich nach den Plänen der Bundesregierung ab 2023 nach hinten verschieben, um eine Doppelbesteuerung der Renten und der Beiträge, auf denen diese Rente basiert, zu umgehen. Eine solche Doppelbesteuerung ist nicht erlaubt.

Wie groß der steuerfreie Anteil der Renten ist, hängt heute und auch in Zukunft davon ab, in welchem Jahr Ihre Rente beginnt oder begonnen hat. Wer zum Beispiel 2019 erstmals eine Rente bezogen hat, muss 78 Prozent versteuern (→ Seite 167). Beim Rentenbeginn 2021 sind es 81 Prozent, beim Start 2022 sind es 82 Prozent. Bisher ist es so, dass die steuerpflichtigen Anteile für jeden neuen Rentnerjahrgang um 1 Prozent steigen, künftig sollen sie nur noch um ein halbes Prozent für jeden neuen Rentnerjahrgang steigen. Anhand des jeweils ermittelten Prozentsatzes und anhand der ersten vollen Jahresbruttorente ermittelt das Finanzamt einen **persönlichen Rentenfreibetrag.**

→ Zum Beispiel Barbara B.

Die 68-jährige verheiratete Bankangestellte aus Berlin ging am 1. Juli 2019 in Rente, sie erhielt zu Beginn 1 000 Euro Monatsrente. Davon waren 78 Prozent steuerpflichtig, 22 Prozent blieben zunächst steuerfrei. Damit stand zwar der Prozentsatz fest, nicht aber die genaue Höhe ihres persönlichen Rentenfreibetrags. Der Freibetrag wird immer auf der Grundlage der Rente des ersten vollen Rentenjahres nach Beginn der Auszahlung ermittelt. Das war für Barbara B. von Vorteil.

Ausfüllhilfe zur Rente

Wollen Sie den steuerpflichtigen Anteil Ihrer Rente selbst ermitteln, hilft Ihnen die „Information über die Meldung an die Finanzverwaltung“. Einmal bei der Deutschen Rentenversicherung beantragt, wird sie Ihnen in den kommenden Jahren automatisch per Post nach Hause geschickt. Nach dem einleitenden Hinweis, dass die angegebenen Daten ebenfalls dem Finanzamt gemeldet wurden, können Sie in der Mitteilung etwa den Rentenbeginn, den Jahresbetrag der Rente, den steuerpflichtigen Rentenanpassungsbetrag der Rente und von der Rente abgezogene Beiträge für die Kranken- und Pflegeversicherung und den geleisteten Beitragszuschuss zur Krankenversicherung entnehmen.

Da sich die Rente zum 1. Juli 2020 deutlich um 4,2 Prozent erhöht hat (also um 252 Euro), ist auch ihr Rentenfreibetrag ein wenig mit angewachsen: nämlich auf 2 696 Euro. Dort ist er aber stehen geblieben, und er bleibt auch dort, egal welche weiteren Rentenanpassungen in Zukunft noch kommen. Das bedeutet für sie auch: Jede Rentenerhöhung seit 2020 – auch die deutliche in 2022 – ist nicht nur anteilig, sondern voll steuerpflichtig.

Bruttorente Januar bis Juni 2020	**6 000**
plus Bruttorente Juli bis Dezember 2020	+ 6 252
Bruttorente 2020	12 252
davon 22 Prozent steuerfrei (alle Angaben in Euro)	**2 696**

Steuerfreibetrag gilt meist auf Dauer

Für Barbara B. stand der persönliche Rentenfreibetrag also Ende 2020, zum Ende des ersten vollen Jahres als Rentnerin, fest. Er gilt im Normalfall auf Dauer und ändert sich zum Beispiel nicht aufgrund der im Regelfall jährlich anstehenden Rentenerhöhungen. Sollte es aber etwa wegen einer Gesetzesänderung so weit kommen, dass Ihre Rente tatsächlich neu berechnet wird, ändert sich der Rentenfreibetrag doch. Das war zum Beispiel vor ein paar Jahren der Fall im Zuge der Gesetzesänderungen zur sogenannten Mütterrente. Damals wurden viele Renten – gerade von älteren Frauen – neu berechnet, weil die Erziehung von vor 1992 geborenen Kindern besser bei der Rente bewertet wurde. Daraufhin musste auch das Finanzamt die Rentenfreibeträge neu berechnen.

Mit dem auf Dauer geltenden Steuerfreibetrag für die gesetzliche Rente kann auch das Ehepaar im folgenden Beispiel rechnen. Da ihre Renten 2005 begannen, wurden die Freibeträge anhand der Jahresrente 2006 ermittelt. Das Geld aus den Rentenanpassungen, die es seither gegeben hat, ist voll steuerpflichtig. Dadurch ist für das Paar die Berechnung der steuerpflichtigen Einkünfte und damit die Antwort auf die Frage „Steuererklärung ja oder nein?“ etwas komplexer:

➔ Zum Beispiel das Ehepaar C.

Beide Partner leben in Hamburg und sind seit 2005 Rentner. Im Jahr 2022 erhält Carl 24180 Euro Rente. Die Mitteilung der Rentenversicherung weist insgesamt einen Rentenanpassungsbetrag von 6180 Euro aus, der voll steuerpflichtig ist. Von den Renteneinnahmen ohne den steuerpflichtigen Rentenanpassungsbetrag bleiben 50 Prozent, das sind 9000 Euro, steuerfrei (➔ Seite 167). Christiane kommt auf 12899 Euro Rente. Die Mitteilung der Rentenversicherung weist einen Rentenanpassungsbetrag von 3299 Euro aus. Von der Rente ohne Anpassungsbetrag sind 4800 Euro steuerfrei und ebenso viel steuerpflichtig. Das Ehepaar C. muss eine Steuererklärung abgeben, weil die gemeinsamen Einkünfte mit 23075 Euro oberhalb des Grenzbetrags von 20694 Euro liegen. Steuern werden trotzdem nicht fällig. Dank abzugsfähiger Ausgaben, etwa der Beiträge zur Kranken- und Pflegeversicherung von mehr als 4000 Euro, landet das Ehepaar am Ende deutlich unterhalb des Grundfreibetrags.

Gesamtrente Carl	**24180**
minus Anpassungsbetrag der Rente	–6180
Rente ohne Anpassungsbetrag	18000
davon 50% steuerfrei (Rentenbeginn 2005)	–9000
steuerpflichtiger Teil	9000
plus steuerpflichtiger Anpassungsbetrag	+6180
minus Werbungskostenpauschale Carl	–102
Gesamtrente Christiane	**12899**
minus Anpassungsbetrag der Rente	–3299
Rente ohne Anpassungsbetrag	9600
davon 50% steuerfrei (Rentenbeginn 2005)	–4800
steuerpflichtiger Teil	4800
plus steuerpflichtiger Anpassungsbetrag	+3299
minus Werbungskostenpauschale Christiane	–102
Einkünfte (Carl und Christiane, alle Angaben in Euro)	**23075**

Das Finanzamt weiß Bescheid

Geben Sie sich keinen Illusionen hin: Das Finanzamt weiß, wie hoch Ihre Rente ist, und wird früher oder später auf Sie zukommen, wenn Sie nicht von sich aus eine Steuererklärung einreichen. Gerade in der jüngeren Vergangenheit sind Rentner häufig aufgefordert worden, ihre Steuern – auch rückwirkend für mehrere Jahre – zu erklären. In den meisten Fällen kennen die Finanzämter sämtliche ausgezahlten Renten. Alle Versicherer sind meldepflichtig, also die gesetzliche Rentenversicherung, berufsständische Versorgungswerke und private Versicherungsunternehmen.

Seit die Finanzämter diese volle Übersicht über die Alterseinkünfte aus gesetzlichen und privaten Versicherungen haben, werden die Daten regelmäßig geprüft. Gut möglich, dass Sie daraufhin erstmals Post vom Finanzamt erhalten mit der Aufforderung, auch für mehrere zurückliegende Jahre eine Steuererklärung abzugeben. Bekommen Sie diese Post, bewahren Sie Ruhe! Prüfen Sie zunächst Ihre steuerliche Situation mithilfe dieses Buchs oder weiterer professioneller Unterstützung. An wen Sie sich wenden können und worauf Sie bei der Auswahl des Experten achten sollten, zeigt eine Checkliste im Serviceteil, in der wir Tipps für die Suche nach Steuerberater oder Lohnsteuerhilfeverein geben (→ Seite 188).

Wenn klar ist, dass auf jeden Fall Steuern fällig gewesen wären, sollten Sie zügig handeln und möglichst vor Eingang der amtlichen Aufforderung die Steuererklärungen für die betreffenden Jahre abgeben. Das kann mühsam werden, denn im Jahr 2022 kann das Finanzamt Sie zur Abgabe der Steuererklärung ab dem Jahr 2015, in begründeten Fällen sogar ab Kalenderjahr 2009, auffordern.

Für vergangene Jahre

Die einzelnen Ratgeber „Steuererklärung Rentner, Pensionäre" für die Jahre vor 2022 sind teilweise noch im Buchhandel oder unter test.de/shop erhältlich.

Konten und mehr

Auch Bankkunden können vor dem Finanzamt kaum etwas verbergen. Die Finanzverwaltung kann in begründeten Fällen von den Geldhäusern die Kontostammdaten von Kontoinhabern erfragen. Das sind in einer Datenbank der Banken abgelegte Informationen wie Kontonummer, Name, Geburtsdatum, Kontoberechtigte und Anzahl der Konten. In der Regel muss das Amt die betroffenen Kontoinhaber vorher ansprechen und steuerrelevante Auskünfte verlangen. Bei Verdacht auf eine Steuerstraftat kann das Finanzamt vom Kontoinhaber verlangen, alle Konten inklusive sämtlicher Kontenbewegungen offenzulegen. Schweigt der Betroffene und verweigert so Auskünfte, kann das Finanzamt eine Kontenabfrage bei der Bank selbst stellen. Die Bank ist in solchen Fällen verpflichtet, dem Finanzamt Auskünfte zu erteilen. Das funktioniert für bestehende Konten sogar bis zu zehn Jahre rückwirkend.

Die Finanzverwaltung kann auch die Kapitalerträge kontrollieren, die Sparer und Anleger bei ihren Banken per Freistellungsauftrag steuerfrei kassiert haben. Sind die freigestellten Zinsen höher als der Sparerpauschbetrag von derzeit 801 Euro für Alleinstehende oder 1 602 Euro für Ehe-/Lebenspartner, ohne dass eine Nichtveranlagungsbescheinigung vorliegt (➔ Seite 158), fragen die Beamten nach.

Austausch über Grenzen hinweg

Selbst Zinsen, die Deutsche in anderen EU-Staaten erzielen, sind kaum geheim: Sie werden bereits seit 2005 schriftlich an die deutschen Finanzbehörden gemeldet. Die erfuhren so Namen, Anschrift und Kontonummern des Zahlungsempfängers sowie den Gesamtbetrag der eingenommenen Zinsen. Diese Regelung ist vor einigen Jahren von einer deutlich umfassenderen ersetzt worden. Nach dem „Finanzkonten-Informationsaustauschgesetz“ senden Deutschland und mehr als 100 andere Staaten Informationen über Konten von Ausländern automatisch an die Steuerbehörden der jeweiligen Heimatländer.

Wichtig für Sie: Erzielen Sie Kapitaleinkünfte im Ausland, sind Sie in jedem Fall verpflichtet, diese in der Steuererklärung abzurechnen. Führen Sie beispielsweise ein Konto oder ein Depot bei einer Auslandsbank, führt diese keine deutsche Abgeltungsteuer ab. Sie müssen Ihre Erträge selbst mit dem Finanzamt abrechnen und füllen dafür die Anlage KAP oder die Anlage KAP in Kombination mit der Anlage KAP-INV aus. Das gilt auch für Investmenterträge, die nicht dem inländischen Steuerabzug unterlagen.

Und noch ein wirksamer Kontrollmechanismus

Neben dem Kontrollnetz der Finanzverwaltung gibt es hochwirksame private Überwachungsmechanismen. Nach einer Scheidung oder Trennung vom Ehe-/Lebenspartner erhält das Finanzamt oft Tipps vom Expartner. Das passiert manchmal auch bei Unstimmigkeiten zwischen jetzigem Partner und Kindern aus früheren Partnerschaften. Manchmal helfen auch Nachbarn, Exmitarbeiter oder Exkollegen dem Finanzamt auf die Sprünge. Auch das ist zu bedenken, sollte man es mit der Steuerpflicht bisher nicht so genau genommen haben. Fest steht: Das Kontrollnetz ist engmaschiger geworden.

Wenn zur Rente weitere Einkünfte hinzukommen

In den Beispielen auf Seite 9, 12 und 14 erzielten die Rentner nur steuerpflichtige Einkünfte aus ihrer gesetzlichen Rente. Kommen weitere Einkünfte hinzu, führt das oft zur Pflichtabgabe der Steuererklärung.

Um nachzuvollziehen, wie viel von Nebeneinkünften steuerpflichtig ist und wie viel nicht, ist an dieser Stelle ein weiterer Fachbegriff unvermeidlich. Er heißt **Altersentlastungsbetrag** und verliert sofort seinen Schrecken, wenn man weiß: Er senkt die Steuerlast.

Der Altersentlastungsbetrag ist ein Freibetrag, der allen zusteht, die zu Beginn des Steuerjahres mindestens 64 Jahre alt waren. Um den Altersentlastungsbetrag für das Jahr 2022 nutzen zu können, muss man vor dem 2. Januar 1958 geboren sein. Er ist auf Arbeitslohn und Einkünfte aus Mieten anwendbar, jedoch nicht auf Renten und Pensionen. Für Kapitaleinkünfte können Sie ihn nur nutzen, wenn Sie diese in der Steuererklärung abrechnen und das Finanzamt dann im Zuge der Günstigerprüfung Ihren persönlichen Steuersatz für die Einkünfte ansetzt (→ auch Seite 113).

Der Entlastungsbetrag beläuft sich auf maximal 40 Prozent des Lohnes oder der Einkünfte, höchstens aber auf 1900 Euro im Jahr (→ auch Seite 173). Der Freibetrag in dieser Höhe gilt allerdings nur für ältere Rentner, er sinkt für jeden jüngeren Jahrgang. Wer am 1. Januar 2022 gerade erst 64 Jahre alt war, kann noch 14,4 Prozent der begünstigten Einnahmen, maximal 684 Euro, steuerfrei kassieren. Für alle, die erst im Jahr 2040 oder später alt genug für diesen Freibetrag sind, gibt es diese Entlastung für Nebeneinkünfte nicht mehr.

Der Freibetrag muss nicht gesondert beantragt werden, daher finden die Rentner im Formularvordruck der Steuererklärung auch keine Frage zum Altersentlastungsbetrag.

Bei einer sogenannten Zusammenveranlagung erhält nur der Ehepartner den Altersentlastungsbetrag, der selbst die entsprechenden Einkünfte und das Alter hat. Sind beispielsweise beide Partner Eigentümer einer vermieteten Wohnung, können beide ihren jeweiligen Altersentlastungsbetrag für die anteiligen Mieteinkünfte nutzen. Ist nur einer Eigentümer, geht der andere beim Altersentlastungsbetrag leer aus.

Wie sich der Steuerfreibetrag für Nebeneinkünfte zu Ihren Gunsten auszahlen kann, zeigen die folgenden Beispiele.

Beschäftigung als Arbeitnehmer

Immer mehr Rentner nutzen die Möglichkeit, sich etwas nebenbei zu verdienen. Je nach Art und Umfang des Jobs muss der Beschäftigte für den Verdienst Steuern und Sozialabgaben bezahlen. Verdient er regelmäßig mehr als 520 Euro im Monat, kommt er um eine Steuererklärung nicht herum, wenn er Arbeitslohn und mehr als 410 Euro Renteneinkünfte im Jahr versteuern muss.

→ Zum Beispiel Doris D.

Die ledige Kölnerin ist im Januar 2022 in den Ruhestand gegangen. Sie bezieht bis Jahresende insgesamt 10 000 Euro Altersrente. Gleichzeitig geht sie noch in die alte Firma, um ihre Rente mit 900 Euro im Monat aufzubessern. Von der Rente sind 82 Prozent steuerpflichtig (→ Seite 167). Doris kann die Pauschalen für Werbungskosten (102 Euro als Rentnerin, 1 200 Euro als Arbeitnehmerin) sowie den Altersentlastungsbetrag nutzen (→ Seite 173). Trotzdem muss sie eine Steuererklärung abgeben, da sie neben dem Lohn mehr als 410 Euro andere Einkünfte hat.

steuerpflichtiger Rentenanteil (82 % von 10 000 Euro)	**8 200**
minus Werbungskostenpauschale	– 102
plus Bruttolohn (900 × 12)	+ 10 800
minus Arbeitnehmerpauschbetrag (→ Seite 84)	– 1 200
minus Altersentlastungsbetrag (14,4 % von 10 800, maximal 684)	– 684
Einkünfte (alle Angaben in Euro)	**17 014**

Anders ist die Situation meist, wenn Sie sich im Ruhestand für einen Minijob entscheiden: Bei einer solchen „geringfügigen Beschäftigung" überweist der Arbeitgeber meist nicht nur die fälligen Sozialversicherungsbeiträge für Sie, sondern zahlt auch pauschal 2 Prozent Lohnsteuer an die Minijob-Zentrale. Seit Oktober 2022 dürfen Sie bei einer solchen Beschäftigung im Schnitt bis zu 520 Euro im Monat verdienen, vorher waren es bis zu 450 Euro im Monat. Wer mehrere Minijobs nebeneinander ausübt, darf im Monat insgesamt nicht mehr als 520 Euro Lohn verdienen.

→ Zum Beispiel Friederike F.

Die alleinstehende Rostockerin ist seit Januar 2022 Rentnerin. Ihre Jahresrente von 11 850 Euro ist zu 82 Prozent steuerpflichtig (→ Seite 167). Zusätzlich hat sie noch einen Minijob in einem Architekturbüro angenommen. Hier erhält sie 420 Euro im Monat, die der Arbeitgeber pauschal versteuert. Friederike F. muss somit keine Steuererklärung abgeben, weil ihre Einkünfte innerhalb des 2022 geltenden Grundfreibetrags von 10 347 Euro liegen.

steuerpflichtiger Rentenanteil (82 % von 11 850)	**9 717**
minus Werbungskostenpauschale	– 102
Lohn aus Minijob (420 × 12), davon steuerpflichtig	0
Einkünfte (alle Angaben in Euro)	**9 615**

→ Vorteil Pauschalsteuer

Entscheiden Sie sich für einen Minijob (regelmäßiger Verdienst bis maximal 520 Euro im Monat), ist es für Sie im Regelfall günstiger, wenn der Arbeitgeber den Verdienst pauschal versteuert. Versuchen Sie das vor Jobantritt mit ihm zu vereinbaren. Will er lieber nach Steuerklasse abrechnen, müssen Sie den Verdienst nachträglich per Steuererklärung beim Finanzamt abrechnen. Tragen Sie dann die Daten der Lohnsteuerbescheinigung in Anlage N ein (→ Seite 81).

Engagiert im Ehrenamt

Viele Ruheständler engagieren sich in Vereinen oder in Einrichtungen, die gemeinnützigen, mildtätigen oder kirchlichen Zwecken dienen. Wird ihnen dort eine Aufwandsentschädigung gezahlt, kann diese bis zu 3000 Euro im Jahr steuerfrei bleiben. Die Übungsleiterpauschale wird für ausbildende, betreuende, erzieherische, künstlerische oder pflegerische Jobs gewährt. Begünstigte Auftraggeber sind etwa (Volks-)Hochschulen, Kirchengemeinden oder Sportvereine. Möglich ist ein reguläres Angestelltenverhältnis, eine selbstständige Tätigkeit oder ein Minijob.

→ Zum Beispiel Fritz F.

Der sportliche Rentner erhält seit dem 1. Januar 2022 eine gesetzliche Altersrente. Die 12300 Euro sind zu 82 Prozent steuerpflichtig (→ Seite 167). Fritz betreut eine Kinder-Sportgruppe, wofür ihm die Gemeinde 350 Euro pro Monat zahlt. Weil er Einkünfte oberhalb des Grundfreibetrags von 10347 Euro hat, ist die Steuererklärung Pflicht.

steuerpflichtiger Rentenanteil (82% von 12300)	**10086**
minus Werbungskostenpauschale	–102
1. Zwischenergebnis	**9984**
Honorar für den Nebenjob (350 × 12)	+4200
minus Übungsleiter-Freibetrag	–3000
bleibt steuerpflichtiges Honorar (4200 minus 3000)	1200
minus Altersentlastungsbetrag (14,4% von 1200)	–173
2. Zwischenergebnis (1200 minus 173)	**1027**
Einkünfte (1. plus 2. Zwischenergebnis, alle Angaben in Euro)	**11011**

Einige Ruheständler verdienen sich ein freiberufliches oder gewerbliches Zubrot. Sie schreiben zum Beispiel Zeitungsartikel und Bücher, halten Vorträge oder verkaufen Versicherungen. Das gilt auch, wenn sie Einkünfte mit einer Photovoltaikanlage erzielen. Das Finanzamt sieht in ihnen Unternehmer und behandelt sie auch so. Sie müssen neben der Rente ihren **Gewinn** erklären. Er ergibt sich aus den Betriebseinnahmen abzüglich Betriebsausgaben.

Ruheständler, die sich nebenbei als Gewerbetreibende oder Freiberufler etwas dazuverdienen, sind in der Regel Kleinunternehmer. Was das für sie bedeutet, lesen Sie ab Seite 155.

→ Zum Beispiel das Ehepaar G.

Gerhard G. ist seit 2009 Rentner. Er lebt in Kiel und hat 15490 Euro Jahresrente. Davon sind 12000 Euro nur zu 58 Prozent steuerpflichtig (→ Seite 167). Die restlichen 3490 Euro sind voll steuerpflichtig, weil sie aus Rentenanpassungen stammen. Seine Ehefrau Gudrun ist auch seit 2009 in Rente. Sie erhält 2022 eine Jahresrente von 9288 Euro, davon sind 7200 Euro zu 58 Prozent und 2088 Euro zu 100 Prozent steuerpflichtig. Gerhard betreibt seinen kleinen Weinhandel weiterhin mit einem steuerpflichtigen Jahresgewinn von 6500 Euro. Weil die Einkünfte des Paars über dem aktuellen Grundfreibetrag von 20694 Euro liegen und Gerhards Gewinn aus dem Weinhandel auch steigen kann, muss das Paar jährlich eine Steuererklärung abgeben.

steuerpflichtiger Rentenanteil Gerhard (58 % von 12000)	**6960**
plus steuerpflichtige Rentenanpassung	+3490
minus Werbungskostenpauschale Gerhard	−102
plus steuerpflichtiger Rentenanteil Gudrun (58 % von 7200)	+4176
plus steuerpflichtige Rentenanpassung Gudrun	+2088
minus Werbungskostenpauschale Gudrun	−102
plus Gewinn aus Weinhandel	+6500
minus Altersentlastungsbetrag (33,6 % von 6500, maximal 1596)	−1596
Einkünfte (alle Angaben in Euro)	**21414**

Werkspension oder Beamtenpension

Einige Arbeitnehmer, die in Rente gehen, bekommen neben ihrer gesetzlichen Rente eine von ihrem früheren Arbeitgeber finanzierte Werkspension. Auch ehemalige Beamte erhalten im Ruhestand eine Pension.

Die Pensionszahlung erfolgt entweder direkt vom Arbeitgeber als Direktzusage oder über eine Unterstützungskasse. Die Werkspension wird ebenso wie eine Beamtenpension steuerrechtlich als Arbeitslohn behandelt. Der Arbeitgeber führt die Lohnsteuer sowie die gesetzlichen Versicherungsbeiträge ab und stellt eine Lohnsteuerbescheinigung aus.

Als Steuervorteil gibt es für Pensionäre ab dem 63. Lebensjahr einen

- **Versorgungsfreibetrag** von maximal 40 Prozent der Werkspension, höchstens aber 3 000 Euro im Jahr,
- den **Zuschlag zum Versorgungsfreibetrag** von maximal 900 Euro
- und eine **Werbungskostenpauschale** von 102 Euro.

Der Versorgungsfreibetrag sinkt für jeden neuen Pensionärsjahrgang. Wer 2022 erstmals Pension bezieht, bekommt nur noch 14,4 Prozent, maximal 1080 Euro steuerfrei (→ auch Seite 174). Im Jahr 2040 wird der Freibetrag nach derzeitigem Stand auf null abgeschmolzen sein. Der Zuschlag sinkt ebenfalls. Dessen Betrag wird mit Pensionsbeginn als Festbetrag ermittelt. Bei Pensionsbeginn 2022 sind es 324 Euro Zuschlag. Beide Freibeträge sind zeitanteilig für Monate ohne Pension zu kürzen.

→ Zum Beispiel Hans H.

Der alleinstehende Ruheständler Hans ist seit dem 1. Januar 2022 in Rente. Er bekommt 12 437 Euro Rente, die zu 82 Prozent steuerpflichtig ist (→ Seite 167). Zusätzlich erhält er 500 Euro Werkspension im Monat. Hans muss eine Steuererklärung abgeben, weil er neben seiner Werkspension im Jahr mehr als 410 Euro Renteneinkünfte hat. Den Altersentlastungsbetrag kann Hans nicht abziehen. Die Regel dahinter: Altersbezüge wie Rente und Pension, für die bereits andere Freibeträge gewährt werden, sind vom Altersentlastungsbetrag ausgenommen.

steuerpflichtiger Rentenanteil (82 % von 12 437)	10 198
minus Werbungskostenpauschale für die Rente	–102
plus Werkspension (500 × 12)	+6 000
minus Versorgungsfreibetrag (14,4 % von 6 000, ➔ Seite 174)	–864
minus Zuschlag zum Versorgungsfreibetrag	–324
minus Werbungskostenpauschale für die Pension	–102
Einkünfte (alle Angaben in Euro)	**14 806**

Mehrere gesetzliche Renten

Bekommt der Ruheständler mehrere Renten von der gesetzlichen Versicherung, wird in steuerlicher Hinsicht zunächst jede einzeln bewertet. Das kann die eigene Altersrente und eine Witwenrente sein. Die Renten gehören in der Steuererklärung in unterschiedliche Spalten der Anlage R (➔ Seite 74).

➔ Zum Beispiel Johanna J.

Die verwitwete Johanna ist seit 2022 Rentnerin. Sie erhält 8 532 Euro Altersrente, die zu 82 Prozent steuerpflichtig ist (➔ Seite 167). Johanna bezieht zudem seit 2018 eine Witwenrente, die durch die Rentenanpassungen der letzten Jahre insgesamt um 788 Euro gestiegen ist. Den Prozentsatz für den steuerfreien Anteil der Witwenrente hat sie von ihrem verstorbenen Ehemann „geerbt". Deshalb sind 50 Prozent steuerpflichtig, weil ihr verstorbener Mann bereits seit 2005 Rentner war. Der Freibetrag wird aus der Witwenrente 2019 berechnet, die in dem Jahr 10 300 Euro betrug. Johanna J. muss eine Steuererklärung abgeben, denn ihre Einkünfte übersteigen den Grundfreibetrag. Warum sie trotzdem keine Steuern zahlt, lesen Sie im Abschnitt „Muss ich Steuern zahlen?“ ➔ ab Seite 29.

steuerpflichtiger Anteil eigene Rente (82 % von 8 532)	**6 996**
plus steuerpflichtiger Anteil Witwenrente 2019 (50 % von 10 300)	+5 150
plus steuerpflichtige Rentenanpassung Witwenrente	+788
minus Werbungskostenpauschale (nur eine für beide Renten)	–102
Einkünfte (alle Angaben in Euro)	**12 832**

Privatrente

Bezüge aus einer privaten Renten- oder Vorsorgeversicherung sind ebenfalls steuerpflichtig. Sie werden vom Fiskus aber „milder“ behandelt als die gesetzliche Rente, weil die früher gezahlten Rentenbeiträge meist aus bereits versteuertem Einkommen bezahlt wurden. Der steuerpflichtige Anteil der Leistungen nennt sich „Ertragsanteil“, und seine Höhe richtet sich nach dem Lebensalter bei Rentenbeginn. Wer zum Beispiel mit 65 Jahren erstmals eine solche Privatrente bezieht, muss 18 Prozent davon versteuern. Wer in jüngerem Alter schon eine private Rente bekommt, muss mehr versteuern. Die Höhe des Ertragsanteils hat der Gesetzgeber festgeschrieben (➔ Tabelle auf Seite 170).

➔ Zum Beispiel das Ehepaar K.

Konrad K. ist am 1. Januar 2022 in Rente gegangen. Er erhält 16 800 Euro gesetzliche Rente, davon sind 13 776 Euro steuerpflichtig (82 Prozent, ➔ Seite 167). Seine Privatrente beginnt ebenfalls im Januar und bringt ihm monatlich einen Betrag von 400 Euro. Diese Rente ist mit dem sogenannten Ertragsanteil steuerpflichtig. Er beläuft sich auf 20 Prozent, weil Konrad bei Rentenbeginn 63 Jahre alt war (➔ Tabelle Seite 170). Ehefrau Karola ging gleichzeitig mit Konrad in Rente. Sie bekommt eine gesetzliche Altersrente von 7 800 Euro, davon sind 6396 Euro steuerpflichtig (82 Prozent). Das Ehepaar aus Leverkusen muss eine Steuererklärung abgeben, weil ihre Einkünfte den Grundfreibetrag von 20694 Euro knapp übersteigen.

steuerpflichtiger Rentenanteil Konrad (82 % von 16 800)	**13776**
plus Privatrente Konrad (400 × 12 = 4800, davon 20 % steuerpflichtig)	+ 960
minus Werbungskostenpauschale (für Konrads beide Renten)	– 102
plus steuerpflichtiger Rentenanteil Karola (82 % von 7800)	+ 6 396
minus Werbungskostenpauschale Karola	– 102
Einkünfte (alle Angaben in Euro)	**20928**

Zinsen und andere Kapitalerträge

Mancher Ruheständler war in seinem Leben sparsam und hat im Alter Einnahmen wie Zinsen, Dividenden und andere Kapitalerträge. Mit sicheren Anlagen wie Festgeld oder Sparbriefen lassen sich heute allerdings kaum noch ansehnliche Erträge erzielen. Wer mehr aus seinem Geld machen möchte, kommt derzeit nicht umhin, bei der Geldanlage zumindest ein gewisses Risiko einzugehen. So können Sie etwa auf lange Sicht mit Anlageprodukten wie börsengehandelten Indexfonds, sogenannten ETF, oder einem Aktieninvestment im besten Fall deutlich mehr Rendite erzielen. Allerdings können solche Produkte auch einen Verlust bringen, wenn Ihre Papiere an Wert verlieren und Sie zu dem ungünstigen Zeitpunkt verkaufen. Dieses Risiko sollten Sie im Hinterkopf haben, wenn Sie sich Gedanken über Ihre weitere Anlagestrategie machen.

Wenn Sie aber erfolgreich Geld anlegen, müssen Sie einplanen, dass der Fiskus ebenfalls teilhaben möchte. Sobald Sie den Sparerpauschbetrag von 801 Euro im Jahr (Ehepaare: 1602 Euro) überschreiten, müssen die Banken für Zinsen und andere Kapitalerträge grundsätzlich die Abgeltungsteuer von 25 Prozent an das Finanzamt abführen. Das betrifft auch private Veräußerungsgewinne aus Wertpapieren und Dividenden (→ Seite 113 und 156).

→ Zum Beispiel das Ehepaar L.

Ludwig L. ist seit 2009 Rentner und bezieht 2022 eine Jahresrente von 20 106 Euro. Davon sind 15 600 Euro zu 58 Prozent steuerpflichtig, der Rest (4 506 Euro) stammt aus voll steuerpflichtigen Rentenanpassungen. Ehefrau Luise bekommt ebenfalls seit 2009 Rente (9 280 Euro). Davon sind 7 200 Euro zu 58 Prozent steuerpflichtig, die Rentenanpassung von 2 080 Euro wird voll besteuert. Luise hat ordentlich angespart. Aus ihrem Depot mit Aktien und Anleihen bezog sie 12 000 Euro Zinsen, Dividenden und Kursgewinne. Die Eheleute. müssen trotz der erheblichen Kapitalerträge keine Steuererklärung abgeben, weil ihre Einkünfte unterhalb des Grundfreibetrags von 20 694 Euro bleiben. Für Zinsen und andere Kapitalerträge hat die Bank bereits Abgeltungsteuer (25 Prozent) an das Finanzamt überwiesen, sie tauchen deshalb hier nicht auf.

steuerpflichtiger Rentenanteil Ludwig (58 % von 15 600)	**9 048**
plus voll steuerpflichtige Rentenanpassung Ludwig	+4 506
minus Werbungskostenpauschale Ludwig	–102
plus steuerpflichtiger Rentenanteil Luise (58 % von 7 200)	+4 176
plus voll steuerpflichtige Rentenanpassung Luise	+2 080
minus Werbungskostenpauschale Luise	–102
Einkünfte (alle Angaben in Euro)	**19 606**

Das Ehepaar L. sollte trotzdem unbedingt freiwillig eine Steuererklärung abgeben, denn nur so kann Luise zu viel gezahlte Abgeltungsteuer zurückholen: Viele Rentner mit Kapitaleinkünften haben wie Ehepaar L. eine gute Chance auf eine Steuererstattung mithilfe der Steuererklärung: entweder weil ihr Einkommen insgesamt so niedrig ist, dass sie gar keine Einkommensteuer zahlen müssen, oder weil es immerhin so niedrig ist, dass Ihr persönlicher Steuersatz unter 25 Prozent liegt. Eventuell können Sie, wenn Ihr Einkommen niedrig ist, sogar dafür sorgen, dass die Bank gar nicht erst Abgeltungsteuer einbehält – mithilfe einer Nichtveranlagungsbescheinigung (→ Seite 158).

Miete und Pacht

Wer eine Wohnung vermietet, bezieht ebenfalls Nebeneinkünfte. Steuerpflichtig ist aber nicht die gesamte Miete, sondern der Überschuss der Mieteinnahmen über die Werbungskosten, also die Ausgaben, die Ihnen entstanden sind, um Einnahmen aus Vermietung zu erzielen. Solche Ausgaben sind zum Beispiel Zinsen fürs Hypothekendarlehen, Abschreibungen auf das Gebäude, Instandhaltungs- und Hausverwaltungskosten.

→ Zum Beispiel das Ehepaar M.

Das Ehepaar M. ist 65 Jahre alt und seit 1. Januar 2022 Rentner. Murat bezieht insgesamt 15 500 Euro Rente. Der steuerpflichtige Anteil beträgt 82 Prozent (→ Seite 167). Seine Frau Martina erhält 7 300 Euro Jahresrente. Beiden gehört ein Mietshaus, das ihnen zusammen nach Abzug aller Kosten 10 000 Euro im Jahr einbringt. Das Ehepaar M. muss trotz Altersentlastungsbetrags eine Steuererklärung abgeben, weil seine Einkünfte über dem Grundfreibetrag von 20 694 Euro liegen.

steuerpflichtiger Rentenanteil Murat (82 % von 15 500)	**12 710**
minus Werbungskostenpauschale Murat	– 102
plus steuerpflichtiger Rentenanteil Martina (82 % von 7 300)	+ 5 986
minus Werbungskostenpauschale Martina	– 102
plus steuerpflichtige Mieteinkünfte	+ 10 000
minus Altersentlastungsbetrag (14,4 % von 10 000, maximal 2 × 684) → Seite 173)	– 1 368
Einkünfte (alle Angaben in Euro)	**27 124**

Genauere Steuertipps dazu, was Sie als Vermieter beachten sollten und was beispielsweise wichtig ist, wenn Sie günstig innerhalb der Familie vermieten wollen, fassen wir ab Seite 159 zusammen. Wichtig ist gerade in diesem Bereich: Lassen Sie sich zumindest zu Beginn von einem Steuerexperten unterstützen. Häufig lohnt sich für Vermieter auch die längerfristige Unterstützung von einem Steuerprofi.

Muss ich Steuern zahlen?

Auch wenn Sie die Steuererklärung nicht umgehen können: Es ist längst nicht gesagt, dass Sie letztlich auch Steuern zahlen müssen. Wer eine Steuererklärung abgeben muss, wird nicht zwangsläufig zur Kasse gebeten. Neben den Steuerfreibeträgen, die Ihnen für einzelne Renten und Nebeneinkünfte zustehen, liegt das an weiteren Entlastungsmöglichkeiten. Dazu zählen zum Beispiel die sogenannten Sonderausgaben, außergewöhnlichen Belastungen und Dienstleistungen im Haushalt. Diese Kosten sind grundsätzlich privat, können jedoch in voller Höhe oder anteilig die Steuerlast deutlich mindern.

Dazu gehören zum Beispiel bestimmte Versicherungsbeiträge, Spenden oder Unterhaltszahlungen, Kirchensteuern, Ausgaben für Krankheit, Pflege oder Handwerker. Die folgenden Beispiele zeigen Möglichkeiten, wie man trotz der Pflichtabgabe einer Steuererklärung von Steuerzahlungen verschont bleiben kann. Aber auch wenn Steuern fällig werden, können diese Abzugsmöglichkeiten eine erhebliche Entlastung bringen.

Weitere Ausgaben

Einige Posten berücksichtigt das Finanzamt immer zu Ihren Gunsten. Dazu zählen Beiträge zur Kranken- und Pflegeversicherung, die grundsätzlich alle zahlen müssen, die eine gesetzliche Rente, eine Betriebsrente

Wer keine Steuern zahlt

Beziehen Sie Ihre gesetzliche Rente und haben keine weiteren Einkünfte? Sind Sie zum Beispiel im Jahr 2020 in Rente gegangen und liegt Ihre Jahresrente 2022 zum Beispiel bei 14 500 Euro, müssen Sie keine Steuern zahlen. Das Finanzamt berücksichtigt automatisch 102 Euro als Werbungskostenpauschale, 36 Euro Sonderausgaben sowie die Basisbeiträge zur Kranken- und Pflegeversicherung. Die Tabelle auf Seite 172 zeigt, wie viel gesetzliche Rente steuerfrei bleibt.

oder eine Pension beziehen. Die Beiträge für den Basisschutz rechnet es unbeschränkt als sogenannte Sonderausgaben an. Zudem berücksichtigt es automatisch für jeden Rentner pro Jahr die Sonderausgabenpauschale von 36 Euro für Ledige oder 72 Euro für Ehe-/Lebenspartner.

→ Zum Beispiel Fritz F. von Seite 21

Der sportliche Rentner kommt mit seiner Rente und seinen Zusatzeinnahmen auf 11 011 Euro steuerpflichtige Einkünfte. Das bedeutet die Abgabe einer Steuererklärung, weil Fritz Einkünfte oberhalb des Grundfreibetrags von 10 347 Euro hat. Seine Vorsorgeaufwendungen, die Beiträge zur Krankenversicherung, zur Pflegeversicherung sowie der individuelle Zusatzbeitrag zur Krankenversicherung sind noch von den Einkünften abzuziehen. Damit unterschreitet Fritz den Grundfreibetrag von 10 347 Euro und muss trotz Steuererklärung keinen einzigen Cent Steuern zahlen.

Einkünfte	**11 011**
minus Krankenversicherung (7,3 % von 12 300 Euro Bruttorente)	–898
minus Zusatzbeitrag (0,65 % von 12 300 Euro Bruttorente)	–80
minus Pflegeversicherung (3,05 % von 12 300 Euro Bruttorente)	–375
minus Sonderausgaben-Pauschbetrag	–36
zu versteuern (alle Angaben in Euro)	**9 622**

Außergewöhnliche Belastungen

Anders als etwa die Sonderausgabenpauschale, zählen außergewöhnliche Belastungen nicht zu den Posten, die das Finanzamt automatisch berücksichtigt. Unter diesen Begriff fallen abzugsfähige Ausgaben, die Ruheständlern häufig entstehen. Dazu gehören zum Beispiel Ausgaben für **Gesundheit,** Ausgaben aufgrund einer **Behinderung,** für die **Pflege** von Angehörigen und den **Unterhalt** für Angehörige.

Einige dieser Kosten berücksichtigt das Finanzamt allerdings nur, wenn der Betroffene einen Teil davon selbst schultert. Dieser Teil nennt sich zumutbare Belastung und richtet sich nach Einkommen, Familienstand und Kinderzahl (→ Seite 99 und 177).

Lange war umstritten, ob der Eigenanteil auch für Krankheits- und Pflegekosten gilt. Ende 2021 hat der Bundesfinanzhof aber noch einmal klargestellt, dass es im vorliegenden Fall eines Privatversicherten keine verfassungsrechtlichen Bedenken gegen den Ansatz der zumutbaren Belastung sieht (BFH, Az. VI R 48/18).

→ Zum Beispiel Johanna J. von Seite 24

Die Rentnerin hat mit ihrer eigenen und mit ihrer Witwenrente 18 832 Euro Einnahmen. Davon sind Einkünfte von 12 832 Euro steuerpflichtig. Sie muss eine Steuererklärung abgeben. Auch mithilfe der Beiträge zur Kranken- und Pflegeversicherung (insgesamt 11 Prozent) kommt sie nicht drum herum. Trotzdem zahlt sie keine Steuern, weil sie nach Abzug der Eigenbelastung für Zahnarzt, Kur und ärztlich verordnete Medikamente 779 Euro als außergewöhnliche Belastung geltend machen kann. Damit bleibt sie unter dem diesjährigen Grundfreibetrag von 10 347 Euro.

Einkünfte	**12 832**
minus SV-Beiträge (11 % von 18 832)	–2 072
minus Sonderausgaben-Pauschbetrag	–36
minus Krankheitskosten nach Abzug der zumutbaren Belastung	–779
zu versteuern (alle Angaben in Euro)	**9 945**

Dienstleistungen im Haushalt

Sogar wenn das Finanzamt am Ende eine Steuer berechnet, ist es möglich, ungeschoren davonzukommen. Bestimmte Ausgaben können die Steuerschuld unmittelbar verringern. Dazu gehören Kosten für „haushaltsnahe Dienstleistungen" und für „Handwerkerleistungen im Haushalt". Das ist zum Beispiel der Fall, wenn Sie eine Firma beauftragen, um

- **Fenster zu putzen,**
- den **Garten zu pflegen,**
- bei der **Betreuung im Alltag** zu helfen oder
- das **Badezimmer zu sanieren.**

Für haushaltsnahe Dienstleistungen erkennt das Finanzamt Personalkosten bis zu 20 000 Euro pro Jahr an. Davon senken 20 Prozent, also maximal 4 000 Euro, unmittelbar die Steuerschuld. In diesem Rahmen ist auch die Beschäftigung einer sozialversicherungspflichtig angestellten Haushaltshilfe förderfähig. Im Rahmen der haushaltsnahen Dienstleistungen können nahezu alle Wohnungsmieter und Eigentümer, die ihre Wohnung selbst nutzen, Aufwendungen geltend machen. Dazu zählen zum Beispiel die Treppenreinigung, der Winterdienst oder die Gartenpflege. Der Vermieter oder der Verwalter bescheinigt die förderfähigen Leistungen in der Regel auf der Nebenkostenabrechnung. Daneben sind Handwerkerleistungen rund um Haus und Wohnung bis zu 6 000 Euro im Jahr förderfähig. Auch hier senken 20 Prozent davon, also bis zu 1 200 Euro, unmittelbar die Steuerschuld (→ ab Seite 106).

→ Zum Beispiel das Ehepaar M. von Seite 28

Das Ehepaar erzielt Einkünfte von 27 124 Euro. Auch unter Berücksichtigung der Kranken- und Pflegeversicherungsbeiträge müsste das Ehepaar etwa 618 Euro Einkommensteuer zahlen. Aber dazu kommt es nicht: Für die sozialversicherungspflichtige Beschäftigung einer Hausangestellten, die ihr Einfamilienhaus putzt, zahlen sie 4 500 Euro im Jahr. Mit 20 Prozent davon (900 Euro, → Seite 106) drücken die Eheleute Martina und Murat M. ihre Steuerschuld letztlich auf null.

Einkünfte	**27 124**
minus SV-Beiträge (11 % beider Bruttorenten von 22 800)	–2 508
minus Sonderausgaben-Pauschbetrag (2 × 36)	–72
zu versteuerndes Einkommen	24 544
Einkommensteuer auf 24 544	618
minus Steuerermäßigung für Reinigungskraft (20 % von 4 500)	–900
verbleibende Steuer (alle Angaben in Euro)	**0**

Zinsen: Eine kleine Steuererstattung

Manchmal zahlen Sie Steuern, ohne je eine Steuererklärung abzugeben. Das geht ganz einfach. Wer Zinsen oder andere Kapitalerträge oberhalb des Sparerpauschbetrags hat (801/1 602 Euro, alleinstehend beziehungsweise verheiratet/verpartnert), zahlt 25 Prozent Abgeltungsteuer plus 5,5 Prozent Solidaritätszuschlag. Stellen Sie bei der Bank keinen Freistellungsauftrag für Ihre Kapitalerträge, werden auch schon bei niedrigeren Erträgen Abzüge fällig. Manche merken das gar nicht, denn die Bank behält die Steuer automatisch ein und führt sie an das Finanzamt ab.

→ Zum Beispiel Natalia N.

Die alleinstehende Rentnerin hat eine Jahresbruttorente von 13 450 Euro, die steuerfrei bleibt, weil ihr zu versteuerndes Einkommen unterhalb des Grundfreibetrags von 10 347 Euro liegt. Auf Empfehlung der Bank hat Natalia, die seit 2004 Rentnerin ist, ihre Investmentanteile verkauft und erzielte einen Gewinn in Höhe von 4 000 Euro. Bei voll ausgeschöpftem Freistellungsauftrag führte die Bank 844 Euro Abgeltungsteuer (25 Prozent plus 5,5 Prozent Soli) an das Finanzamt ab. Natalia N. staunte nicht schlecht: Anstelle der befürchteten Steuerzahlung gab es für sie nach Abgabe der Steuererklärung eine Erstattung vom Finanzamt.

steuerpflichtiges Renteneinkommen (unter Berücksichtigung der Sonderausgaben)	**6 611**
plus Zinsen	+ 4 000
minus Sparerpauschbetrag	– 801
steuerpflichtige Kapitaleinkünfte (4 000 minus 801)	3 199
minus Altersentlastungsbetrag (40 % von 3 199, → Seite 173)	– 1 280
zu versteuerndes Einkommen	8 530
Einkommensteuer	0
gezahlte Abgeltungsteuer (25 % von 3 199 plus Soli)	– 844
Steuererstattung (alle Angaben in Euro)	**844**

Kurze Zwischenbilanz

Die Frage, ob eine Steuererklärung abzugeben ist oder nicht, lässt sich nicht pauschal beantworten. Dafür ist die steuerliche Situation jedes Einzelnen zu unterschiedlich und das Steuerrecht zu unübersichtlich. Grundlage der aktuellen Regelungen zur Rentenbesteuerung bildet das Alterseinkünftegesetz, das 2005 in Kraft getreten ist und durch das unter anderem gilt, dass von den Renten jedes jüngeren Jahrgangs immer mehr steuerpflichtig ist. Als Folge der Rechtsprechung des Bundesfinanzhofs, der im Sommer 2021 klargestellt hat, dass es gerade für künftige Rentnerjahrgänge nach der derzeitigen Regelung zu einer nicht erlaubten Doppelbesteuerung der ausgezahlten Renten und der im Erwerbsleben geleisteten

Vorsorgebeiträge kommen kann, hat der Gesetzgeber reagiert: Es wird früher als ursprünglich geplant möglich sein, die Beiträge zur Altersvorsorge voll steuerlich geltend zu machen, und der steuerpflichtige Anteil der gesetzlichen Rente wird für künftige Jahrgänge langsamer ansteigen. Für 2022 bleibt es aber noch bei den bisher geltenden Werten und Regeln, durch die immer mehr Ruheständler gegenüber dem Finanzamt in der Pflicht sind.

Die Beispiele zeigen allerdings, dass es mit eigenen Berechnungen, ein paar Überlegungen und Vergleichen möglich ist, die Steuerbelastung einigermaßen zu begrenzen und für die individuelle Situation eine Antwort zu finden. Dabei können die aufgeführten Beispiele Hilfestellung geben, wenn die individuellen Daten eingesetzt und durchgerechnet werden.

Ab Seite 180 finden Sie ein vereinfachtes Berechnungsschema, das Ihnen hilft, Ihre steuerpflichtigen Einkünfte zu ermitteln. Liegt das Ergebnis oberhalb des für 2022 geltenden Grundfreibetrags von 10 347/20 694 Euro (Alleinstehende/Ehepaare), ist grundsätzlich eine Steuererklärung fällig. Haben Sie die steuerpflichtigen Einkünfte ermittelt, können Sie anschließend auf Seite 182 Ihr zu versteuerndes Einkommen berechnen. Das erfolgt unter Berücksichtigung

- von **Sonderausgaben** (→ Seite 94) und
- **außergewöhnlichen Belastungen** (→ Seite 99).

Mit den Einkommensteuertabellen ab Seite 183 lässt sich überschlägig feststellen, ob überhaupt und welche Steuerlast auf Sie zukommt. Genauer können Sie im Internet unter test.de/Steuerrechner oder bmf-steuerrechner.de („Berechnung der Einkommensteuer“) die Steuerschuld ermitteln, einschließlich der Grenz- und Durchschnittssteuersätze.

Liegen die Einkünfte nur ein wenig über der kritischen Grenze für die Abgabepflicht der Steuererklärung, kann nicht viel passieren. Wie Sie gesehen haben, werden von den steuerpflichtigen Einkünften noch verschiedene Ausgaben abgezogen. Fallen danach keine Steuern an, verzichtet das Finanzamt – auf Antrag – regelmäßig auf künftige Steuererklärungen. Wer unsicher ist, sollte zunächst einmal eine Steuererklärung abgeben. Dann entsteht so oder so Klarheit.

TUE
WED
THU
FRI
SAT
1 2 7 8 9 14 15 16 18 21 22 23 24 25 27 28 29 30 31

Gut vorbereitet

Ob Sie eine Steuererklärung einreichen müssen oder sich aus freien Stücken dazu entscheiden: Bevor Sie loslegen können, warten auf Sie einige Vorbereitungen. Vor allem aber müssen Sie entscheiden, wie Sie abrechnen wollen, zum Beispiel auf Papier oder digital?

Aus den Erfahrungen der Vorjahre oder nach Lesen des ersten Kapitels in diesem Buch sind Sie sich ziemlich sicher, dass Sie eine Steuererklärung machen müssen? Vielleicht hat das Finanzamt Ihnen die Abgabepflicht auf Nachfrage bestätigt, oder Sie haben sogar die schriftliche Aufforderung zur Steuererklärung bekommen? Bevor es richtig losgehen kann, empfiehlt es sich, einige Vorarbeiten zu erledigen.

Belege sortieren und wichtige Fragen vorab klären

Eine Aufgabe bleibt, die Sie auch schon aus dem Berufsleben kennen: Suchen Sie die nötigen Belege für die Steuererklärung vorab zusammen. Viele Daten werden dem Finanzamt zwar mittlerweile elektronisch übermittelt, etwa die Höhe Ihrer Renten und die von Ihnen geleisteten Beiträge an die gesetzliche Kranken- und Pflegeversicherung (→ „E-Daten“, Seite 66).

Gleichzeitig erhalten Sie per Post einen Ausdruck dieser gesendeten Daten. Legen Sie diese Belege zusammen ab, ebenso weitere Bescheide und Mitteilungen über steuerpflichtige Einnahmen, etwa Steuerbescheinigungen von Banken oder Mieteinnahmen.

Suchen Sie zudem Belege für Ihre Ausgaben, die Ihnen einen Steuervorteil bringen können: zum Beispiel Kontoauszüge, Quittungen und Rechnungen. Sollten Sie Rechnungen nicht finden, können Sie Ersatzbelege beschaffen oder Eigenbelege ausstellen. Nachvollziehbare Eigenbelege akzeptiert das Amt etwa für Ausgaben wie Fahrtkosten zum Arzt mit dem Pkw oder die Reinigungskosten von Berufskleidung. Ihre Belege müssen Sie allerdings in der Regel nicht mit der Steuererklärung einreichen. Sie müssen aber vorzeigbar sein, wenn das Amt sie sehen will.

Bei bestimmten Ausgaben empfiehlt es sich auch, die Posten zunächst in einer separaten Liste zu erfassen, etwa Fahrtkosten oder Übersichten zu Ihren Ausgaben für einen Rentenberater. So haben Sie selbst eine bessere Übersicht und können sich das Ausfüllen der Formulare erleichtern. Weil das Finanzamt Steuererklärungen zunehmend automatisch bearbeitet, sollten alle wichtigen Angaben möglichst unmittelbar in die entsprechenden Formularzeilen geschrieben werden. Zusätzliche Anlagen sind dann entbehrlich.

Neben dieser organisatorischen Vorarbeit müssen Sie einige Fragen für sich klären:

- **Wie wollen Sie abrechnen?** Allein oder mit Unterstützung eines Steuerexperten?
- **Wenn Sie sich allein um alles kümmern:** Erledigen Sie die Steuererklärung traditionell auf Papier oder digital, etwa über das kostenlose ELSTER-Portal der Finanzverwaltung?
- **Welche zeitlichen Vorgaben** müssen Sie im Blick behalten?

Auf den folgenden Seiten erfahren Sie, welche Faktoren für Ihre Entscheidungen eine Rolle spielen können. Außerdem erhalten Sie praktische Tipps, etwa zum Einstieg in ELSTER, wenn Sie erstmals auf diesem Weg mit dem Finanzamt abrechnen wollen.

Allein abrechnen oder Unterstützung suchen?

Mit dem Kauf dieses Buches dürfte meist der Plan verbunden sein, die Steuererklärung allein zu schaffen – ohne Expertin oder Experten. Dagegen spricht häufig auch nichts, denn die Mehrheit der Ruheständler kommt ohne eine Steuerberatung aus. In bestimmten Situationen kann sich jedoch der Weg zum Profi lohnen, wie es die Punkte 2. und 3. zeigen. Infrage kommt dann der Besuch beim Steuerberater oder – oft, aber nicht immer – die Mitgliedschaft in einem Lohnsteuerhilfeverein.

1. Sie sind erfahren im Ausfüllen der Steuererklärung

In den letzten Jahren haben Sie Ihre Erklärung auf eigene Faust gemacht, und es hat sich bei Ihnen steuerlich kaum etwas verändert? Dann schaffen Sie es sicher auch dieses Mal allein. Damit steht für Sie erst die nächste Entscheidung an – nämlich, ob Sie auf Papier abrechnen wollen oder ob Sie es digital machen. Egal, wie Sie sich entscheiden: Nutzen Sie das Kapitel „Schritt für Schritt" ab Seite 65 als Ausfüllhilfe! Die dort genannten Zeilenangaben in den Formularen gelten sowohl für die Abrechnung auf Papier als auch für die Abrechnung am PC.

2. Neuling mit einfachem Steuerfall

Sie stehen vor Ihrer ersten Steuererklärung als Rentner oder Pensionär? Haben Sie es während Ihrer Berufstätigkeit bisher allein hinbekommen, die Steuererklärung auszufüllen, können Sie es meist auch im Ruhestand problemlos schaffen. Wer außer seiner Rente oder Pension keine oder nur geringe andere Einkünfte hat, kann seine Pflichten gegenüber dem Finanzamt häufig eigenständig regeln.

Es ist natürlich nichts dagegen einzuwenden oder eventuell sogar zweckmäßig, zumindest die erste Steuererklärung vom Profi machen zu lassen. Wenn Sie einmal die volle Unterstützung hatten, wissen Sie für die

Experten finden

Als Rentner oder Pensionär können Sie sich für den Umgang mit dem Finanzamt Unterstützung bei einem der rund 101 000 Steuerberater in Deutschland suchen. Oder Sie wenden sich an einen Lohnsteuerhilfeverein. Die Vereine haben jedoch nur eine begrenzte Beratungsbefugnis. Freiberufler, Gewerbetreibende und Landwirte dürfen sie grundsätzlich nicht beraten. Wenn Sie nebenbei Einkünfte in diesen Bereichen erzielen, müssen Sie bei Beratungsbedarf im Regelfall zu einem Steuerberater gehen. Mehr Informationen zur Beratersuche finden Sie im Service-Teil auf Seite 188/189.

nächsten Jahre, wie es geht, und können sich dann an der Arbeit von Expertinnen oder Experten orientieren und den Dialog mit dem Finanzamt sicher und direkt weiterführen.

3. Wenn es komplizierter wird

Rente plus Mieteinkünfte, eventuell eine vom ehemaligen Arbeitgeber gezahlte Abfindung oder Fragen zu einem Nebenjob: Gerade wenn der Steuerfall komplexer wird, empfiehlt es sich oft doch, einen Profi einzuschalten, aber Pflicht ist das natürlich nicht.

Mögliche Situationen, in denen sich die fachliche Unterstützung häufig lohnen wird, sind zum Beispiel, wenn Sie Bezüge aus dem Ausland haben, eine Selbstanzeige machen wollen oder wenn es Vermögensübertragungen in der Familie gab oder bei Grundstücksverkäufen. Auch bei der Wahl zwischen Einmalauszahlung oder monatlicher Rentenzahlung, die bei bestimmten Altersvorsorgeverträgen möglich ist, sollten die steuerlichen Konsequenzen beachtet werden. Erzielen Sie etwa als Freiberufler, Gewerbetreibender, Landwirt oder Vermieter zusätzliche Einkünfte neben Rente oder Pension, empfiehlt es sich, dass Sie sich regelmäßig eine professionelle Steuerberatung leisten. Dafür müssen Sie zwar zahlen, aber die Investition wird sich lohnen, wenn Sie dadurch Forderungen vom Finanzamt verringern können oder teure Fehler vermeiden.

Auf Papier oder digital? So können Sie abrechnen

Immer häufiger geht die Einkommensteuererklärung auf elektronischem Weg beim Finanzamt ein: Über 70 Prozent der Erklärungen erfolgen mittlerweile nicht mehr auf den grünen Papierformularen.

Der Höhenflug von ELSTER, das für „Elektronische Steuererklärung" steht, hat verschieden Gründe. Einer davon: Immer mehr Steuerzahlende sind verpflichtet, ihre Angelegenheiten elektronisch mit dem Finanzamt zu regeln und ihre Jahresabrechnung mit elektronischer Unterschrift abzugeben. Pflicht ist das zum Beispiel für Freiberufler, Gewerbetreibende sowie Land- und Forstwirte, also für alle, die unternehmerisch tätig sind und sogenannte Gewinneinkünfte haben. Selbst wenn Sie als Rentner nebenbei unternehmerisch tätig sind, fallen Sie mittlerweile in aller Regel unter die „Elster-Pflicht". Das gilt selbst dann, wenn es nur um geringe Einkünfte geht.

Das betrifft auch diejenigen, die schon länger Einkünfte aus einer Photovoltaikanlage auf dem eigenen Heim erzielen. Sie müssen neben der elektronischen Steuererklärung auch das amtliche Formular „Einnahmenüberschussrechnung" (Anlage EÜR) ausfüllen, und das gibt es nicht auf Papier, sondern nur digital. Ausnahmen akzeptiert das Amt nur noch in wenigen Fällen, etwa wenn Computer und Internetzugang fehlen und ihre Anschaffung eine „unzumutbare Härte" bedeuten würde. Übungsleiter und andere Ehrenamtler bleiben verschont, wenn ihre Einnahmen die Steuerfreibeträge (→ ab Seite 132) nicht übersteigen.

Auch Steuerberater und Lohnsteuerhilfevereine müssen die Steuererklärungen ihrer Mandanten elektronisch ans Finanzamt übermitteln.

Trifft für Sie keine der genannten Voraussetzungen zu, sondern haben Sie zum Beispiel nur Ihre Renten- und Kapitaleinkünfte zum Abrechnen? Dann dürfen Sie weiterhin wählen, ob Sie auf Papier oder elektronischem Weg mit dem Finanzamt abrechnen:

Sie wollen den Papierformularen treu bleiben?

Haben Sie Ihre Steuererklärung in den vergangenen Jahren auf Papier gemacht? Sie haben keinen PC, den Sie für die digitale Abrechnung nutzen könnten, oder wollen es auch gar nicht, weil Sie sich an die grünen Formulare gewöhnt haben? Wollen Sie Ihrer bisherigen Linie treu bleiben, erhalten Sie die Formulare aus Papier beim Finanzamt. Haben Sie Schwierigkeiten, die Papiere zu bekommen, können Sie die Beamten telefonisch oder schriftlich bitten, Ihnen die Formulare zuzuschicken. Die Formulare liegen häufig auch in den Stadt- oder Gemeindeverwaltungen aus.

Alternativ besteht die Möglichkeit, dass Sie sich die Papiere im Internet herunterladen: auf der Seite formulare-bfinv.de. Sie finden Sie entweder gleich auf der Startseite rechts unter „häufig genutzte Formulare" oder links über den Menüpunkt „Formularcenter".

Vorteile der elektronischen Abrechnung nutzen

Selbst wenn Sie bisher die Papierformulare genutzt haben: Vielleicht juckt es Sie in den Fingern und Sie überlegen, ob Sie es nicht einfach mit der Steuererklärung am PC versuchen wollen: Was haben Sie zu verlieren, außer ein wenig Zeit? Wenn Sie letztlich doch merken, dass Sie am Rechner nicht weiterkommen, bleiben immer noch die Papierformulare.

Die elektronische Abrechnung hat einige Vorteile, die Sie sicher wahrgenommen haben, wenn Sie schon in früheren Jahren elektronisch Ihre Steuern erklärt haben. Ein Vorteil: Haben Sie Ihre Steuererklärung einmal über das Online-Portal „elster.de" der Finanzverwaltung erledigt, können Sie in den folgenden Jahren auf alle bisherigen Elster-Daten zugreifen. Sie können zudem auf die Daten zugreifen, die dem Finanzamt automatisch übermittelt wurden, und diese direkt in die aktuelle Steuererklärung einfließen lassen (→ „E-Daten", Seite 66). Das erspart eine Menge Tipparbeit.

Haben Sie alles in ELSTER eingegeben, errechnet das Programm, welche Steuerforderung oder Erstattung zu erwarten ist. Das bringt Planungssicherheit, die Sie bei der Abrechnung auf Papier so nicht haben. Entscheiden Sie sich für die digitale Abrechnung, können Sie, wenn nötig, auch Belege und andere Dokumente digital ans Finanzamt übermitteln.

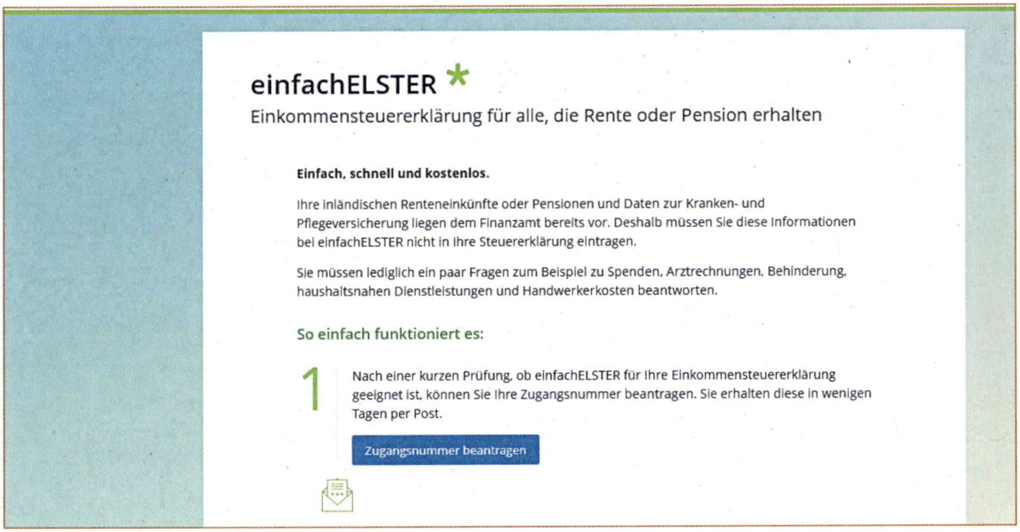

Um den Einstieg in ELSTER allein oder eventuell mit der Unterstützung von Kindern oder Enkeln zu schaffen, geben wir Ihnen ab Seite 45 einen „Leitfaden" für ELSTER an die Hand. Dort erfahren Sie, wie Sie sich registrieren und die entscheidenden Formulare finden können.

Haben Sie in den Vorjahren bereits mit ELSTER gearbeitet, können Sie das überspringen und sich direkt dem Kapitel „Schritt für Schritt" ab Seite 65 widmen.

Neues Angebot: „einfachELSTER"

Eventuell geht es für Sie aber auch noch einfacher – ohne den kompletten Registrierungsvorgang bei ELSTER: Wenn Sie Rentner oder Pensionär sind, kann das Angebot „einfachELSTER" für Sie interessant sein. Sie erreichen das Internetportal unter einfach.elster.de (siehe Screenshot oben).

Der Haken: Die vereinfachte Abrechnung über dieses Portal kommt längst nicht für alle Rentner und Pensionäre infrage. Auch deshalb geben wir an dieser Stelle nur einen kurzen Überblick. Voraussetzung für die Abrechnung mit einfachELSTER ist, dass Sie eine inländische Rente oder Pension beziehen. Zusätzlich dürfen Sie nur Einkünfte aus einem Minijob haben oder Kapitaleinkünfte, für die bereits Abgeltungsteuer einbehalten wurde oder für die der Sparerpauschbetrag in Anspruch genommen wurde. Wenn Sie hingegen nebenbei zum Beispiel Auslandseinkünfte, Einkünfte aus einer Vermietung oder aus einer selbstständigen Nebentätigkeit erzielen, scheidet die Nutzung von einfachELSTER für Sie aus.

Ob Sie die Voraussetzungen zur Nutzung von einfachELSTER erfüllen, wird abgefragt, bevor Sie mit der Eingabe Ihrer Steuerdaten starten.

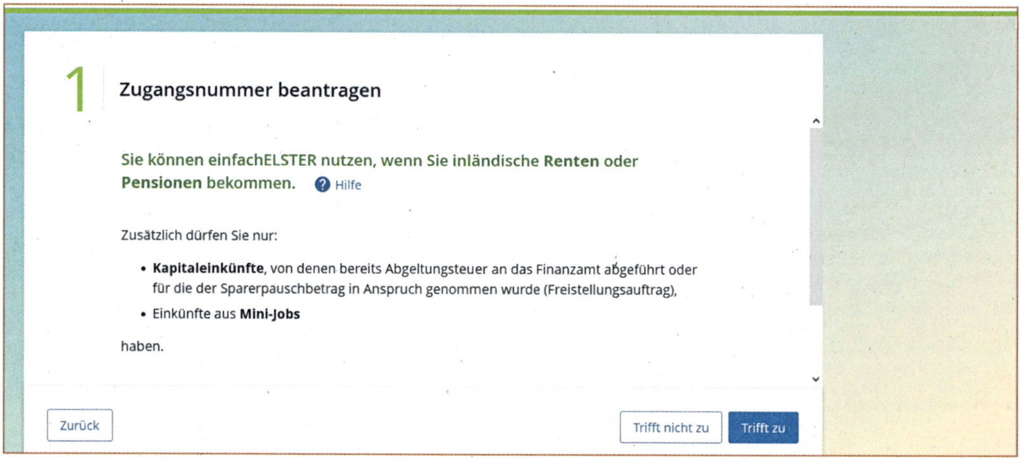

Kommt einfachELSTER für Sie infrage? Dann können Sie eine Zugangsnummer beantragen, die Sie benötigen, um über das Portal loslegen zu können. Für den Antrag der Zugangsnummer müssen Sie Ihre Steueridentifikationsnummer und Ihr Geburtsdatum eingeben.

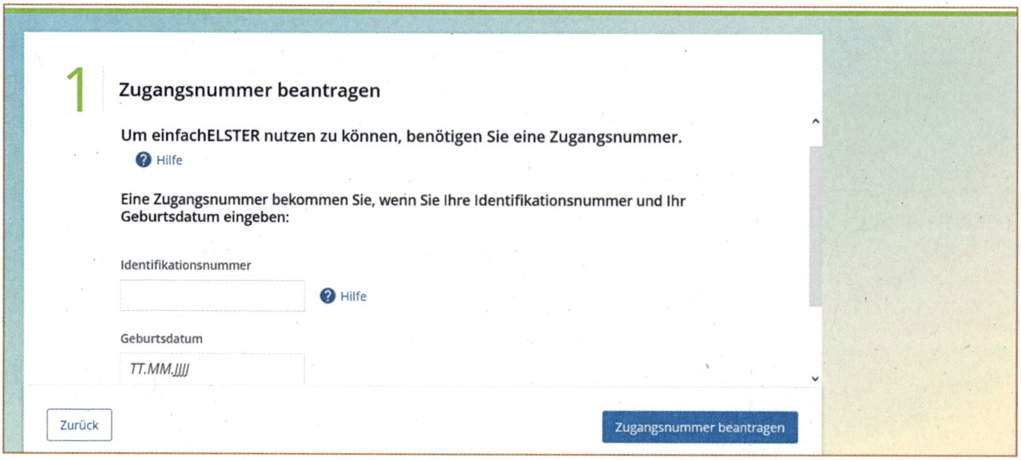

Ein paar Tage später erhalten Sie die Zugangsnummer per Post. Damit können Sie mit der Steuererklärung starten. Schritt für Schritt werden Sie durch die einzelnen Formulare geführt und können zum Beispiel Gesundheitskosten, Spenden und Ausgaben für einen Handwerker abrechnen. Andere Informationen, etwa über die Höhe Ihrer Rente oder Ihrer Sozialversicherungsbeiträge, liegen dem Finanzamt ja bereits automatisch vor, sodass Sie hierzu keine Angaben mehr machen müssen. Anhand von konkreten Fragen werden Sie durch die Steuerformulare geleitet.

Haben Sie alles eingegeben und die Erklärung abgeschickt, können Sie gleich die Zugangsnummer für die Steuererklärung für das darauffolgende Jahr beantragen. Diese wird Ihnen dann automatisch zugeschickt.

Kommerzielle Programme nutzen

Ganz gleich, ob Sie das umfangreiche ELSTER-Angebot oder einfachELSTER nutzen: Gehen Sie nicht davon aus, dass Sie zusätzliche Steuertipps und Gestaltungshinweise erhalten, wie Sie Steuern sparen können. Wollen Sie eine solche Hilfestellung, bleibt Ihnen die Möglichkeit, dass Sie für die Steuererklärung kommerzielle Programme nutzen. Diese haben ihren Preis, dafür erhalten Sie hier aber viele Zusatztipps, die beim Ausfüllen der Formulare hilfreich sein können.

Finanztest hat diese Programme zuletzt im Frühjahr 2022 getestet. Im Test waren 25 Programme, darunter Download-Software für den PC, Handy-Apps und Browser-Anwendungen. Ergebnis: Für die Steuererklärung am PC lag die Download-Software von Wiso vorn. Die Web-Variante desselben Anbieters Buhl-Data schnitt ebenfalls sehr gut ab. Eine ausgezeichnete und sogar preiswertere Wahl war Tax 2022 zum Herunterladen. Es gab weitere günstige Angebote, die sehr gut abschnitten. Dabei handelte es sich jedoch um Aktionsware vom Discounter, die nur für einen begrenzten Zeitraum erhältlich war.

Für die Steuererklärung am Handy ermittelten die Tester, dass fast alle Smartphone-Apps mit ihren Browser-Pendants mithalten konnten. Auch hier lag Wiso vorn. Die ausführlichen Testergebnisse finden Sie auf test.de mit der Suche nach „Steuerprogramme“.

Eine ausführliche Übersicht zu aktuellen Steuerprogrammen gibt es auf der ELSTER-Homepage. Auch wenn Sie sich nicht bei ELSTER registriert haben, finden Sie auf der Startseite elster.de in der linken Menüleiste den Punkt „Weitere Softwareprodukte". Hier sind Software-Produkte aufgeführt, die ELSTER unterstützen. Neben einigen kostenfreien Programmen ist eine Vielzahl kostenpflichtiger kommerzieller Anbieter aufgeführt. Zu jedem Programm finden Sie in der rechten Spalte einen Link, der Sie zum jeweiligen Anbieter führt.

Was elster.de noch bietet

Die Steuererklärung online erledigen und über kommerzielle Programme informieren – das sind nur zwei der Möglichkeiten, die mit ELSTER möglich sind. Doch es gibt weitere Aufgaben, die Sie über das Portal erledigen können. Bleiben wir bei der Steuererklärung: Fordert das Finanzamt Belege an, senden Sie diese mit dem „Formular Belegnachreichung zur Steuererklärung". Stimmt etwas im Steuerbescheid nicht, können Sie über ELSTER Einspruch einlegen.

Und auch abseits der Steuererklärung haben Sie über das Online-Portal die Möglichkeit, sämtliche Korrespondenz mit dem Finanzamt zu erledigen – und sei es nur, wenn es darum geht, die Bankverbindung zu ändern oder wenn Sie einen Antrag auf Änderung der Steuervorauszahlungen stellen wollen.

Ein weiteres Beispiel: Sie sind in Rente gegangen, Ihre Ehefrau arbeitet aber noch und überlegt, aus der ungünstigen Steuerklasse V in die günstigere Steuerklasse III oder zumindest IV zu wechseln. Dann steigt ihr Monatsnetto an, und Sie müssen nicht bis zur nächsten Steuererklärung auf eine Erstattung vom Finanzamt warten. Über ELSTER lässt sich der Steuerklassenwechsel beantragen. Ebenso ist es möglich, zusätzliche Steuerfreibeträge zu beantragen für Posten, die sonst erst in der Steuererklärung abgerechnet würden.

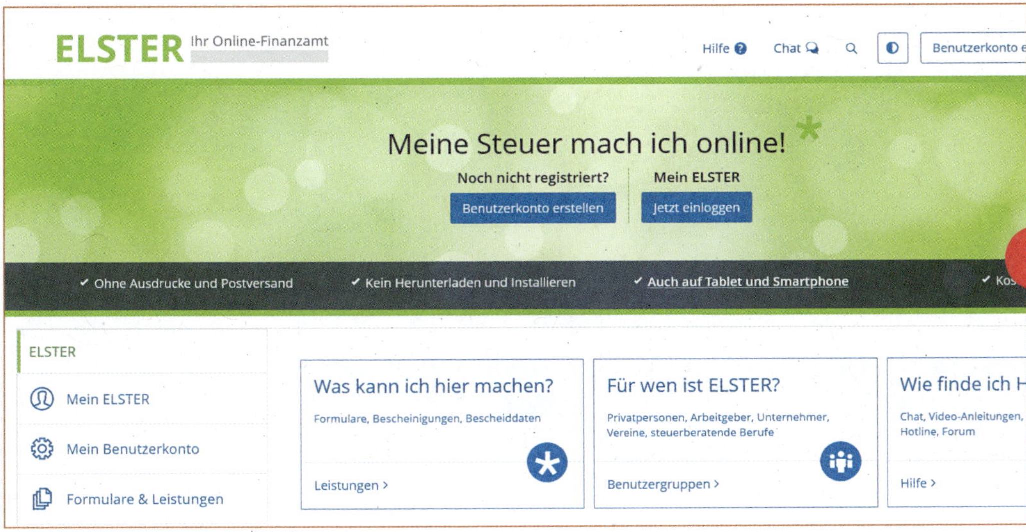

ELSTER: keine Angst vor dem Einstieg

Sie wollen es ausprobieren: Steuererklärung ohne Papier, dafür am PC oder vielleicht sogar auf Handy oder Tablet? Um die Elektronische Steuererklärung anfertigen zu können, müssen Sie sich bei ELSTER, dem Online-Portal der Finanzverwaltung, registrieren. Möglich ist das über die ELSTER-Startseite elster.de, die zum Teil im Screenshot (Bildschirmausdruck) 1 oben abgedruckt ist. Hier finden Sie die Schaltfläche „Benutzerkonto erstellen", die Sie anwählen müssen.

Bevor Sie mit der Registrierung loslegen, lohnt ein Blick auf die übrigen Informationen der ELSTER-Startseite. Vor allem die Schaltfläche „Wie finde ich Hilfe?" bietet Ausführliches zur ELSTER-Nutzung, darunter neben zahlreichen Fragen und Antworten auch Videoanleitungen, etwa zum Registrierungsprozess. Unter „Für wen ist ELSTER?" wählen Sie „Privatpersonen" und erfahren mehr dazu, was über das Portal alles möglich ist.

Im linken unteren Teil der ELSTER-Startseite (hier nicht abgebildet) finden Sie unter „Presse und Medien" den Bereich „Flyer und Merkblätter". Dort können Sie sich Informationen ansehen und herunterladen, zum Beispiel zum Registrierungsprozess oder dazu, wer verpflichtet ist, eine

Steuererklärung mit elektronischer Unterschrift abzugeben. Rentner und Pensionäre sind grundsätzlich nicht zur Abgabe einer elektronischen Steuererklärung verpflichtet. Das ändert sich aber, wenn sie außerdem bestimmte andere Einkünfte haben (→ Seite 41).

Unter dem ebenfalls unten auf der ELSTER-Startseite aufgeführten Begriff „Systemanforderungen" können Sie prüfen, ob Ihr Computer und sein Betriebssystem „ELSTER-geeignet" sind. All diese Informationen können Sie nutzen, ohne sich bei ELSTER registrieren zu müssen.

Dank der App „ElsterSmart" können Sie übrigens auch per Smartphone oder Tablet auf „Mein Elster" zugreifen. Mehr dazu und eine Schritt-für Schritt-Anleitung, wie Sie die Zertifikatsdatei auf Ihr mobiles Gerät bekommen, finden Sie ebenfalls weit unten auf der Startseite in der Rubrik „ElsterSmart".

Abweichungen 2022

Um Ihnen den Einstieg in ELSTER zu erleichtern, verwenden wir auf den folgenden Seiten Abbildungen mit Ausschnitten der Seite **elster.de.** Diese beziehen sich allerdings auf das Steuerjahr 2021. Aktualisierungen für das Steuerjahr 2022 standen zum Zeitpunkt der Fertigstellung dieses Buchs noch nicht auf elster.de zur Verfügung. Beachten Sie deshalb: Wenn Sie die Steuererklärung für 2022 anfertigen, kann die tatsächliche Darstellung auf der Internetseite von den Abbildungen auf den folgenden Seiten abweichen.

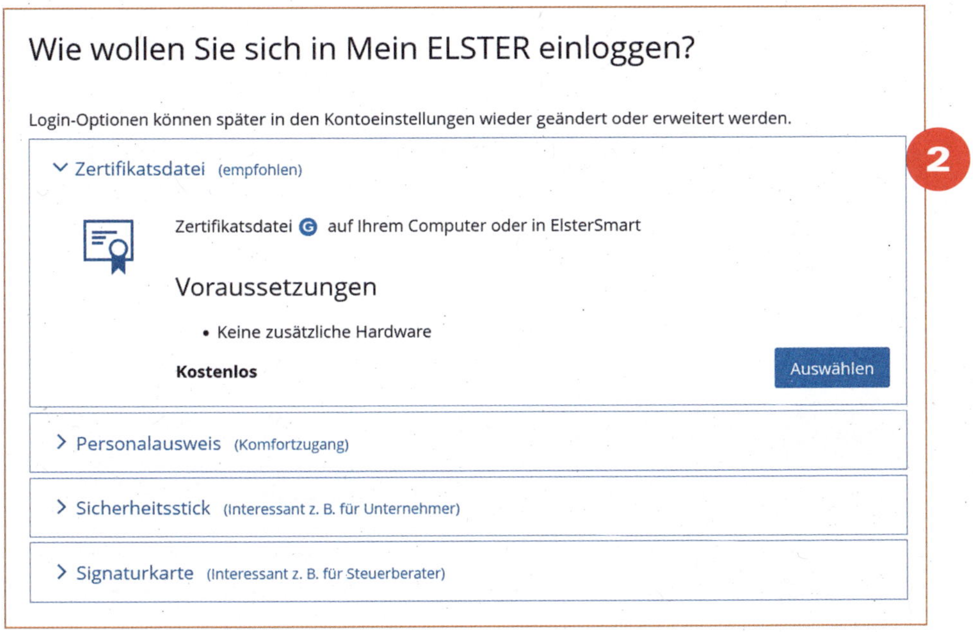

Schritt 1: Mit der Registrierung beginnen

Haben Sie sich einen ersten Überblick verschafft, legen Sie mit der Registrierung los. Die Finanzverwaltung bietet dafür mehrere Varianten an. Am häufigsten wird die Variante „Zertifikatsdatei" genutzt. Sie ist kostenlos, mit einigen Schritten zu erledigen und reicht für Rentner und Pensionäre völlig aus. Für Unternehmen und steuerberatende Berufe gibt es weitere Varianten, auf die wir hier aber nicht eingehen. Möglich wäre noch, dass Sie sich mit Ihrem Personalausweis einloggen. Das ist zwar der schnellste Weg, doch dazu benötigen Sie zumindest derzeit ein Kartenlesegerät.

Um die Registrierung per Zertifikatsdatei zu starten, klicken Sie auf der ELSTER-Startseite „Benutzerkonto erstellen" an und dann zweimal auf „Weiter". Wählen Sie dann die Variante „Zertifikatsdatei" aus (siehe oben Screenshot ❷).

Auf der nächsten Seite markieren Sie „Für mich (und gemeinsam veranlagten Partner)". Der Klick auf „weiter" und dann auf „Nächste Seite"

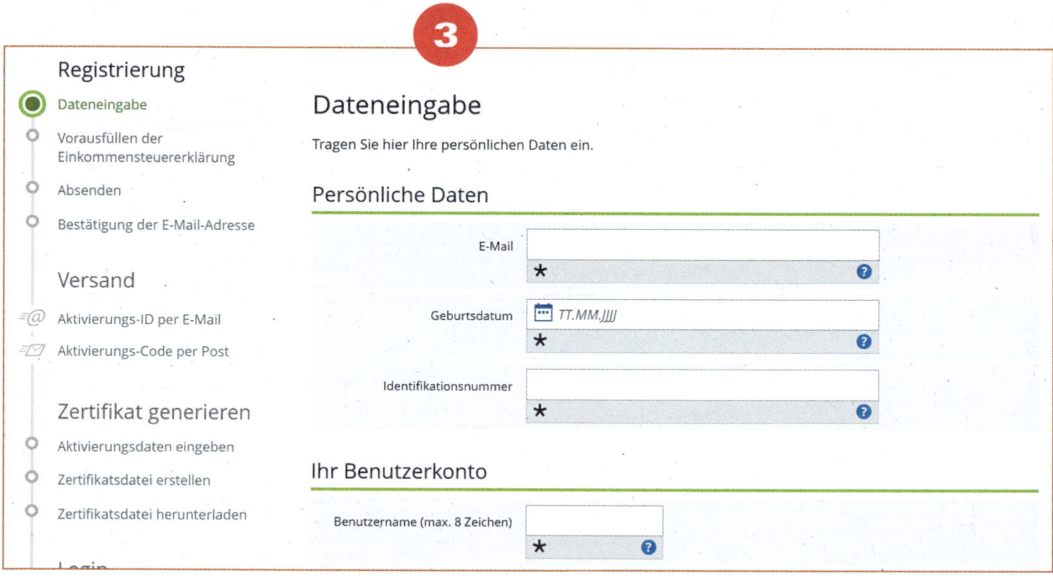

bringt Sie zu der Seite, auf der Sie Ihre persönlichen Daten eingeben müssen (siehe oben, Screenshot 3). Achtung: Sie benötigen nun Ihre elfstellige Steuer-„Identifikationsnummer". Das ist **nicht** Ihre „Steuernummer", die sich etwa bei einem Umzug geändert haben könnte, sondern das ist Ihre persönliche Identifikationsnummer, die ein Leben lang gilt und die Ihnen vom Bundeszentralamt für Steuern zugeteilt wurde. Sie finden sie in der Regel auf Anschreiben des Finanzamtes oder auf Steuerbescheiden.

Den „Benutzernamen" können Sie sich frei wählen. Bei der „Sicherheitsabfrage" haben Sie die Wahl unter mehreren Vorschlägen. Mit einem Klick auf die blau unterlegten Fragezeichen erhalten Sie weitere Informationen zu den jeweiligen Zeilen. Das kleine Kästchen links unten („Ich bestätige, dass ich den Hinweis zur Kenntnis genommen habe") klicken Sie an, gehen dann unten rechts auf „Prüfen" und abschließend auf „Absenden".

Schritt 2: Antworten der Finanzverwaltung

Als Nächstes schickt Ihnen ELSTER eine erste E-Mail, mit der Ihre Mailadresse überprüft wird. Das passiert in der Regel sofort. In der E-Mail werden Sie

aufgefordert, den Erhalt der empfangenen Nachricht zu bestätigen. Dazu klicken Sie in der E-Mail auf den unterstrichenen Link. Anschließend erhalten Sie eine zweite E-Mail, die unter anderem eine „Aktivierungs-ID" enthält. Diese zweite E-Mail sollten Sie gut aufbewahren, denn Sie brauchen sie später noch. Jetzt beginnt eine Wartezeit von etwa 7 Tagen, bis Sie per Post einen Brief mit einem „Aktivierungs-Code" erhalten.

Schritt 3: Registrierung abschließen

Liegt der Aktivierungs-Code vor, gehen Sie in die zweite Mail, die Sie vor ein paar Tagen erhalten hatten, und klicken auf den farbigen Link. Es öffnet sich eine Internetseite, auf der Sie die Aktivierungs-ID aus der zweiten E-Mail und den Aktivierungs-Code aus dem Brief eingeben. Gehen Sie auf „Absenden", öffnet sich danach eine Eingabemaske, in der Sie ein selbst gewähltes persönliches Passwort eingeben und wiederholen. Sie klicken auf „Erstellen" und anschließend auf „Zertifikatsdatei herunterladen".

Der Vorgang kann etwas länger dauern, brechen Sie ihn also nicht ab, wenn sich erst einmal nichts tut. Speichern Sie dann diese Datei (mit der Endung „.pfx") auf Ihrem Rechner dort, wo Sie sie auch wiederfinden. Machen Sie möglichst eine Sicherheitskopie der Zertifikatsdatei, die Sie zum Beispiel auf einer externen Festplatte ablegen. Tragen Sie die Zertifikatsdatei und Ihr persönliches Passwort ein. Mit dem Klick auf „Login" haben Sie die Registrierung abgeschlossen. Prüfen Sie anschließend Ihr gespeichertes Profil und ergänzen Sie wenn nötig Daten.

4

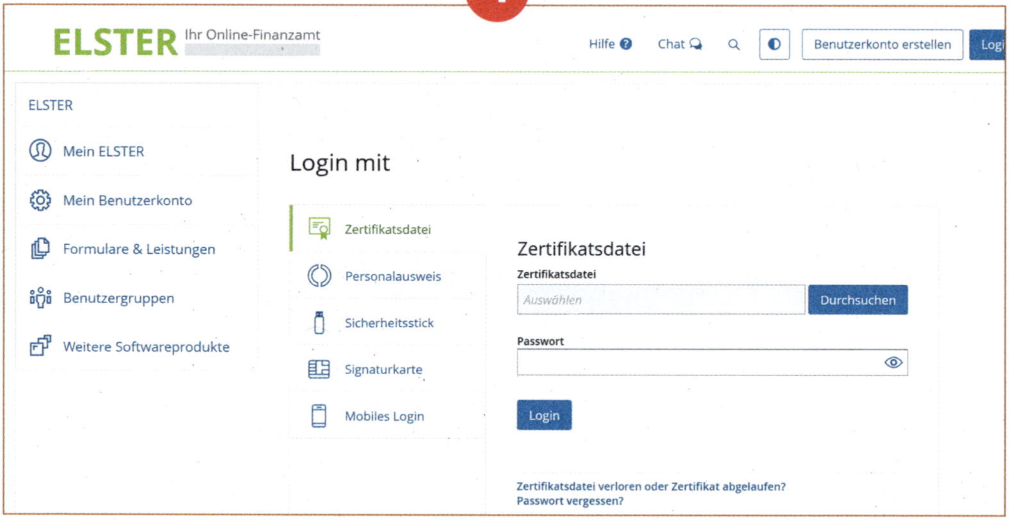

Wenn Sie sich das nächste Mal über die ELSTER-Startseite einloggen wollen, öffnet sich die oben abgebildete Eingabemaske (Screenshot 4). Wenn Sie das Wort „Durchsuchen" anklicken, öffnet sich ein Zugang zu den Verzeichnissen auf Ihrem Computer und Sie können die Zertifikatsdatei auswählen. Danach geben Sie noch Ihr Passwort ein und gehen auf die Schaltfläche „Login". Anschließend öffnet sich Ihre persönliche Seite „Mein ELSTER" (siehe rechts, Screenshot 5). Von hier aus können Sie die gesamte Kommunikation mit ELSTER abwickeln, Profile, das Benutzerkonto und Formulare bearbeiten. Das läuft vor allem über die linke Taskleiste unter den Oberbegriffen „Mein ELSTER" und „Mein Benutzerkonto".

Registrierung für andere Personen

Für Ehe- und eingetragene Lebenspartner genügt es, wenn sich einer der beiden Partner registriert. Solange dem Finanzamt nichts anderes vorliegt, geht es davon aus, dass der Inhalt der Steuererklärung beiden Partnern bekannt ist und von beiden gebilligt wird.

Sie können auch für Verwandte die Steuererklärung über Ihr ELSTER-Konto einreichen. Dort ist jedoch Vorsicht geboten, da Sie hierbei die Steuererklärung elektronisch unterschreiben. Deshalb ist es besser, wenn Sie

5

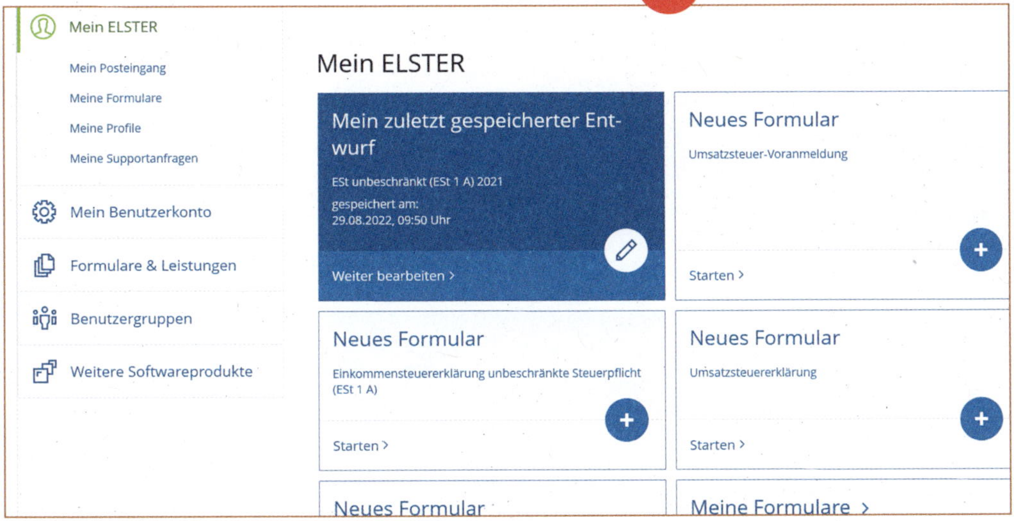

ihnen, etwa den Eltern, helfen, sich ein eigenes ELSTER-Konto einzurichten. Zur Registrierung können Sie dabei auch Ihre eigene E-Mail-Adresse nutzen, wenn Sie, wie oben beschrieben, die Bestätigung vornehmen.

Die Steuererklärung anfertigen

Sobald die Registrierung abgeschlossen ist, können Sie mit der Steuererklärung loslegen. Im Kapitel „Schritt für Schritt“ (→ Seite 63) erfahren Sie detailliert, was Sie in welche Formulare eintragen. Doch wie gelangen Sie dorthin? Loggen Sie sich zunächst wie zuvor geschildert mit Ihrer Zertifikatsdatei und Ihrem Passwort ein. Starten Sie das Benutzerfeld „Neues Formular, Einkommensteuererklärung unbeschränkte Steuerpflicht“ (siehe oben, Screenshot 5) und wählen das gewünschte Jahr aus. Danach werden Sie als Erstes gefragt, ob Sie Ihre Vorjahresdaten in die neue Steuererklärung übernehmen wollen. Das setzt allerdings voraus, dass Sie bereits für 2020 eine ELSTER-Steuererklärung eingereicht haben. Anderenfalls gehen Sie auf „Ohne Datenübernahme fortfahren“.

Wichtig: Haben Sie beispielsweise schon vor einigen Tagen mit der Steuererklärung begonnen, aber diese nicht abgeschlossen, können Sie auf Ihren zuletzt gespeicherten Entwurf zugreifen (siehe oben).

6

Anlagenassistent

Falls Sie die Einkommensteuererklärung 2021 für eine Einzelperson erstellen, dann machen Sie bitte nur Angaben zu Person A. Sollten Sie die Einkommensteuererklärung für ein Ehepaar beziehungsweise eine eingetragene Lebenspartnerschaft erstellen, dann machen Sie bitte zusätzlich Angaben zu Person B.

Vorname	Name	Identifikationsnummer
Steuerpflichtige Person / Ehemann / Person A		
*	*	
Ehefrau / Person B		

Ohne Anlagenassistent fortfahren

Mit Anlagenassistent fortfahren >

Legende

* Felder oder Formularabschnitte mit diesem Symbol müssen ausgefüllt werden.

Anlagenassistent 1/3 - Allgemeine Angaben

7

Möchten Sie in der Einkommensteuererklärung 2021 Angaben zu Kindern machen? * ?

- Nein
- Ja

Haben Sie in 2021 Beiträge in einen Riester-Vertrag eingezahlt? * ?

- Nein
- Ja

Möchten Sie für 2021 Angaben zu übrigen Sonderausgaben (zum Beispiel Kirchensteuer, Spenden und Mitgliedsbeiträge) machen? * ?

- Nein
- Ja

8

Auswahl: Was füllen Sie aus?

Haben Sie das Formular für eine neue Einkommensteuererklärung ausgewählt, können Sie auf der nächsten Seite festlegen, ob Sie die für Ihre Steuererklärung notwendigen Vordrucke mithilfe des Anlagenassistenten auswählen wollen (Screenshot 6). Der Anlagenassistent stellt Ihnen verschiedene Fragen, die Sie mit Nein oder Ja beantworten, um zur Auswahl der nötigen Anlagen zu kommen (Screenshot 7).

Sie können auch ohne den Anlagenassistenten fortfahren und die Anlagen direkt anklicken (Screenshot 8).

In der Anlagenauswahl können Sie außerdem erkennen, ob Ehepaare bestimmte Vordrucke wie beispielsweise die Anlage Kind gemeinsam (Kästchen in der 2. Spalte) ausfüllen oder, wie etwa die Anlage KAP, einzeln auswählen müssen (Kästchen 3. und 4. Spalte).

Der Hauptvordruck ist normalerweise bereits mit einem Häkchen versehen, da Sie diesen immer benötigen. Falls Sie sich unsicher sind, finden Sie mit einem Klick auf den Text oberhalb der Tabelle „Welche Anlagen brauche ich?“eine umfangreiche Hilfe. Außerdem lassen sich auch später noch Anlagen hinzufügen oder wieder entfernen, falls Sie falsch entschieden haben sollten.

Datenabruf mit Zusatzcode

Um die an das Finanzamt übermittelten E-Daten automatisch in die Steuererklärung einfügen zu können, müssen Sie den Datenabruf gesondert beantragen. Wenn die Registrierung bei ELSTER abgeschlossen ist und Sie eingeloggt sind, wählen Sie auf der ELSTER-Startseite im Bereich „Formulare und Leistungen" den Punkt „Bescheinigungen verwalten" aus. Um hier die Daten abrufen zu können, benötigen Sie einen zehnstelligen Abrufcode, der Ihnen per Post (zusammen mit den Daten, die für die erste Registrierung nötig waren) zugeschickt wurde. Der Belegabruf ist auch für Daten von anderen Personen möglich, etwa für den Ehepartner. Wählen Sie dort „Bescheinigungen anderer Personen" und „Abrufberechtigung beantragen".

Gespeicherte Daten einfügen

Nach der Auswahl der Anlagen erhalten Sie mit einem Klick auf „Weiter" die Frage, ob Sie Bescheinigungen einfügen möchten. Entscheiden Sie sich für das Einfügen, können Sie Ihre Steuererklärung mit den „E-Daten" füllen, die dem Finanzamt bereits von anderen Stellen elektronisch übermittelt wurden. Dazu zählen zum Beispiel die Höhen Ihrer ausgezahlten Renten oder die von Ihnen geleisteten Sozialversicherungsbeiträge. Voraussetzung für den Abruf der Daten ist aber, dass Sie ihn beantragt haben – allein die Registrierung bei ELSTER reicht dafür nicht (siehe Kasten oben).

Wählen Sie den Abruf der Bescheinigungen, werden etwa die Zahlen aus der Rentenbezugsmitteilung der Rentenversicherung oder der Leistungsmitteilung der Pensionskasse direkt in Ihre Steuererklärung eingetragen. Sie wählen dazu in der nächsten Abfrage die betreffende Person aus. Verheiratete finden die Bescheinigung des Ehepartners unter „Bescheinigungen anderer Personen".

Anschließend bestätigen Sie noch einmal die Zuordnung zur richtigen Person. Zuletzt müssen Sie noch den zuvor bereits genannten Abrufcode eingeben, den Sie per Post erhalten haben. Danach erhalten Sie eine Übersicht über alle Bescheinigungen, die andere Stellen bereits elektronisch ge-

9

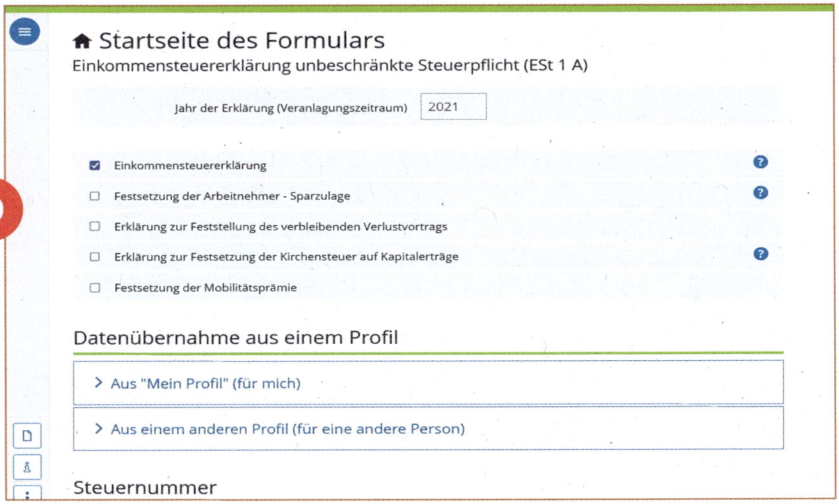

meldet haben. Sie können sich diese gemeldeten Bescheinigungen einzeln ansehen oder gleich mit einem einzigen Klick auf die Zeile „Formular mit Angaben aus den Bescheinigungen aktualisieren“ vollständig übernehmen. Wenn Sie für Ihren Ehepartner noch die Bescheinigungen übernehmen müssen, klicken Sie auf „Zurück zur Personenauswahl“.

Sind alle Belege übernommen, wählen Sie das Auswahlfeld „Direkt zum Formular“ und gelangen zurück zur Startseite Ihrer Steuererklärung. Zu dieser Seite kommen Sie auch, wenn Sie nach der Anlagenauswahl keine Bescheinigungen abgerufen haben.

Die einzelnen Formulare abarbeiten

Ab jetzt geht es durch die einzelnen Formulare, angefangen mit dem **Hauptvordruck** (Screenshots 9 und 10).

In der linken Spalte auf der Seite können Sie ansehen, welche Formulare Sie ausgewählt haben und um welche Angaben es jeweils geht (Screenshot 10). Um diese Informationen zu öffnen, klicken Sie auf die kleine blaue Schaltfläche mit Linien links im Bild. Diese Info können Sie auch wieder

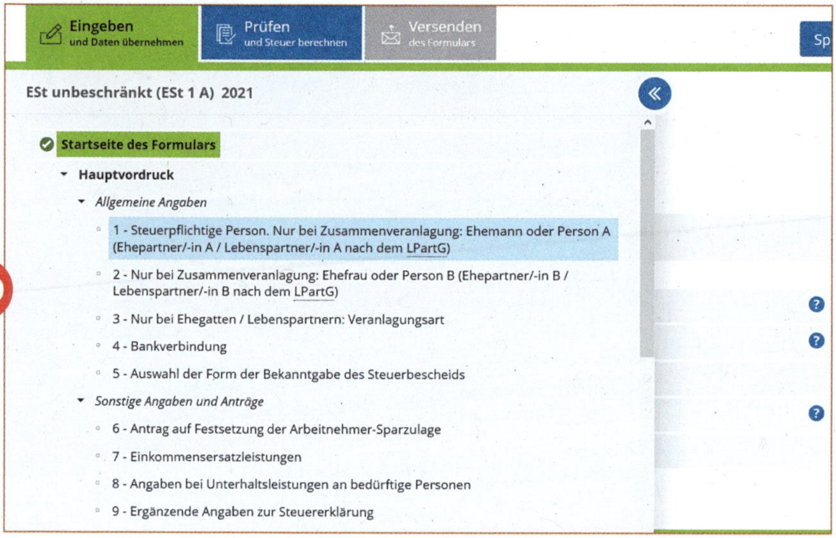

10

ausblenden. Rechts machen Sie Ihre jeweiligen Angaben: Im Hauptvordruck werden zum Beispiel Ihre persönlichen Daten wie Name und Identifikationsnummer abgefragt. Diese können Sie aus Ihrem ELSTER-Profil in die Vordrucke einlesen lassen („Datenübernahme aus meinem Profil"). Bei den allgemeinen Angaben im Hauptvordruck können Sie unter der Nummer 5 auswählen, ob Sie den **Steuerbescheid** wie bisher als Brief auf Papier erhalten oder elektronisch abrufen möchten.

Haben Sie das Info-Fenster links geöffnet, zeigt sich noch eine weitere Hilfe, die Sie beim Ausfüllen nutzen können (Screenshot 11). Dort finden

Hilfen zum Formular-Ausfüllen

Orientieren Sie sich beim Ausfüllen an der Bezeichnung des Formulars und den Zeilennummern, die wir auch in diesem Ratgeber verwenden. Die amtlichen Hinweise und Erläuterungen zu den Formularzeilen erhalten Sie mit einem Klick auf die Fragezeichen bei den jeweiligen Eingabefeldern (siehe zum Beispiel Screenshot 9, Seite 57). Durch einen Klick auf eine andere Zeile auf der linken Bildschirmseite wechseln Sie zu weiteren Bereichen in der Steuererklärung, zum Beispiel zu einer anderen Anlage. Mit der blau unterlegten Schaltfläche „Anlagen hinzufügen/entfernen" können Sie erneut die „Anlagenauswahl" aufrufen und noch weitere Formulare auswählen.

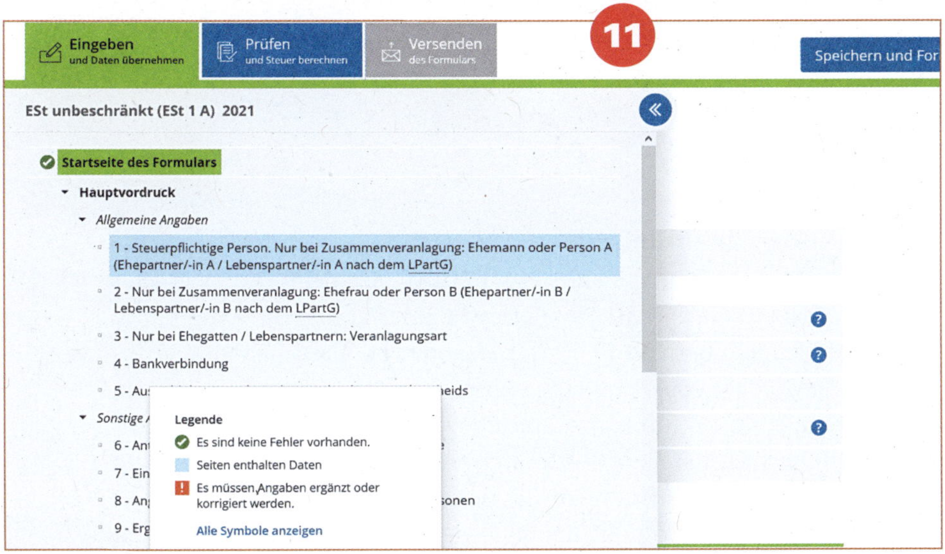

Sie eine Legende zu den Programmhinweisen: Ein Ausrufezeichen bedeutet, dass Sie Angaben ergänzen müssen. Zeilen mit hellblauem Hintergrund zeigen an, dass hier bereits Daten enthalten sind, beispielsweise aus den automatisch übernommenen Bescheinigungen der gesetzlichen Rentenversicherung oder Krankenkasse. Wenn Sie gerade nicht weiterkommen, kann eventuell auch der Klick auf das kleine Kästchen mit drei Punkten helfen. Hier werden Ihnen mögliche Aktionen angezeigt.

Die Formulare und die einzelnen Zeilen sind dieselben, die auch das Papierformular enthält. Deshalb können Sie sich beim Ausfüllen an den jeweiligen Angaben im folgenden Kapitel (→ „Schritt für Schritt“, Seite 65) orientieren. Anders als im Papierformular müssen aber auch die Felder mit E-Daten (→ Seite 66) ausgefüllt sein. Haben Sie die elektronisch gemeldeten Daten bereits automatisch übernommen, überprüfen Sie die Angaben noch einmal! Falls notwendig, können Sie diese Angaben überschreiben oder löschen.

Die übrigen Felder füllen Sie genauso aus wie in der Papiererklärung. Sie bewegen sich dabei durch die Steuererklärung, indem Sie entweder rechts unten auf „Nächste Seite“ klicken oder im linken Fenster einfach den Abschnitt oder das ganze Formular wechseln. Die Vordrucke können Sie durch Anklicken nacheinander oder in beliebiger Reihenfolge bearbeiten. Die grün unterlegte Zeile im Fenster auf der linken Bildschirmseite zeigt an, bei welcher Eingabe Sie sich gerade befinden.

Abrechnung abschließen

Auf bestimmte Fehler weist Sie das Programm gleich beim Eingeben oder beim Wechsel auf die nächste Seite hin. Mit einem Klick auf „Prüfen und Steuer berechnen" oberhalb des Eingabefensters erhalten Sie weitere Hinweise dazu, wo das Programm Eingabefehler festgestellt hat und wo Sie gegebenenfalls Korrekturen vornehmen müssen. Unter „Steuerberechnung" können Sie feststellen, welche Steuererstattung oder -nachzahlung zu erwarten ist. Die Berechnung öffnet sich je nach den Einstellungen auf Ihrem PC entweder in einem neuen Fenster oder wird als PDF-Datei heruntergeladen. Die Berechnung ähnelt der Darstellung im Steuerbescheid. Hilfreich ist es, wenn Sie sich am Ende die Steuerberechnung ausdrucken. Oder speichern Sie die Datei ab, um den Steuerbescheid später besser überprüfen zu können.

Direkter Weg zum Finanzamt

Haben Sie alle Eingaben vollständig erfasst, können Sie nach der Berechnung die Steuererklärung elektronisch abschicken. Dazu klicken Sie, wieder am oberen Bildschirmfenster, den Kasten „Versenden des Formulars" an. Weil Sie sich bei ELSTER registriert haben, wird die Steuererklärung mit elektronischer Unterschrift verschickt. Sie brauchen daher kein Formular mehr zum Unterschreiben auszudrucken und per Post an Ihr Finanzamt zu schicken. Klicken Sie abschließend „Speichern und Formular verlassen" an, werden Sie nochmals gefragt, ob Sie die Angaben speichern wollen.

Sie können mit dem Speichern auch Ihre Steuererklärung unterbrechen und zu einem späteren Zeitpunkt weiter bearbeiten.

Wenn es nicht glattläuft

Manchmal kann es technische Probleme geben, oder Sie wissen nicht, was Sie wo eintragen sollen. Bei inhaltlichen Fragen kann etwa die Nachfrage beim eigenen Finanzamt helfen. Für technische Probleme können Sie ganz unten auf der ELSTER-Startseite „Kontakt" anklicken und dann in einem Chat Ihre Fragen stellen. Antworten auf zahlreiche Fragen finden Sie auch, wenn Sie ebenfalls unten auf der Startseite „Hilfe/FAQ" anklicken.

INFO

Von der Registrierung bis zur Abgabe: Mögliche ELSTER-Stolpersteine

Wenn Sie online loslegen wollen, sollten Sie einige mögliche Hürden im Blick haben:

- Sie können nicht gleich mit dem Ausfüllen starten: Planen Sie genug Zeit für die Registrierung ein. Sie dauert in der Regel fünf bis sieben Tage. Kommt der Brief mit dem Aktivierungs-Code nicht so bald wie erhofft, werden Sie nicht zu ungeduldig. Beginnen Sie nicht gleich eine neue Registrierung, denn das kann zu Verwirrung und im Ergebnis zu noch längeren Wartezeiten führen.
- Sorgen Sie für eine sichere (und wieder auffindbare) Aufbewahrung von Zertifikatsdatei und persönlichem Passwort. Ein Verlust erfordert eine Neuregistrierung! Gleiches kann passieren, wenn Sie die Registrierungsdaten dreimal falsch eingegeben haben.
- Der Registrierungsvorgang muss nach spätestens 90 Tagen abgeschlossen sein, sonst wird eine neue Registrierung erforderlich. Die Registrierung ist drei Jahre gültig. Sie können sie aber rechtzeitig (und einfach) verlängern lassen.
- Prüfen Sie alle Daten, die Sie im Rahmen des Belegabrufs erhalten. Sie bestätigen mit Ihrer Steuererklärung deren Richtigkeit und Vollständigkeit. Fehlende Daten müssen Sie manuell ergänzen, ebenso wie in der Steuererklärung auf Papier. Wenn Sie Korrekturen vornehmen, empfiehlt sich eine Erläuterung im Hauptvordruck (→ Seite 69).
- Tragen Sie weiterhin alle Sonderausgaben, Werbungskosten, außergewöhnlichen Belastungen und sonstige abzugsfähige Aufwendungen in die Formulare ein und prüfen Sie alle aus Vorjahren übernommenen Daten. Das nimmt Ihnen kein „elektronischer Automatismus" ab.

Pünktlich beim Amt: Diese Abgabefristen gelten

Für die Steuererklärung haben Sie etwas Zeit, allerdings nicht unbegrenzt. Ist die Erklärung für 2022 Pflicht, ist der Abgabetermin für Einkommensteuererklärung der 30. September 2023. Das ist länger als Sie es vermutlich aus vielen früheren Jahren gewohnt sind. Doch als Folge der Corona-Pandemie wurden die Abgabefristen wie schon in den beiden Vorjahren für diesen und auch für den folgenden Veranlagungszeitraum verlängert.

Wer von einem Steuerberater oder Lohnsteuerhilfeverein (→ Seite 188) betreut wird, hat Zeit bis zum 31. Juli 2024.

Verpassen Sie diesen Termin, besteht weiterhin die Pflicht zur Abgabe der Steuererklärung. Reichen Sie sie nicht rechtzeitig ein, kann der Finanzbeamte einen Verspätungszuschlag festsetzen. Das ist im Einzelfall zu prüfen. Hält der Sachbearbeiter die Fristüberschreitung für entschuldbar, kann er auf die Festsetzung verzichten. Deshalb sollten Ruheständler dem Finanzamt einen Grund für eine Verspätung nennen. Der Ermessensspielraum beim Verspätungszuschlag besteht jedoch nur in der Entscheidung, ob überhaupt ein Verspätungszuschlag festgesetzt wird oder nicht. Die Höhe des Zuschlages ist dagegen gesetzlich festgelegt und liegt bei mindestens 25 Euro je angebrochenem Monat Fristüberschreitung.

Die individuelle Prüfung zum Verspätungszuschlag erfolgt nicht mehr, wenn die Unterlagen erst 19 Monate nach Ende des Steuerjahres, für 2022 also nach dem 31. Juli 2024, beim Finanzamt eingehen. Dann muss das Finanzamt grundsätzlich einen Verspätungszuschlag von monatlich mindestens 25 Euro festsetzen. Von dieser Regel gibt es jedoch Ausnahmen. Zum einen kann das Finanzamt auch bei einer um mehr als 19 Monate verspäteten Abgabe auf den Verspätungszuschlag verzichten, wenn sich keine Steuernachzahlung ergibt. Wenn Ruheständler ihre Steuerschuld durch weitere Ausgaben auf 0 Euro drücken können (→ ab Seite 29), kann außer der Steuernachzahlung auch der Verspätungszuschlag entfallen. Um das zu erreichen, sollte allerdings möglichst ein nachvollziehbarer Grund für die verspätete Abgabe vorgebracht werden. Und selbst wenn sich eine Steuernachzahlung ergibt, können Ruheständler einen Verspätungszuschlag vermeiden – wenn sie das Finanzamt überzeugen, dass sie bisher davon ausgehen konnten, keine Steuererklärungen abgeben zu müssen. Vor allem wenn Sie erstmalig eine Aufforderung vom Finanzamt erhalten haben oder bisher noch keine Amtspost einging, bestehen gute Chancen, vom Verspätungszuschlag befreit zu werden.

Wer allerdings trotz Aufforderung vom Finanzamt säumig bleibt, muss mit weiteren Konsequenzen rechnen. Beispielsweise kann das Finanzamt vor Abgabe der Erklärung ein Zwangsgeld festsetzen. Bei verspäteter Abgabe kann ein Verspätungszuschlag erhoben werden. Deshalb sollten Sie amtliche Schreiben ernst nehmen und rechtzeitig reagieren.

Viel Zeit bei einer freiwilligen Abrechnung

Gehören Sie zu den Rentnern und Pensionären, die keine Steuererklärung machen müssen, aber sie einreichen wollen, um sich Geld zurückzuholen? Das kann zum Beispiel sein, wenn Sie für Ihre Kapitalerträge im Laufe des Jahres zu viel Abgeltungsteuer gezahlt haben (→ Seite 156). Dann haben Sie deutlich weniger Zeitdruck. Ihnen bleiben bis zu vier Jahre Zeit für die Abgabe. Die Steuererklärung für 2022 müsste also erst Ende 2026 beim Finanzamt eingehen.

Wenn Sie auf eine Rückzahlung vom Finanzamt hoffen, wäre es aber natürlich schön, das Geld schon zeitnah wieder auf dem Konto zu haben. Auch deshalb kann es sich lohnen, das Ausfüllen der Formulare nicht allzu weit vor sich herzuschieben.

Post vom Finanzamt

Kommt die Aufforderung des Finanzamts ins Haus, dass Sie Ihre Steuererklärung einreichen müssen (eventuell sogar für frühere Jahre) lohnt es sich oft, dass Sie sich Hilfe von Experten holen, etwa im Lohnsteuerhilfeverein oder beim Steuerberater. Mehr dazu lesen Sie ab Seite 188 unter „Steuerexperten finden“.

Schritt für Schritt

Was trage ich wo ein? Auf den folgenden Seiten finden Sie einen Wegweiser durch die Steuerformulare. Da mittlerweile viele Daten elektronisch an Ihr Finanzamt übermittelt werden, können Sie sich manche Zeile beim Ausfüllen sparen.

Hauptvordruck, Anlage R, Anlage Vorsorgeaufwand, Anlage Außergewöhnliche Belastungen und noch mehr: Die Liste der Formulare, mit denen Sie sich beschäftigen müssen, mag im ersten Moment abschreckend erscheinen. Doch wenn Sie sich einmal durchgekämpft haben, wird es Ihnen in den kommenden Jahren immer leichter fallen – zumindest, wenn sich an Ihrer finanziellen Situation nicht allzu viel ändert.

Auf den nächsten Seiten finden Sie eine Anleitung, die Schritt für Schritt durch die Formulare führt und dabei die Belange von Rentnern und Pensionären besonders berücksichtigt. Die genannten Zeilenangaben gelten sowohl für die Papierformulare als auch für die Abrechnung in ELSTER, sodass Sie sich daran auf beiden Wegen orientieren können. Einzelne Stellen haben wir durch „Schnipsel" aus den Formularen noch einmal besonders hervorgehoben. Es sind Ausrisse aus den grünen Papierformularen. Auf eine Darstellung der Ansichten in ELSTER verzichten wir, da die endgültige Version der Formulare für das Steuerjahr 2022 bei Fertigstellung dieses Ratgebers noch nicht vorlag.

Umgang mit E-Daten

Daten für die mit ⓔ gekennzeichneten Zeilen liegen im Regelfall vor und müssen nicht eingetragen werden.
– Bitte Infoblatt eDaten / Anleitung beachten –

Je nachdem, für welchen Weg – Papier oder digital – Sie sich entscheiden, ergeben sich allerdings einige Besonderheiten beim Umgang mit den sogenannten E-Daten.

Was verbirgt sich dahinter? Zwischen Finanzverwaltung und verschiedenen Institutionen wie Renten- und Krankenversicherung, privaten Versicherern oder Versorgungseinrichtungen herrscht ein reger Datenverkehr. Zahlreiche Daten für die Steuerberechnung werden der Finanzverwaltung automatisch von diesen Stellen gemeldet. Gleichzeitig erhalten Sie per Post einen Ausdruck dieser elektronisch gesendeten „E-Daten".

Beim Pensionär ist es zum Beispiel die Lohnsteuerbescheinigung des ehemaligen Arbeitgebers, beim Rentner die Rentenbezugsmitteilung der Rentenversicherung, die Leistungsmitteilung der Pensionskasse oder eine Bescheinigung von der Krankenkasse über die gemeldeten Beiträge zur Basiskrankenversicherung.

E-Daten und Papierformulare

Füllen Sie Ihre Steuererklärung auf Papier aus, gilt: Wenn die Angaben in den zugesandten Bescheinigungen richtig sind, müssen diese gemeldeten E-Daten NICHT in die Papiervordrucke der Steuererklärung eingetragen werden. In den Vordrucken sind die Zeilen, die das betrifft, dunkelgrün unterlegt und mit ⓔ gekennzeichnet. Außerdem enthält jedes Formular, in dem bestimmte Zeilen nicht ausgefüllt werden müssen, einen Hinweis im oberen Bereich.

Wenn Sie zum Beispiel in der Anlage R nur Angaben in den dunkelgrünen Feldern eintragen würden, könnten Sie auf das Formular sogar ganz verzichten. Der Ruheständler, der ausschließlich Bezüge erhält, die elektronisch an die Finanzverwaltung gemeldet werden, und der bis auf die ebenfalls automatisch gemeldeten Kranken- und Pflegeversicherungsbeiträge keine weiteren Ausgaben geltend machen will, kann einfach den Hauptvordruck mit seinen persönlichen Daten und der Unterschrift an sein zuständiges Finanzamt schicken. Damit hat er seine Pflicht zur Abgabe der Steuererklärung erfüllt.

Wenn Sie Felder mit E-Daten freilassen, werden die gemeldeten Daten von Rentenkasse, Arbeitgeber oder Ihrer Krankenkasse so behandelt, als ob Sie die Beträge tatsächlich in die Steuererklärung eingetragen hätten. Die Daten gelten als Ihre Angaben, und die unterschriebene Steuererklärung ist trotz nicht ausgefüllter Zeilen und fehlender Anlagen aus Sicht des Finanzamtes vollständig. Das bedeutet aber nicht, dass Sie gar nichts zu tun haben: Einerseits kann eine Datenmeldung falsch sein und die Steuer zu Ihrem Nachteil zu hoch ausfallen. Andererseits müssen Sie auch Angaben ergänzen oder berichtigen, wenn Sie feststellen, dass etwas fehlt (siehe Kasten unten).

Weitere Informationen zum Umgang mit den E-Daten finden Sie im **Infoblatt E-Daten**. Dieses war für die Steuererklärungen ab 2019 für eine Übergangszeit entwickelt worden. Für das Steuerjahr 2022 soll es letztmalig aufgelegt werden.

Daten selbst abgleichen

Prüfen Sie vor Ausfüllen der Formulare die Angaben in den zugesandten Bescheinigungen von der Deutschen Rentenversicherung, dem ehemaligen Arbeitgeber oder von privaten Versicherungsträgern. Nur wenn Sie einen Fehler finden, müssen Sie die richtigen Werte in die betreffende Anlage eintragen beziehungsweise in ELSTER überschreiben. Legen Sie einen Beleg oder eine Erläuterung zum festgestellten Fehler der Steuererklärung bei, damit ermittelt werden kann, welcher Betrag im Steuerbescheid zu berücksichtigen ist.

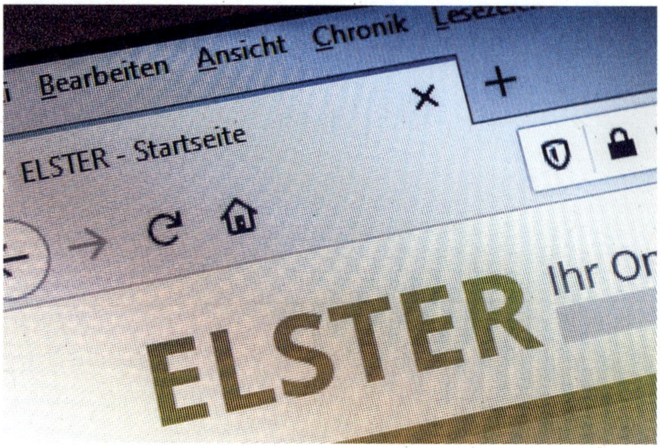

Zusätzlich hilft ein Blick in die „Anleitung" zu den einzelnen Vordrucken hilft beim Ausfüllen der Steuererklärung. Jedem Formular wird seine eigene Anleitung an die Seite gestellt. Die Finanzverwaltung möchte, dass die gesuchte Information nach kurzem Lesen gefunden wird.

Abrechnung über ELSTER

Das Weglassen der Eintragungen bei den E-Daten gilt nur für die Steuererklärung auf Papier. Wer seine Steuererklärung elektronisch ausfüllt, übernimmt weiterhin die Beträge aus den Bescheinigungen. Die Daten können über ELSTER automatisch abgerufen und an die jeweiligen Stellen eingefügt werden (→ „ELSTER: Keine Angst vor dem Einstieg", Seite 47). Mit einem Steuerprogramm können Sie dann vorab berechnen, ob eine Steuernachzahlung anfällt und wie sich Ausgaben steuermindernd zu Ihren Gunsten auswirken.

Mann, Frau, Ehe, Partnerschaft

Familien und Partnerschaften sind bunt und vielfältig. Alle in diesem Ratgeber genannten Bestimmungen für Ehen zwischen Männern und Frauen gelten ebenso für Ehen gleichgeschlechtlicher Partner und für eingetragene Lebenspartnerschaften, auch wenn das nicht überall gesondert erwähnt wird. Die Partner der beiden letztgenannten Verbindungen werden in den Formularen als „Person A" und „Person B" bezeichnet.

Bevor Sie nun richtig loslegen, ein letzter Tipp: Vergessen Sie nicht, sich von allem, was Sie ans Finanzamt schicken, eine Kopie zu machen. Kommt es zu Rückfragen, können Sie besser reagieren. Und Sie haben eine gute Vorlage für das nächste Jahr. Wer elektronisch abgibt, hat die sowieso.

Los geht's mit dem Hauptvordruck

Der Hauptvordruck ist Bestandteil jeder Steuererklärung. Er umfasst zwei Seiten, nachdem es vor einigen Jahren einige größere Veränderungen in den Formularen gab. Manche Rentner werden bei dieser Buchlektüre entdecken, dass sie, wenn sie die Erklärung in Papierform abgeben, nur noch den Hauptvordruck ausfüllen müssen und ihre Steuererklärung damit erledigt haben. Auch wenn das einfach klingt: Um Steuern zu sparen, wird es sich lohnen, weitere Anlagen auszufüllen, um wichtige Abzugsposten geltend zu machen.

Zeile 1 bis 6: Aller Anfang ist leicht

Ganz oben links in **Zeile 1** machen Sie Ihr Kreuz bei „Einkommensteuererklärung". **Zeile 2** kreuzen kirchensteuerpflichtige Rentner und Pensionäre an, wenn die Bank von ihren Zinsen oder anderen Kapitalerträgen im Jahresverlauf keine Kirchensteuer einbehalten hat. Das ist beispielsweise der Fall, wenn Sie beim Bundeszentralamt für Steuern einen „Sperrvermerk" eingereicht haben. Dann muss die Kirchensteuer auf diesem Weg nachträglich berechnet werden. Hat die Bank laut ihren Abrechnungen bereits Kirchensteuer einbehalten, bleibt dieses Kästchen frei. Seit 2021 gibt es die **Zeile 3,** in der Arbeitnehmer die 2021 eingeführte „Mobilitätsprämie" beantragen können

Hauptvordruck ESt 1 A

Eingangsstempel

1 X Einkommensteuererklärung — Festsetzung der Arbeitnehmer-Sparzulage

2 Erklärung zur Festsetzung der Kirchensteuer auf Kapitalerträge — Erklärung zur Feststellung des verbleibenden Verlustvortrags

3 Festsetzung der Mobilitätsprämie

4 Steuernummer NEU

An das Finanzamt

5 BERLIN-STEGLITZ

Bei **Wohnsitzwechsel: bisheriges Finanzamt**

6 BERLIN-NEUKÖLLN

Daten für die mit (e) gekennzeichneten Zeilen liegen im Regelfall vor und müssen nicht eingetragen werden.
– Bitte Infoblatt eDaten / Anleitung beachten –

Wenn Sie eine Steuernummer haben, tragen Sie diese **in Zeile 4** ein, ansonsten lassen Sie diese Zeile frei oder schreiben das Wort „NEU" hinein. Die Persönliche Identifikationsnummer wird in **Zeile 8 und 19** abgefragt. Das zuständige Finanzamt (**Zeile 5**) ist das Amt, in dessen Amtsbezirk Sie derzeit wohnen. Nur nach einem Wohnsitzwechsel ist ein Eintrag in **Zeile 6** erforderlich. In **Zeile 5** am rechten Rand finden Sie ebenfalls den ersten Hinweis, dass Sie gemeldete Daten, zum Beispiel von der Rentenversicherung, in der Regel nicht mehr in die Steuererklärung eintragen müssen. Die Felder, in denen Sie in der Regel keine Eintragungen vornehmen sollen, sind mit einer dunkelgrünen Farbe hervorgehoben.

Zeile 7 bis 28: Allgemeine Angaben

Geben Ehemann und Ehefrau eine gemeinsame Steuererklärung ab, schreiben sie ihre Daten ab **Zeile 7** beziehungsweise ab **Zeile 19** in das Formular. Bei gleichgeschlechtlichen Ehepaaren und eingetragenen Lebenspartnern kommt in **Zeile 8 bis 18** derjenige als „Person A", dessen Nachname im Alphabet zuerst steht. Der andere gehört als „Person B" in **Zeile 19 bis 28**. Bei gleichen Namen entscheidet der Vorname, ist der Vorname auch gleich, zählt das Geburtsdatum: Der ältere Partner steht an erster Stelle (Person A).

Die Religion wird rechts in **Zeile 11 und 22** mit den dort abgedruckten Abkürzungen angegeben, weitere Abkürzungen stehen in der „Anleitung zur Einkommensteuererklärung" des Finanzamts.

Haben Sie einen Wohnsitz im Ausland, tragen Sie bei den Adressdaten in **Zeile 16 und 27** den jeweiligen Staat mit ein.

Zeile 18 betrifft bestehende oder gewesene Ehe-/Lebenspartner. Wer ganz rechts (dauernd getrennt) ein Datum vor Neujahr 2022 einträgt, wird wie ein Lediger besteuert.

Zeile 29: Nur für Ehepaare/Lebenspartner

Diese Paare entscheiden selbst, ob sie eine gemeinsame Steuererklärung abgeben wollen („Zusammenveranlagung" ankreuzen) oder jeweils einzeln abrechnen. Zusammen ist in der Regel vorteilhafter. Eine „Einzelveranlagung" kann sich ausnahmsweise lohnen, etwa bei hohen medizinischen Kosten, Auslandseinkünften oder wenn einer der Partner eine Abfindung oder auch Lohnersatzleistungen erhalten hat. Dann sollte vorher eine Vergleichsrechnung gemacht oder ein Steuerprofi befragt werden.

Wer nicht zusammen abgeben will, kann die „Einzelveranlagung" wählen. Die erlaubt es aber nicht, bestimmte Kosten, etwa Sonderausgaben, außergewöhnliche Belastungen oder Steuerermäßigungen, nach freier Entscheidung einem der Partner zuzuordnen: Die Kosten darf nur noch der absetzen, der sie auch getragen hat. Ehe- und Lebenspartner können aber beantragen, dass sie bei jedem zur Hälfte berücksichtigt werden.

Ist ein Partner 2022 verstorben, kann der andere für 2022 und 2023 noch partnerschaftsbedingte Steuervorteile nutzen (→ ab Seite 164).

Zeile 31 bis 34: Bankverbindung

In **Zeile 31** schreiben Sie die IBAN Ihrer inländischen Bank. Handelt es sich um ein ausländisches Kreditinstitut, das innerhalb des „Europäischen Zahlungsverkehrsraums" (SEPA) agiert, gehört die IBAN in **Zeile 32**, die BIC in **Zeile 33**. Bankverbindungen außerhalb des SEPA-Raums müssen dem Finanzamt formlos schriftlich mitgeteilt werden. Das Buchstabenfeld in **Zeile 34** füllen Sie nur aus, wenn eine Steuererstattung nicht an Sie oder Ihren Partner überwiesen werden soll.

Zeile 35 bis 41: Abweichende Adresse

Sie füllen **Zeile 35 bis 41** nur aus, wenn der Steuerbescheid nicht an Ihre Wohnadresse gehen soll. Sie können generell festlegen, dass der Steuerbescheid nicht an Sie, sondern an jemand anderen geschickt werden soll oder an eine andere Adresse. Hat das Finanzamt bereits eine Vollmacht, brauchen Sie das jedoch nicht nochmals anzugeben. In **Zeile 41** tragen Sie den Staat ein, falls der Steuerbescheid im Ausland zugestellt werden soll.

Zeile 42: Arbeitnehmer-Sparzulage

Anspruch auf eine Arbeitnehmer-Sparzulage haben Sie nur, wenn Sie 2022 noch in einem Arbeitsverhältnis standen. Die Zulage für eingezahlte

Vermögenswirksame Leistungen beantragen Sie per Eintragung der Ziffer 1 in **Zeile 42**. Zudem müssen Sie in **Zeile 1** des Hauptvordrucks die „Festsetzung der Arbeitnehmer-Sparzulage" ankreuzen. Die eingezahlten Beiträge werden vom Anbieter oder dem Arbeitgeber elektronisch an die Finanzverwaltung übermittelt.

Zeile 43 und 44: Ersatzleistungen

In diesen Zeilen wird nach „Einkommensersatzleistungen" gefragt. Das sind Leistungen, die anstelle eines Einkommens gezahlt wurden, etwa Arbeitslosen- oder Krankengeld. Die meisten Ruheständler müssen hier keine Ersatzleistungen erklären. Es sei denn, im Jahr des Renteneintritts bezogen sie zuvor zum Beispiel Arbeitslosengeld oder Krankengeld. Die entsprechenden Werte sollten an das Finanzamt übermittelt worden sein, sodass Sie dann die **Zeile 43** freilassen können. Im Steuerbescheid sollten Sie dann unbedingt überprüfen, ob die übernommenen Ersatzleistungen mit denen auf Ihrer Bescheinigung übereinstimmen. Der Betrag steht in den Erläuterungen zur Steuerfestsetzung (→ ab Seite 144). Erhalten Sie vergleichbare Leistungen aus dem EU- oder EWR-Ausland oder der Schweiz, liegen der Finanzverwaltung keine elektronischen Daten vor und die Beträge sind in **Zeile 44** einzutragen.

	Einkommensersatzleistungen – ohne Beträge lt. Zeile 28 der Anlage N –		stpfl. Person / Ehemann / Person A EUR		Ehefrau / Person B EUR	18
43	– die dem Progressionsvorbehalt unterliegen, z. B. Arbeitslosengeld, Elterngeld, Insolvenzgeld, Krankengeld, Mutterschaftsgeld, Verdienstausfallentschädigung (Infektionsschutzgesetz)	120	,–	121	,–	
44	– vergleichbare Leistungen i. S. d. Zeile 43 aus einem EU- / EWR-Staat oder der Schweiz	136	1020,–	137	,–	

Zeile 45: Ergänzende Angaben

Hintergrund für diesen Abschnitt ist die zunehmende Fähigkeit der Verwaltung, Steuererklärungen vollautomatisch, also ohne persönliche Bearbeitung oder Prüfung durch Finanzbeamte, zu verarbeiten. Das „Gesetz zur Modernisierung des Besteuerungsverfahrens" sieht aber vor, dass je-

der Bürger die Möglichkeit haben muss, Angaben zu machen, die weiterhin eine persönliche Bearbeitung durch Finanzbeamte erfordern. Es kann sich dabei um Angaben handeln, die Sie in andere Zeilen der Steuererklärung nicht eintragen können, oder um eine abweichende Rechtsauffassung. Wer in **Zeile 45** die Ziffer „1" einträgt, erreicht die personelle Bearbeitung seiner Steuererklärung. Die zusätzlichen Angaben sind auf einer formlosen Anlage mit der Überschrift: „Ergänzende Angaben zur Steuererklärung" einzureichen. Wer elektronisch abgibt, hat für diese Angaben ein zusätzliches Textfeld in der Steuererklärung.

Zeile 46 bis 47: Steuerberatung und Unterschrift

In das Kästchen in **Zeile 46** gehört die Ziffer „1", wenn ein Steuerberater oder Lohnsteuerhilfeverein bei der Steuererklärung geholfen hat. Was jetzt noch auf dem Papierformular fehlt, ist Ihre Unterschrift in **Zeile 47**. Sonst ist die Steuererklärung auf dem Papierformular unwirksam. Für die elektronische Steuererklärung gelten andere Regeln (→ Seite 47). Denken Sie bei einer gemeinsamen Steuererklärung auch an die Unterschrift des Ehe- oder Lebenspartners.

Hat ein Steuerberater oder Lohnsteuerhilfeverein bei der Steuererklärung geholfen, kommen die Angaben dazu in den Kasten rechts neben der Unterschrift.

Anlagen R, R-AV/bAV und R-AUS: speziell für Rentner

Die Höhe der steuerpflichtigen Renten gehört zu den Werten, die schon seit Längerem regelmäßig von der Deutschen Rentenversicherung oder anderen Leistungsträgern an das Finanzamt gemeldet werden. Seit 2019 müssen diese Rentenbeträge nicht mehr in das Papierformular eingetragen werden. Wenn im Vordruck keine weiteren Angaben erforderlich sind, können Sie die Anlage R und die Anlage R-AV / bAV bei Ihrer Steuererklärung sogar ganz weglassen. Erledigen Sie Ihre Steuererklärung über ELSTER, müssen Sie diese Daten aber einfügen.

Die Vordrucke sind aber auszufüllen, wenn steuerpflichtige Renten nicht gemeldet wurden, etwa weil sie aus dem Ausland stammen oder als Rentenzahlung aus einem Hausverkauf von einer Privatperson gezahlt werden. Eintragungen sind außerdem notwendig, wenn die gemeldeten Daten von den tatsächlich erhaltenen Renten abweichen, also fehlerhaft sind, oder wenn in den hellgrünen Formularzeilen weitere Angaben oder Werbungskosten einzutragen sind. Für diese Fälle werden die Vordrucke nachfolgend Zeile für Zeile erklärt.

Die Rentenzahlungen unterteilen sich entsprechend der Besteuerung in drei Gruppen:

1. **Die gesetzlichen und gleichgestellten Renten**, etwa aus berufsständischen Versorgungseinrichtungen, gehören in die **Zeilen 4 bis 12** der **Anlage R** – oder, wenn solche Renten aus dem Ausland gezahlt werden und in Deutschland zu versteuern sind, in die **Zeilen 4 bis 13** der **Anlage R-AUS**. Von diesen Renten wird je nach Kalenderjahr der Bewilligung der Rente mindestens die Hälfte besteuert (→ Seite 167).
2. Dagegen sind **privat finanzierte Renten** in der Regel nur mit dem sogenannten Ertragsanteil steuerpflichtig. Dessen Höhe hängt vom Renteneintrittsalter oder von der Laufzeit ab (→ ab Seite 170). Sie werden in

den **Zeilen 13 bis 18** der **Anlage R** beziehungsweise für Zahlungen aus dem Ausland **Zeilen 14 bis 20** der Anlage **R-AUS** abgefragt.

3. **Geförderte Riester-Renten und Auszahlungen aus der betrieblichen Altersvorsorge** sind in der Regel voll steuerpflichtig und gehören in die **Zeilen 4 bis 26** der **Anlage R-AV/bAV**.

Steuerfreie Renten wie gesetzliche Unfallrenten oder Kriegs- und Wehrdienstbeschädigtenrenten gehören **nicht** in die Steuererklärung.

Auf den Formularen können jeweils nur zwei Leibrenten oder Renten aus Altersvorsorgeverträgen und betrieblicher Altersvorsorge erklärt werden. Haben Sie mehr als zwei gleichartige Renten, die Sie eintragen müssen, benötigen Sie jeweils eine weitere Anlage. Für die fortlaufende Nummerierung nutzen Sie die entsprechenden Felder in **Zeile 3** der Vordrucke.

Anlage R und Anlage R-AUS
Zeile 4 bis 12/13: Gesetzliche Renten & Co.

Renten aus der gesetzlichen Rentenversicherung und steuerlich gleich behandelte Renten oder Altersbezüge der berufsständischen Versorgungseinrichtungen, die aus Deutschland stammen, werden als E-Daten an die Finanzverwaltung übermittelt, sodass grundsätzlich keine Eintragung in den Papierformularen nötig ist. Aber nachprüfen lohnt sich: Wenn Sie etwa eine gesetzliche Witwen- oder Witwerrente erhalten, prüfen Sie anhand der „Information über die Meldung an die Finanzverwaltung“ – erhältlich bei der Deutschen Rentenversicherung –, ob die vorherige Altersrente Ihres Partners übermittelt wurde. Denn aufgrund der früheren Altersrente bleibt auch mehr von Ihrer Hinterbliebenenrente steuerfrei (➔ Seite 165). Wurde die vorherige Rente Ihres Partners oder Ihrer Partnerin nicht angegeben, ergänzen Sie die entsprechenden Daten von sich aus.

Beziehen Sie als Ruheständler eine Rente aus gesetzlicher Versicherung aus dem Ausland, werden diese Auslandszahlungen bislang nicht ans deutsche Finanzamt gemeldet und müssen deshalb stets in die Formulare wie im folgenden Beispiel in die Anlage R-AUS eingetragen werden, wenn sie in Deutschland zu versteuern sind.

→ Zum Beispiel Valentina B.

Die Tschechin lebt mit ihrem deutschen Partner in Berlin. Aus ihrer früheren Tätigkeit erhält sie seit dem 1. Februar 2016 eine Rente der tschechischen Rentenversicherung. Weil Valentina in Deutschland wohnt, muss sie nach der zwischenstaatlichen Vereinbarung, dem „Doppelbesteuerungsabkommen", ihre tschechische Rente in Deutschland versteuern. Die Finanzverwaltung erhält jedoch keine E-Daten aus dem Ausland. Daher trägt Valentina ihre Rente in den Abschnitt **Zeilen 4 bis 10** der Anlage R-AUS ein. Die Rente 2022 in Höhe von 4650 Euro (Umrechnung der tschechischen Währung Kronen in Euro) wird in **Zeile 5** eingetragen. Der Rentenanpassungsbetrag für **Zeile 6** besteht aus den Rentenerhöhungen ab dem zweiten Jahr nach Rentenbeginn (→ Beispiel Seite 12). Valentina errechnet sie, indem sie von der Jahresrente 2022 die Rente aus dem Jahr 2017 abzieht (4650 Euro minus 4300 Euro ergeben 350 Euro). Die 350 Euro gehören dann in **Zeile 6**, auch wenn sie bereits in **Zeile 5** berücksichtigt sind. Ihren Rentenbeginn (**Zeile 7**) trägt sie mit 01022016 ein.

Zeile 10 bis 12/11 bis 13: Höhere Beiträge

Die **Zeilen 10 bis 12**, in der Anlage **R-AUS** **Zeilen 11 bis 13**, betreffen nur Ruheständler, die vor 2005 mindestens zehn Jahre lang Beiträge oberhalb des Höchstbetrags zur gesetzlichen Rentenversicherung (West) gezahlt haben. Diese sogenannte Öffnungsklausel können vor allem Freiberufler und andere Selbstständige nutzen. Dazu müssen Sie bei Ihrem berufsständischen Versorgungswerk eine Bescheinigung über die Einzahlungen in den einzelnen Jahren beantragen. Das Versorgungswerk ermittelt dann welcher Prozentsatz Ihrer Rente günstiger zu versteuern ist als der Rest.

Der mitgeteilte Prozentsatz gehört in **Zeile 10**, bei **R-AUS** in **Zeile 11**. Er wird mit dem Ertragsanteil besteuert. Diese Daten werden auch vom deutschen Versicherungsträger nicht elektronisch übertragen. Sie müssen die Bescheinigung rechtzeitig bei Ihrem Versorgungswerk beantragen. Ist der Einkommensteuerbescheid erst einmal bestandskräftig, geht nachträglich nichts mehr. Handelt es sich um eine befristete Rente, muss in **Anlage R** **Zeile 11** ausgefüllt werden, bei einer Einmalzahlung **Zeile 12**. In der **Anlage R-AUS** sind die Zeilennummern jeweils um eins höher.

Zeile 13 bis 18: Private Rentenverträge

Einmalauszahlungen aus Renten- oder Direktversicherungen können steuerfrei sein, wenn die Verträge vor 2005 abgeschlossen wurden. Diese Zahlungen müssen Sie nicht beim Finanzamt abrechnen. Anders ist es etwa bei Renten aus einer privaten Renten- oder Erwerbsminderungsversicherung. Sie wurden in der Einzahlphase überwiegend aus bereits versteuerten Mitteln finanziert, sodass sie dann im Alter mit dem Ertragsanteil steuerpflichtig sind (→ Seite 170). Weil in Deutschland ansässige Versicherungsträger die Daten an die Finanzverwaltung übermitteln, müssen Rentenbezieher in der **Anlage R** der Papiererklärung diese Zeilen in der Regel nicht ausfüllen.

Anders verhält es sich erneut bei Rentenzahlungen aus dem Ausland, die in die **Anlage R-AUS** einzutragen sind, wenn Deutschland das Besteuerungsrecht für diese Einnahmen hat.

In **Zeile 13** von **Anlage R** gehört der Jahresbetrag der Rente und in **Zeile 14** das Datum des Rentenbeginns. In der **Zeile 15** geht es um das Geburtsdatum einer anderen Person, von deren Lebenszeit die Laufzeit der Rente auch abhängt. Bei einer „Garantiezeitrente" ist das Geburtsdatum der verstorbenen versicherten Person einzutragen. Das sind Renten aus einem Versicherungsvertrag, die auch nach dem Tod des Rentenempfängers gezahlt werden. Manchmal werden diese auch als einmaliger Betrag gezahlt.

13	Rentenbetrag	131	6000,-	181	,- €
14	Beginn der Rente	132	01052015	182	T T M M J J J J
15	Geburtsdatum einer anderen Person, von deren Lebenszeit die Laufzeit der Rente (auch) abhängt; bei Garantiezeitrenten das Geburtsdatum der verstorbenen versicherten Person	136	26111943	186	T T M M J J J J

Hängt die Rente vom Leben einer anderen Person ab, gehört deren Name in **Zeile 16.** Diese Daten werden dem Finanzamt auch bei Zahlungen im Inland **nicht** elektronisch gemeldet und müssen deshalb weiterhin eingetragen werden. Wer sich damit erstmals befasst, sollte Profirat einholen.

Wird die Rente dagegen bis zu einem bestimmten Datum gezahlt, gehört dieses in **Zeile 17**. In **Zeile 18** stehen Rentennachzahlungen für mehrere Jahre. Sie sind zwar bereits in **Zeile 13** zu erfassen, können aber ermäßigt besteuert werden und werden daher nochmals einzeln abgefragt. In der **Anlage R-AUS** kommen private Rentenbeträge in die **Zeilen 14 bis 20**.

Anlage R Zeile 31 bis 36: Renten von Privatpersonen

Für Rentenzahlungen von Privatpersonen liegen dem Finanzamt keine E-Daten vor. Angaben dazu müssen Sie deshalb immer eigenständig in die Steuererklärung eintragen. Das betrifft beispielsweise Leibrenten, die aus privaten Vermögensübertragungen entstanden sind. Ein Grundstück oder Betriebsvermögen wurde gegen die Zahlung einer lebenslangen Rente verkauft (→ Seite 211). Der Vermögenswert entspricht dabei etwa dem kapitalisierten Wert der Rente. Bei solchen Gestaltungen empfiehlt es sich im Vorfeld unbedingt, einen professionellen steuerlichen Rat einzuholen. Zumindest bei der erstmaligen Eintragung sollten Sie der Steuererklärung den entsprechenden Vertrag beilegen.

Die Angaben tragen Sie in die **Zeilen 31 bis 36** ein. Die Abfrage erfolgt analog den im Abschnitt zuvor beschriebenen **Zeilen 13 bis 18**. Wenn eine solche Zahlung aus dem Ausland erfolgt, gehören die Angaben in die **Zeilen 14 bis 20** der **Anlage R-AUS**.

→ Zum Beispiel Dieter D.

Der verheiratete Rentner erhält seit 1. März 2004 monatlich 1000 Euro aus dem Verkauf eines Grundstücks. Er trägt 12 000 Euro in **Zeile 31** ein (1000 mal 12). Als Rentenbeginn kommt in **Zeile 32** die Zahlenfolge 01 03 2004. Die **Zeilen 33 bis 35** interessieren ihn nicht, weil seine Rente keine Garantierente ist und sie weder durch den Tod einer dritten Person noch durch Zeitablauf umgewandelt wird. Nachzahlungen (**Zeile 36**) gab es nicht. Trotzdem kann sich Dieter über einen kleinen Steuereffekt freuen. Als er 2004 mit 60 die erste Rente bezog, hatte er 32 Prozent davon zu versteuern. Seit 2005 muss er nur 22 Prozent seiner Privatrente mit dem Fiskus teilen (→ Seite 170).

Zeile 37 bis 39: Werbungskosten & Co.

Das Finanzamt berücksichtigt von sich aus pauschal 102 Euro für Werbungskosten im Zusammenhang mit Renten und Pensionen, ganz gleich, ob welche angefallen sind oder nicht. Haben Sie mehr ausgegeben, können Sie auch mehr geltend machen. In den **Zeilen 37 und 38** werden die Werbungskosten den jeweiligen Leistungen zugeordnet. Zu den Kosten für Erwerb und Sicherung der Rente gehören etwa Aufwendungen für Telefon und Fahrten, die bei Beantragung der Rente anfielen. Auch Gewerkschaftsbeiträge können Sie abrechnen, ebenso Ausgaben für eine Rentenberatung oder juristische Auseinandersetzungen zur Rente.

Werbungskosten Die Eintragungen in den Zeilen 37 und 38 sind nur in der ersten Anlage R vorzunehmen.

	– zu den Zeilen 4, 13 und 31 – ohne Werbungskosten lt. Zeile 38 – (Art der Aufwendungen)		EUR
37	RENTENBERATUNG, GEWERKSCHAFTSBEITRAG	800	195,-

Werbungskosten für Rentenzahlungen aus dem Ausland tragen Sie in die **Anlage R-AUS**, **Zeilen 42 bis 46** ein.

Finanzierungskosten im Zusammenhang mit einer sofort beginnenden Rente sind unter bestimmten Voraussetzungen ebenfalls als Werbungskosten abzugsfähig. Bei einer solchen Konstruktion empfiehlt sich aber dringend die Hilfe eines Steuerprofis (→ Seite 188).

In **Zeile 39** geht es um Rentenzahlungen, die mit Steuerstundungsmodellen zusammenhängen. Wer solche Renten bezieht, sollte zumindest beim ersten Mal einen Steuerberater aufsuchen.

Anlage R-AV/bAV Zeile 4 bis 26: Riester & Co.

Diese Anlage, die für das Steuerjahr 2020 neu eingeführt wurde, heißt ausführlich „Leistungen aus zertifizierten Altersvorsorgeverträgen und aus der inländischen betrieblichen Altersversorgung". Sie erfasst die Beträge, die in früheren Jahren auf der Rückseite der normalen Anlage R enthalten waren. In die **Anlage R-AV / bAV** gehören Riester-Renten und Leistungen aus Pensionsfonds sowie aus anderen Formen der staatlich geförderten betrieblichen Altersversorgung.

Empfänger solcher Leistungen, zum Beispiel aus Lebensversicherungen, Banksparplänen oder anderen Geldanlagen, erhalten einen amtlichen Vordruck, auf dem in 15 Zeilen unterschiedliche Arten der Besteuerung solcher Leistungen aufgeführt sein können. In Abhängigkeit davon, aus welchen Quellen die eingezahlten Beiträge stammten, sind die Altersbezüge voll, teilweise oder gar nicht steuerpflichtig. Die Tabelle → Seite 168/169 gibt Ihnen einen ersten Überblick, für welche Art von Rente welche Regelung gilt.

Bei Fragen zur Leistungsmitteilung hilft in der Regel nur eine Nachfrage beim Versorgungsträger oder einem Steuerprofi. Wer die Daten in die **Anlage R-AV / bAV** übernehmen muss, orientiert sich an der Zeilennummerierung in der Leistungsmitteilung und der entsprechenden Abfrage auf der **Anlage R-AV / bAV**. Die meisten Zeilen sind **dunkelgrün** hervorgehoben. Das bedeutet, dass die Daten der Leistungsmitteilung dem Finanzamt bereits vorliegen und nicht abgeschrieben werden müssen – wenn die Angaben korrekt sind. Lediglich die hellgrünen Zeilen sind in den entsprechenden Fällen auszufüllen.

Die nicht als E-Daten vom Versicherungsträger übermittelten Angaben zu **Zeile 6 bis 8** sind notwendig, weil bei bestimmten Zahlungen aus einem Pensionsfonds zusätzlich ein Versorgungsfreibetrag berücksichtigt wird. Die Angaben entnehmen Rentner in der Regel der Leistungsmitteilung. **Zeile 17** betrifft Renten, die aus einem betrieblichen oder privaten Altersvorsorgevertrag für eine garantierte Anzahl von Jahren an Hinterbliebene gezahlt werden.

Zeile 24 war im vorletzten Jahr noch dunkelgrün unterlegt, doch nun müssen Sie den „Beginn der Auszahlungsphase" selbst eintragen. Da diese Information nicht anderweitig an das Finanzamt übermittelt wird, müssen Sie hier eine Angabe machen.

Anlage N: für Pensionäre und Angestellte

Die Anlage N steht für „Einkünfte aus nichtselbstständiger Arbeit" und spielt auch für viele Ruheständler eine Rolle. Sie ist immer dann wichtig, wenn sich Rentner selbst als Arbeitnehmer etwas hinzuverdienen. Auch wenn Sie verheiratet sind und der Ehe-/Lebenspartner noch berufstätig ist, bleibt diese Anlage für Sie relevant. Erhalten Sie eine vom Arbeitgeber finanzierte Werkspension oder eine Beamtenpension, benötigen Sie für diese Altersbezüge **nicht die Anlage R**, sondern ebenfalls die **Anlage N**. Werkspensionen stammen aus Direktzusagen des ehemaligen Arbeitgebers oder aus Unterstützungskassen.

Werks- und Beamtenpensionen werden auf dem amtlichen Vordruck als **Versorgungsbezüge** bezeichnet. Sie gelten unter steuerlichen Gesichtspunkten als Arbeitslohn und werden auch so ähnlich behandelt (→ Seite 23 und Seite 174).

Rentner mit einem Nebenjob als Arbeitnehmer müssen in der Regel bereits deshalb eine Steuererklärung abgeben, weil sie neben ihrem steuerpflichtigen Arbeitslohn mehr als 410 Euro andere Einkünfte im Jahr erhalten, nämlich aus ihrer Rente. Üben Sie dagegen einen Minijob aus, bei dem der Arbeitgeber den Verdienst pauschal versteuert, bleibt der Verdienst in der Anlage N außen vor (mehr dazu ➔ „Nebenjob: So lohnt sich der Zusatzverdienst“, Seite 152).

Zeile 1 bis 26: Lohn und Pension

Nach den persönlichen Angaben in **Zeile 1 und 2** gehört in **Zeile 3** die Steuernummer. **Zeile 4** („eTIN“ heißt „electronic Taxpayer Identification Number“) wird nur ausgefüllt, wenn keine Steuer-ID vorhanden ist.

Die weiteren Angaben zu Lohn, Pension und bereits abgezogenen Steuern liegen Ihrem Finanzamt in der Regel schon als elektronische Meldung vor. Sie haben zur Information über diese Datenmeldung eine Lohnsteuerbescheinigung erhalten. In der Papiersteuererklärung müssen Sie in der Regel nur etwas eintragen, wenn Sie von den gemeldeten Daten abweichen wollen, etwa weil diese fehlerhaft sind oder falls der Arbeitgeber darauf hinweist, dass keine elektronische Meldung erfolgt ist. In der elektronischen Steuererklärung tragen die Ruheständler die Daten ein. Sie können damit auch die Funktion der Steuerberechnung nutzen.

Wenn Sie 2022 Arbeitslohn oder Versorgungsbezüge für mehrere Jahre oder eine Abfindung erhalten haben, kann für diese Einnahmen unter bestimmten Voraussetzungen eine ermäßigte Besteuerung erfolgen. Falls der Arbeitgeber oder Versorgungsträger noch keine Steuerermäßigung berücksichtigt hat, steht der betreffende Betrag in der Regel in Zeile 19 der Lohnsteuerbescheinigung und gehört in die **Zeile 18** der Anlage N. Wenn der Arbeitgeber die Daten korrekt übermittelt hat, brauchen Sie in die Papiersteuererklärung nichts einzutragen. Prüfen Sie dann aber bei Erhalt des Steuerbescheids, ob das Finanzamt den Lohn tatsächlich ermäßigt besteuert hat.

War der Arbeitgeber nicht zum Lohnsteuerabzug verpflichtet, zum Beispiel weil er sich im Ausland befindet, nutzen Sie **Zeile 21**. Andere

> **Richtig abrechnen**
> Ausführlichere Informationen rund um die Anlage N finden Sie im Finanztest-Ratgeber „Steuererklärung 2022/2023 Arbeitnehmer, Beamte“ (test.de/shop).

Fälle sind steuerpflichtige Verdienstausfallentschädigungen von Versicherungen oder anderen. Die **Zeilen 22 bis 26** über Auslandstätigkeiten betreffen Ruheständler eher selten, und wenn doch, sollten Sie sie mithilfe eines Steuerprofis ausfüllen. Die hier erfragten Details werden aus **Anlage N-AUS** zur Steuererklärung übernommen, die Sie bei einer Auslandstätigkeit ausfüllen müssen.

Zeile 27: Steuerfreie Aufwandsentschädigung

Wer nebenbei als Arbeitnehmer in Vereinen oder in anderen Einrichtungen arbeitet, die gemeinnützigen, mildtätigen oder kirchlichen Zwecken dienen, kann eine steuerfreie Aufwandsentschädigung erhalten. Dieser „Übungsleiter-Freibetrag" von 3 000 Euro im Jahr wird gewährt, wenn es sich um ausbildende, erzieherische, betreuende, künstlerische oder pflegerische Arbeiten handelt (→ Seite 21).

Für andere gemeinnützige Tätigkeiten, etwa als Kassenwart im Verein, bleiben Zahlungen bis 840 Euro steuerfrei. Sind die steuerfreien Zahlungen höher als die gesetzlichen Freibeträge, wird in **Zeile 27** nur der Freibetrag vermerkt und der übersteigende Betrag in **Zeile 21**. Wenn diese Tätigkeiten nicht als Arbeitnehmer, sondern selbstständig ausgeübt werden, gehören die Einnahmen in die **Anlage S** (→ Seite 132).

Zeile 28: Lohnersatz

Lohnersatzleistungen wie Kurzarbeitergeld oder eine Verdienstausfallentschädigung infolge der Pandemie sind in der Regel beim Finanzamt gemeldet. Die Entgeltersatzleistungen sind steuerfrei, erhöhen jedoch die Steuer auf den Arbeitslohn oder den steuerpflichtigen Anteil der Rente.

Zeile 31 bis 117: Werbungskosten

Die **Zeilen 31 bis 117** (Seite 2 bis 4 der Anlage N) füllen Sie nur aus, wenn Sie noch Werbungskosten für eine aktive Berufstätigkeit haben. Eine Angabe, die im Zuge der Corona-Pandemie in die Formulare aufgenommen wurde, ist in **Zeile 45** die Homeoffice-Pauschale. Hier geben Sie die Anzahl der Arbeitstage an, die Sie zu Hause verbracht und beispielsweise am

Küchentisch gearbeitet haben. Pro Tag rechnet das Finanzamt Ihnen 5 Euro als Werbungskosten an, maximal 600 Euro im Jahr. Diese Kosten für die Arbeit zu Hause wirken sich steuermindernd aus, wenn Sie insgesamt auf mehr als mehr als 1200 Euro Werbungskosten kommen. Andernfalls können Sie diese Zeilen leer lassen. Das Finanzamt berücksichtigt dann den **Arbeitnehmerpauschbetrag** automatisch. Den bekommt ein Ruheständler auch dann, wenn er nur noch einen Teil des Jahres beschäftigt war. Dennoch sollten Sie einen Blick auf die folgenden Abzugsposten werfen. Vielleicht ist doch etwas dabei, womit Sie die Pauschale überschreiten.

Für Versorgungsbezüge aus Beamten- oder Werkspensionen berücksichtigt das Finanzamt nur eine Pauschale von 102 Euro. Wer höhere Kosten für die Versorgungsbezüge hatte, beispielsweise Steuerberatungskosten oder Gewerkschaftsbeiträge geltend machen kann, trägt diese in die **Zeilen 73 und 74** ein.

Zeile 31 bis 40: Fahrten zur Arbeit

Kosten für Fahrten zwischen Wohnung und Betrieb sind unabhängig vom Verkehrsmittel mit der Entfernungspauschale von 30 Cent pro Entfernungskilometer absetzbar, ab dem 21. Kilometer sogar mit 38 Cent. Das gilt auch für Mitfahrer einer Fahrgemeinschaft, die selbst gar keine Ausgaben hatten. Wer öffentliche Verkehrsmittel nutzt, darf nachgewiesene Kosten voll absetzen, wenn sie für das gesamte Jahr höher ausfallen als 30 beziehungsweise 38 Cent pro Entfernungskilometer.

Die Entfernungspauschale gilt für die erste Tätigkeitsstätte (**Zeilen 31 und 32**). Das ist ein fester, vom Arbeitgeber festgelegter Arbeitsort, der auf Dauer regelmäßig aufgesucht wird. Bei mehreren Arbeitsorten gilt das, wie der Name sagt, nur für einen Arbeitsort. Wer anstatt des Arbeitsortes regelmäßig eine bestimmte Abholstelle aufsuchen muss, trägt den „Sammelpunkt" in **Zeile 33 bis 34** ein. Gleiches gilt für Arbeitnehmer, die zu einem weiträumigen Tätigkeitsgebiet fahren. Hier zählt die Entfernung zum Beginn des Tätigkeitsgebiets.

Welche Entfernung Sie mit welchem Verkehrsmittel zurückgelegt haben, will das Finanzamt in den **Zeilen 35 bis 38** wissen. Arbeitnehmer mit

INFO

Separate Anlage bei weitem Weg: Sparen auch bei niedrigem Einkommen

Haben Sie oder Ihr Partner ein zu versteuerndes Einkommen von höchstens 10 347 Euro im Jahr (Ehepaare: 20 694 Euro), profitieren Sie nicht von der zunächst auf 35 und im nächsten Schritt auf 38 Cent erhöhten Pendlerpauschale ab Kilometer 21. Deshalb gilt: Falls Ihr Arbeitsweg länger als 20 Kilometer ist, steht Ihnen die 2021 neu geschaffene Mobilitätsprämie zu.

Vereinfacht gesagt muss das Finanzamt ermitteln, wie sich die höhere Pendlerpauschale zu Ihren Gunsten auswirken würde, wenn Sie Steuern zahlen müssten. Die Festsetzung der Prämie beantragen Sie im Hauptvordruck (→ Seite 69). Zudem füllen Sie die Anlage Mobilitätsprämie aus. Dort geben Sie in Zeile 5 an, ob sich Ihr Antrag auf Einkünfte aus nichtselbstständiger Tätigkeit bezieht, in Zeile 6, wenn es um andere Einkünfte, etwa aus selbstständiger Tätigkeit, geht. Handelt es sich um eine angestellte Beschäftigung, machen Sie ab Zeile 7 oder Ihr Partner ab Zeile 13 Angaben zur Wegstrecke zwischen Wohnung und erster Tätigkeitsstätte. Ab Zeile 11 oder 17 informieren Sie über die Familienheimfahrten, die sich aufgrund einer doppelten Haushaltsführung ergeben haben.

einer Behinderung setzen die tatsächlichen Kosten ab, wenn der Behinderungsgrad mindestens 70 beträgt oder 50 plus Merkzeichen „G" im Behindertenausweis steht (**Zeilen 35 bis 38**, rechte Spalte eine „1" eintragen). Sie rechnen für Fahrten mit dem eigenen Pkw 30 Cent pro gefahrenen Kilometer oder auf Nachweis höhere Kosten ab. Für Fahrten mit öffentlichen Verkehrsmitteln sind ohnehin die tatsächlichen Kosten absetzbar.

	Ort lt. Zeile	aufgesucht an Tagen	einfache Entfernung (auf volle Kilometer abgerundet)	davon mit eigenem oder zur Nutzung überlassenem Pkw zurückgelegt	davon mit Sammelbeförderung des Arbeitgebers zurückgelegt	davon mit öffentl. Verkehrsmitteln, Motorrad, Fahrrad o. Ä., als Fußgänger, als Mitfahrer einer Fahrgemeinschaft zurückgelegt	Aufwendungen für Fahrten mit öffentlichen Verkehrsmitteln (ohne Fähr- und Flugkosten) EUR	Behinderungsgrad mind. 70 oder mind. 50 und Merkzeichen „G"
35	31	110 110	111 7 km	112 km	113 km	km	114 480,–	115 1 = Ja
36		130	131 km	132 km	133 km	km	134 ,–	135 1 = Ja

Steuerfreie oder pauschal versteuerte Zuschüsse des Arbeitgebers werden in der Regel elektronisch gemeldet. Sie mindern die abziehbare Entfernungspauschale. Falls sie vorliegen, gehören diese in **Zeile 39**. Haben Sie dagegen von der Agentur für Arbeit oder dem Jobcenter Kosten erstattet bekommen, werden diese Zahlungen nicht automatisch gemeldet. Sie müssen die Werte deshalb selbst in die **Zeile 40** eintragen.

				EUR			EUR
39	Arbeitgeberleistungen lt. Nr. 17 und 18 der Lohnsteuerbescheinigung	steuerfrei ersetzt	290	180,—	pauschal besteuert	295	,—
40	Von der Agentur für Arbeit oder dem Jobcenter gezahlte Fahrtkostenzuschüsse					291	270,—

Zeile 41 bis 49: Arbeitsmittel & Co.

Wer einer Gewerkschaft oder einem Berufsverband angehört, trägt Organisation und Beitrag in **Zeile 41** ein. Wenn Rentner ihren Gewerkschaftsbeitrag bereits in die Anlage R geschrieben haben, dürfen sie ihn hier nicht nochmals einsetzen. Als Arbeitsmittel (**Zeile 42 und 43**) gelten Dinge, die für den Job gebraucht werden, zum Beispiel Fachbücher, Büromöbel, Büromaterial, Arbeitskleidung, Werkzeug oder Computer.

Abseits der genannten neuen Homeoffice-Pauschale (**Zeile 45**) können Sie Raumkosten für ein häusliches Arbeitszimmer voll absetzen, wenn es „Mittelpunkt der gesamten betrieblichen und beruflichen Tätigkeit" ist (**Zeile 44**). Viele Ruheständler, die ihren Nebenjob im Arbeitszimmer ausüben, haben gute Chancen, alle Ausgaben geltend machen zu können. Ihr Heimbüro ist „Mittelpunkt" ihrer Erwerbstätigkeit.

Ist das Heimbüro nicht Mittelpunkt der beruflichen Arbeit, existiert aber für die dort ausgeführten Tätigkeiten kein anderer Arbeitsplatz, können bis zu 1250 Euro im Jahr abgesetzt werden. Das betrifft zum Beispiel Außendienstmitarbeiter, Lehrer und andere Berufsgruppen, die Teile ihrer Arbeit zu Hause machen müssen, weil sie es an einem anderen Arbeitsplatz nicht können. Wer das Heimbüro beruflich **und** privat nutzt, kann die Raumkosten nicht aufteilen. Nur eine private Mitnutzung von bis zu 10 Prozent wird akzeptiert. Ist es mehr, fallen sämtliche Raumkosten dem Rotstift zum Opfer. Hier gilt das Prinzip „ganz oder gar nicht".

Kosten von Büromöbeln, Bürotechnik und anderen Dingen für den Job lassen sich auch dann absetzen, wenn diese Arbeitsmittel nicht in einem steuerlich anerkannten Arbeitszimmer stehen, sondern in einer Arbeitsecke im Flur oder im Hobbykeller. Tragen Sie Fortbildungskosten (**Zeile 46**) ein, müssen Sie dem Finanzamt manchmal darlegen, dass die Fortbildung ihrer Berufstätigkeit dient . Ob es sich um einen Nebenjob handelt, spielt allerdings keine Rolle. Eine Bescheinigung des Arbeitgebers über die Notwendigkeit der Fortbildung kann die Argumentation unterstützen.

Zeile 61 bis 72 und 91 bis 117: Reisekosten & Co.

Für viele Ruheständler sind Reisekosten und doppelte Haushaltsführung ein eher seltenes Thema. Suchen Sie anstelle der ersten Tätigkeitsstätte (vergleiche zuvor zu Zeile 31) einen anderen Arbeitsort auf, tragen Sie in **Zeile 62** Fahrt- und gegebenenfalls in **Zeile 63** die Übernachtungskosten in tatsächlicher Höhe ein. Je nach Abwesenheitsdauer kommen Verpflegungsmehraufwendungen hinzu (**Zeilen 67 bis 72**). Doppelte Haushaltsführung (**Zeilen 91 bis 117**) bedeutet, dass für einen dauerhaften festen Arbeitsort (erste Tätigkeitsstätte) eine zweite Wohnung erforderlich ist.

Zeile 73 bis 78: Sonderfälle

Die **Zeilen 73 bis 78** fragen nach besonderen Werbungskosten, die in den **Zeilen 31 bis 72** und **91 bis 117** nicht enthalten sind. Das kann Pensionäre betreffen (**Zeile 73 und 74**) oder Arbeitnehmer, die eine Abfindung erhalten haben (**Zeile 75**). In **Zeile 76 bis 78** geht es um Konstellationen mit Auslands-Bezug. In dieser Situation empfiehlt es sich, dass Sie sich die Unterstützung eines Steuerprofis holen.

Anlage Vorsorgeaufwand: Versicherungsbeiträge

Beiträge zur Rentenversicherung, zur Krankenversicherung und zu anderen Versicherungen, die als Sonderausgaben abzugsfähig sind, gehören in diese Anlage. Beiträge zur Basiskranken- und Pflegeversicherung dürfen grundsätzlich voll als Sonderausgaben abgesetzt werden. Das gilt für gesetzlich und privat Versicherte. Aufwendungen, die nicht im Leistungskatalog der gesetzlichen Krankenversicherung stehen, etwa für eine Chefarztbehandlung, sind in diesem Rahmen nicht abzugsfähig.

Ebenso wie in vielen anderen Vordrucken weisen auch auf der Anlage Vorsorgeaufwand die dunkelgrün hinterlegten und mit dem Symbol ⓔ für E-Daten gekennzeichneten Zeilen darauf hin, dass diese Angaben dem Finanzamt in den meisten Fällen bereits vorliegen und die Zeilen in der Steuererklärung auf Papier dann leer bleiben können. Sie müssen nur etwas eintragen, wenn Sie in Ihren Rentenbescheiden, Leistungsmitteilungen der Versorgungsträger oder den Versicherungsbescheinigungen feststellen, dass die gemeldeten Angaben Fehler enthalten oder eventuell gar nicht elektronisch gemeldet wurden.

Zeile 4 bis 10: Altersvorsorge

Mit Beiträgen zur Rentenversicherung können Ruheständler kaum Steuern sparen. In der Regel zahlen sie ja keine Beiträge, sondern erhalten im besten Fall eine ordentliche Auszahlung aus der Rentenkasse. Aber auch hier bestätigen Ausnahmen die Regel. Ist zum Beispiel der Ehe-/Lebenspartner eines Ruheständlers noch erwerbstätig, zahlt der Arbeitgeber Beiträge an die gesetzliche Rentenversicherung. Im Regelfall übernimmt das Finanzamt die Daten aus der Meldung des Arbeitgebers. Anderenfalls tragen Sie den korrekten Betrag in **Zeile 4** in die betreffende Spalte „Ehemann/Person A“ oder „Ehefrau/Person B“ein und den Arbeitgeberzuschuss in die **Zeile 9**.

Werden die Beiträge in die gesetzliche Rentenversicherung nicht vom Arbeitgeber, sondern, beispielsweise bei freiwilliger Einzahlung, selbst überwiesen, liegen dem Finanzamt keine E-Daten vor. Den gezahlten Beitrag müssen Sie deshalb selbst eintragen, er gehört in die **Zeile 6**.

5	Beiträge zur landwirtschaftlichen Alterskasse, zu berufsständischen Versorgungseinrichtungen, die den gesetzlichen Rentenversicherungen vergleichbare Leistungen erbringen (abzüglich steuerfreier Zuschüsse lt. Nr. 22 b der Lohnsteuerbescheinigung) – ohne Beiträge, die in Zeile 4 geltend gemacht werden –	301	,-	401	,-
6	Beiträge zu gesetzlichen Rentenversicherungen – ohne Beiträge, die in Zeile 4 geltend gemacht werden –	302	2448,-	402	,-

Haben Sie oder Ihr Partner anstelle der gesetzlichen Rentenversicherung in eine landwirtschaftliche Alterskasse oder eine berufsständische Versorgungseinrichtung Rentenbeiträge gezahlt, geben Sie diese in **Zeile 5** an. Arbeitgeberzuschüsse müssen Sie abziehen. Überweist der Arbeitgeber die Beiträge und sind diese auf der Lohnsteuerbescheinigung aufgeführt, gehören die Angaben hingegen in **Zeile 4 und 9** und werden vom Finanzamt als E-Daten berücksichtigt. Das gilt in der Regel auch für Erstattungen oder steuerfreie Zuschüsse zu den in den **Zeilen 4 bis 6** genannten Altersvorsorgebeiträgen, die in **Zeile 7** abgefragt werden, und für sogenannte Rürup-Rentenbeiträge (**Zeile 8**).

Die Rentenbeiträge bei Minijobbern werden **nicht** automatisch berücksichtigt, sondern sie sind in **Zeile 6** (Arbeitnehmeranteil) und **Zeile 10** (Arbeitgeberbeitrag) einzutragen. Die Angabe ist allerdings freiwillig und vorteilhaft, wenn der oder die Beschäftigte selbst einen Rentenbeitrag zahlt.

Zeile 11 bis 22: Kranken- und Pflegeversicherung

Die **Zeilen 11 bis 22** betreffen Beiträge an inländische gesetzliche Kranken- und Pflegeversicherungen. Arbeitnehmerbeiträge (**Zeile 11 und 13**) finden Sie auf der Lohnsteuerbescheinigung. Darin enthalten sind auch die Zusatzbeiträge an die Krankenkassen. Die Angaben liegen normalerweise dem Finanzamt als E-Daten bereits vor und müssen in die Papier-Steuererklärung deshalb nicht mehr eingetragen werden. Das gilt jedoch nicht für die **Zeile 12**. Als Arbeitnehmer weiterbeschäftigte Rentner und pflichtversicherte Pensionäre tragen hier die Beiträge ein, die sie auf ihren

Hinzuverdienst oder die Pension an die Krankenversicherung bezahlen müssen. Weil Sie als Rentner keinen Krankengeldanspruch mehr haben, berücksichtigt das Finanzamt den vollen Krankenkassenbeitrag als Vorsorgeaufwand. Bei anderen Arbeitnehmern kürzt es den Beitrag um 4 Prozent. Dieser Anteil gilt pauschal als Absicherung von Krankengeld.

Für Ruheständler, die von ihrer Rente Beiträge in die gesetzliche Kranken- und Pflegeversicherung einzahlen, gelten die **Zeilen 16 bis 22**. Achten Sie dabei auch auf die Beiträge, die Sie auf eine betriebliche Altersversorgung zahlen mussten. Weil die Beiträge bereits elektronisch an das Finanzamt gemeldet werden, müssen Rentner diese Zeilen nicht mehr ausfüllen, wenn die gemeldeten Angaben richtig sind. Das gilt auch für von der Rentenversicherung gezahlte Zuschüsse, beispielsweise an freiwillig Versicherte, die in **Zeile 21** abgefragt werden. Eine Kürzung der absetzbaren Beiträge wegen des Krankengelds ist für Ruheständler in der Regel kein Thema, weil sie auf Krankengeld ohnehin keinen Anspruch haben. Sollte es ausnahmsweise anders sein, muss der entsprechende Beitrag in **Zeile 20** eingetragen werden.

Strittig war in früheren Jahren häufig, wie mit Bonuszahlungen der Krankenkassen umzugehen ist, die die Kassen ihren Versicherten für gesundheitsbewusstes Verhalten gezahlt haben. Handelt es sich dabei um Beitragserstattungen, die in den **Zeilen 14 und 19** anzugeben sind?

Hier hat das Bundesfinanzministerium Ende 2021 für Klarheit gesorgt. Nun erkennen Finanzämter Bonuszahlungen pauschal bis zur Höhe von 150 Euro als steuerneutral an. Erst darüber hinausgehende Prämien werten sie als Beitragsrückerstattung. Das bedeutet, dass erst die höheren Werte von den absetzbaren Beiträgen für den Basisschutz abgezogen werden, sodass der Sonderausgabenabzug geringer ausfällt (BMF-Schreiben vom 16. Dezember 2021, Vorsorgeaufwendungen).

Zeile 22 fragt nach Beiträgen zu einer gesetzlichen Krankenversicherung für Wahl- oder Zusatzleistungen (etwa Chefarztbehandlung). Das betrifft gesetzlich versicherte Arbeitnehmer wie Ruheständler. Diese Beiträge werden nicht elektronisch an das Finanzamt gemeldet und müssen deshalb gesondert eingetragen werden.

Die Beiträge, Zuschüsse und Erstattungen zur Kranken- und Pflegeversicherung für in Deutschland privat Versicherte gehören in die **Zeilen 23 bis 26**. Die dunkelgrün gekennzeichneten Zeilen weisen darauf hin, dass die Daten dem Finanzamt bereits bekannt sind und die Zeilen deshalb leer bleiben können. Das betrifft jedoch nur die Krankenversicherungsbeiträge zu einer sogenannten Basisabsicherung. Das ist die Absicherung, die dem Leistungskatalog der gesetzlichen Krankenversicherung entspricht. Die Krankenversicherung schlüsselt die Beiträge auf. Beitragsteile für eine zusätzliche Versicherungsleistung und Beiträge zu privaten Zusatzversicherungen, etwa für Auslandsreisekrankenversicherungen, Zahnversicherungen oder zusätzliche private Pflegeversicherungen, werden dem Finanzamt nicht gemeldet und müssen deshalb weiterhin eingetragen werden. Sie gehören in **Zeile 27**.

In den **Zeilen 31 bis 36** geht es um Zahlungen an gesetzliche oder private ausländische Kranken- und Pflegeversicherungen. Weil die Pflicht zur elektronischen Meldung an das Finanzamt für Versicherungen im Ausland nicht gilt, müssen solche Beiträge weiterhin eingetragen werden.

	Beiträge zur ausländischen gesetzlichen oder ausländischen privaten Kranken- und Pflegeversicherung		stpfl. Person / Ehemann / Person A EUR		Ehefrau / Person B EUR
31	Beiträge (abzüglich steuerfreier Zuschüsse – ohne Beträge lt. Zeile 37 –) zur Krankenversicherung, die mit einer inländischen Krankenversicherung vergleichbar ist (nur Basisabsicherung, keine Wahlleistungen)	333	3120,–	433	,–
32	In Zeile 31 enthaltene Beiträge zur Krankenversicherung, aus denen sich kein Anspruch auf Krankengeld ergibt	334	,–	434	,–
33	Beiträge (abzüglich steuerfreier Zuschüsse – ohne Beträge lt. Zeile 39 –) zur sozialen Pflegeversicherung / Pflege-Pflichtversicherung, die mit einer inländischen Pflegeversicherung vergleichbar ist	335	,–	435	,–
34	**Zu den Zeilen 31 bis 33:** Von der Kranken- und / oder sozialen Pflegeversicherung / Pflege-Pflichtversicherung erstattete Beiträge	336	,–	436	,–
35	In Zeile 34 enthaltene Beiträge zur Krankenversicherung, aus denen sich kein Anspruch auf Krankengeld ergibt, und zur sozialen Pflegeversicherung	337	,–	437	,–
36	Über die Basisabsicherung hinausgehende Beiträge (abzüglich erstatteter Beiträge) zu Krankenversicherungen und zusätzlichen Pflegeversicherungen (z. B. für Wahlleistungen, Zusatzversicherungen)	339	,–	439	,–

Die **Zeilen 40 bis 44** betreffen Kranken- und Pflegeversicherungsbeiträge, die für andere gezahlt wurden, zum Beispiel für getrennt lebende Ehe-/Lebenspartner oder für (in der Regel erwachsene) Kinder, für die kein Anspruch auf Kindergeld besteht. Üblicherweise genügt die Eintragung der Steueridentifikationsnummer sowie des Namens und der Anschrift der mitversicherten Person in **Zeile 40**. Die in den **Zeilen 41 bis 43** abgefragten übernommenen Beiträge zur Kranken- und Pflegeversicherung sowie Beitragserstattungen werden als E-Daten vom Finanzamt aus der elektronischen Meldung der Versicherung übernommen.

Selbst ausfüllen müssen Sie **Zeile 44**, wenn Beiträge für zusätzliche Versicherungen außerhalb der Basisabsicherung, beispielsweise für ein Einzelzimmer im Krankenhaus oder für eine zusätzliche Pflegeversicherung, gezahlt wurden.

Zeile 45 bis 50: Weitere abzugsfähige Beiträge

Zeile 45 fragt nach den Beiträgen von Arbeitnehmern zur gesetzlichen Arbeitslosenversicherung. Der Betrag ergibt sich aus der Lohnsteuerbescheinigung und wird vom Finanzamt aus der Arbeitgebermeldung übernommen. Alle folgenden Zeilen müssen Sie dagegen weiterhin ausfüllen, wenn Sie entsprechende Beiträge gezahlt haben.

In **Zeile 46** gehören freiwillige Zahlungen in eine Arbeitslosenversicherung. Beiträge zur privaten Erwerbs- und Berufsunfähigkeitsversicherung fragt **Zeile 47** ab. In die **Zeilen 48 bis 50** gehören Beiträge zu Haftpflichtversicherungen, zu Unfall- oder Risikolebensversicherungen. Auch Beiträge zu bestimmten Kapitallebens- und Rentenversicherungen, die vor 2005 abgeschlossen wurden, können hier geltend gemacht werden (→ Seite 211).

Zeile 51 bis 56: Ergänzende Angaben

In **Zeile 51** wird nach steuerfreien Zuschüssen zur Krankenversicherung oder zu den Krankheitskosten gefragt. Diese bekommen gesetzlich versicherte Rentner, Pensionäre und Arbeitnehmer. Besteht der Anspruch, ist in der Zeile kein Eintrag notwendig.

Selbstständige und nicht familienversicherte Hausfrauen/-männer, die ihren gesamten Beitrag selbst bezahlen, tragen jedoch die Ziffer „2" (Nein) ein. Sie können dann neben Rentenversicherungsbeiträgen bis zu 2800 Euro andere abzugsfähige Versicherungsbeiträge absetzen. Für alle anderen gilt nur eine Grenze von 1900 Euro.

Beiträge für andere

Haben Sie als Versicherungsnehmer etwa Kinder oder Enkel in Haftpflicht-, Unfall- oder andere begünstigte Versicherungen eingeschlossen, können Sie eventuell Steuern sparen. Das klappt aber nur, soweit Sie Ihren maximalen Abzug von 1 900 Euro im Jahr nicht überschreiten.

Für viele Ruheständler würde das bedeuten, dass allein ihre Kranken- und Pflegeversicherungsbeiträge das mögliche Abzugsvolumen ausschöpfen. Lassen Sie sich davon aber nicht beeindrucken. Das Finanzamt berücksichtigt die Beiträge für die Basisabsicherung in der gesetzlichen oder privaten Krankenversicherung sowie die Pflege-Pflichtversicherung auch dann, wenn die Grenze von 1900 oder 2 800 Euro überschritten wird. Lediglich alle Beiträge für weiteren Versicherungsschutz wirken sich dann nicht mehr zu Ihren Gunsten aus.

Die restlichen Fragen betreffen angestellte Rentner und Pensionäre, die die Anlage N auch wegen einer weiteren Beschäftigung ausfüllen müssen. Verdient sich etwa ein Rentner als versicherungspflichtiger Arbeitnehmer etwas hinzu, trägt er in **Zeile 54** ein: „weiterbeschäftigter Altersrentner“ und stimmt mit „Ja“ (Ziffer „1“) ab. Für die Ehefrau/Person B wird in der Spalte daneben das Gleiche abgefragt. Beamte im aktiven Dienst tragen in den **Zeilen 52, 55 und Zeile 56** die Ziffer „1“ ein.

	Ergänzende Angaben zu Vorsorgeaufwendungen	stpfl. Person / Ehemann / Person A			Ehefrau / Person B		
51	Haben Sie zu Ihrer Krankenversicherung oder Ihren Krankheitskosten Anspruch auf steuerfreie Zuschüsse, steuerfreie Arbeitgeberbeiträge oder steuerfreie Beihilfen?	307		2 = Nein	407		2 = Nein
	Es bestand 2022 keine gesetzliche Rentenversicherungspflicht aus dem **aktiven** Dienstverhältnis / aus der Tätigkeit						
52	– als Beamter / Beamtin	380		1 = Ja	480		1 = Ja
53	– als Vorstandsmitglied / GmbH-Gesellschafter-Geschäftsführer/in	381		1 = Ja	481		1 = Ja
	– als (z. B. Praktikant/in, Student/in im Praktikum)						
54	Bezeichnung: RENTNER	382	1	1 = Ja	482		1 = Ja

Anlage Sonderausgaben

Die in dieser Anlage einzutragenden Aufwendungen bieten Rentnern und Pensionären interessante Steuersparchancen. Der Fiskus berücksichtigt automatisch nur eine geringe Jahrespauschale von 36 Euro für Alleinstehende, 72 Euro für Ehepaare/Lebenspartner. Über viele Jahre wurden die Angaben auf Seite 2 des früheren Mantelbogens abgefragt. Mittlerweile gibt es dafür eine separate Anlage. Zusammen veranlagte Ehepaare und eingetragene Lebenspartner füllen sie gemeinsam aus.

Zeile 4: Kirchensteuer

In **Zeile 4** gehört die tatsächlich gezahlte Kirchensteuer, einschließlich der im Jahresverlauf geleisteten Voraus- oder Nachzahlungen. Es zählt das Zahlungsjahr, nicht das Jahr, für das gezahlt wurde. Erstattete Kirchensteuer ist in der Zeile rechts gesondert anzugeben.

	Kirchensteuer		2022 gezahlt EUR		2022 erstattet EUR
4	soweit diese nicht als Zuschlag zur Abgeltungsteuer einbehalten oder gezahlt wurde	103	487,–	104	212,–

Freiwillige Beiträge oder Zahlungen sind nicht hier, sondern unter Spenden (**Zeile 5**) einzutragen. Kirchensteuer, die die Bank oder ein anderer Finanzdienstleister im Rahmen der Abgeltungsteuer bereits an das

Eventuell Kirchensteuer drücken

Auf Antrag kappen viele Kirchenbehörden bei hohen Einkünften die Kirchensteuer bei 3 bis 4 Prozent des zu versteuernden Einkommens, oder sie erstatten bei Abfindungen einen Teil der Steuer. Eine Nachfrage bei der Kirchenverwaltung bringt Klarheit und eventuell weniger Steuerbelastung.

Finanzamt abgeführt hat, gehört nicht hierher. Ob etwas abgeführt wurde, ergibt sich in der Regel aus den Mitteilungen, die die Banken den Kunden zusenden (→ Anlage KAP ab Seite 113).

Zeile 5 bis 12: Spenden und Mitgliedsbeiträge

Im Jahr 2021 war es vor allem die Hochwasserkatastrophe, seit Anfang 2022 ist es insbesondere der Krieg in der Ukraine, der viele Menschen dazu Geld- und Sachspenden bewegt hat. Haben Sie sich hier oder an anderer Stelle engagiert, können Sie Ihre Spenden „zur Förderung steuerbegünstigter Zwecke" im Inland (**Zeile 5**) und in einem anderen Land der EU und im Europäischen Wirtschaftsraum (EWR) (**Zeile 6**) absetzen. Hinter dieser Formulierung verbirgt sich so ziemlich alles, zum Beispiel Kultur und Bildung, Jugend und Sport, Denkmalschutz und Heimatpflege, auch Mitgliedsbeiträge mancher Organisationen, etwa des DRK, sind absetzbar. Beiträge an Kulturfördervereine zählen ebenfalls, selbst dann, wenn Sie als Mitglied Sondervorteile erhalten, zum Beispiel verbilligte Eintrittskarten. Spenden können grundsätzlich bis zur Höhe von 20 Prozent der Einkünfte abzugsfähige Sonderausgaben sein.

→ Zum Beispiel Käte und Karl K.

Das Ehepaar hat nach Abzug von Werbungskosten und Sonderausgaben (außer Spenden) gemeinsam steuerpflichtige Einkünfte von 20 000 Euro. Sie haben 500 Euro an ein Heim des Deutschen Roten Kreuzes für Kinder mit einer Behinderung gespendet, 500 Euro für die neue Orgel der Dorfkirche und 800 Euro für den örtlichen Fußballverein. Sie dürfen die gespendeten 1 800 Euro absetzen, denn ihr „Spendenvolumen" beträgt 4 000 Euro (das sind 20 Prozent von 20 000 Euro).

Für die Anerkennung der Spende ist in der Regel die Spendenbescheinigung des Empfängers nach amtlichem Muster im Original erforderlich – eine sogenannte Zuwendungsbescheinigung. Bei Spenden bis 300 Euro reicht der Kontoauszug als Beleg. Der gleiche Nachweis genügt auch für höhere Beträge, die Sie in Katastrophenfällen gezahlt haben: etwa wenn Sie infolge des Kriegs in der Ukraine auf bestimmte Sonderkonten gespendet haben. Die Belege über Ihre Unterstützung müssen Sie der Steuererklärung nicht beilegen. Dennoch sind Sie verpflichtet, sie auf Anforderung vorzulegen und bis zu einem Jahr nach Erhalt des Steuerbescheids aufzubewahren.

Auch gespendete Gegenstände wie Kleidung, Möbel oder Bücher können Sie steuerlich geltend machen, wenn sich der Wert dieser Sachen nachvollziehbar ermitteln lässt. Bei erbrachten Leistungen ist das mitunter leichter festzustellen, zum Beispiel, wenn unter Verzicht auf einen – rechtlich zustehenden – Kostenersatz Pkw-Fahrten für den Verein unternommen wurden. Auch in diesen Fällen ist eine Spendenbescheinigung erforderlich.

In **Zeile 7 bis 8** gehören Mitgliedsbeiträge und Spenden an politische Parteien sowie an unabhängige Wählervereinigungen. Davon drücken bei Ledigen bis zu 1650 Euro, bei Ehe-/Lebenspartnern bis zu 3300 Euro zur Hälfte direkt die Steuerschuld. Höhere Spenden können bis zu 1650 beziehungsweise 3300 Euro zusätzlich als Sonderausgaben abgesetzt werden. Spendet beispielsweise ein lediger Rentner 2000 Euro an eine Partei, zahlt er 825 Euro weniger Steuern (50 Prozent von 1650). Die darüber hinaus gespendeten 350 Euro (2000 minus 1650) werden zusätzlich als Sonderausgaben berücksichtigt. Zusätzlich zu seiner Parteispende und in gleicher Weise steuerlich gefördert dürfte er an eine unabhängige Wählervereinigung spenden.

In den **Zeilen 9 bis 12** geht es um Zuwendungen an bestimmte Stiftungen. Wer damit zu tun hat, braucht ohnehin einen Steuerberater. Das gilt auch für Großspenden oberhalb der 20-Prozent-Grenze.

Der Freibetrag für alle, die sich im Verein gemeinnützig engagiert haben und dafür eine Aufwandsentschädigung bekamen, gehört nicht hierher, sondern in **Anlage N oder Anlage S** (→ Seite 81 und Seite 132).

Zeile 13 bis 14: Berufsausbildung

Hierher gehören Kosten für eine erste Berufsausbildung und für ein Erststudium. Die Betonung liegt hier auf „Erst“, denn das Finanzamt unterscheidet strikt zwischen einer Erst- und einer Folgeausbildung. Eine Erstausbildung ist bei den Sonderausgaben nur zu berücksichtigen, wenn bisher überhaupt noch kein Berufs- oder Studienabschluss vorhanden war und 2022 erstmals eine Ausbildung mit dem Ziel erfolgte, Einnahmen zu erzielen. Das wird bei Ruheständlern gewöhnlich nicht zutreffen, sodass dann diese Zeilen leer bleiben.

Zeile 15 bis 37: Gezahlte Versorgungsleistungen

In **Zeile 15 bis 37** geht es um Versorgungsleistungen – oft im Zusammenhang mit Vermögensübertragungen der Älteren an die Jüngeren der Familie. Für das Vermögen erhalten die Älteren zum Beispiel eine lebenslange Rente. Diese Zahlungen können die Jüngeren unter bestimmten Voraussetzungen als Sonderausgaben absetzen. Für Ruheständler sind diese Zeilen weniger interessant, weil sie meist die Empfänger solcher Leistungen sind. Diejenigen, die die Leistungen absetzen wollen, müssen aber immer den Namen und die Identifikationsnummer des Empfängers mit in die Anlage eintragen. Letztlich geht es hier aber um komplizierte Rechtsverhältnisse, bei denen ein Fachmann oder eine Fachfrau helfen sollte.

Zeile 38 bis 50: Zahlungen an den oder die Ex

Zeile 38 behandelt Unterhaltsleistungen, die an einen geschiedenen oder getrennt lebenden Ehegatten oder Lebenspartner geleistet wurden. Voraussetzung für die steuermindernde Berücksichtigung ist, dass der

Unterhaltsempfänger auf der **Anlage U** zugestimmt hat, die Zahlungen als Einnahmen zu versteuern. Sie sind beim Zahler in dem Umfang als Sonderausgaben abzugsfähig, wie sie beim Empfänger steuerpflichtig sind. In **Zeile 39** müssen Sie die Steueridentifikationsnummer des Unterstützten eintragen.

Zusätzlich zum Höchstbetrag von 13 805 Euro Unterhalt können Sie von Ihnen übernommene Beiträge zur Basiskrankenversicherung und die Beiträge zur gesetzlichen Pflegeversicherung des Unterstützten als Sonderausgaben geltend machen. In **Zeile 40** muss der Teil der Unterhaltszahlung, der auf Beiträge zur Kranken- und Pflegeversicherung entfällt, nochmals separat aufgeführt werden. Krankenversicherungsbeiträge, die Anspruch auf Krankengeld auslösen, geben Sie in **Zeile 41** an.

Ab **Zeile 42** können Sie Angaben zu Ihren Ausgaben für eine weitere zu unterstützende Person machen.

Zeile	**Unterhaltsleistungen** lt. **Anlage U – ohne Kindesunterhalt –** an den – geschiedenen Ehegatten, Lebenspartner einer aufgehobenen Lebenspartnerschaft – dauernd getrennt lebenden Ehegatten / Lebenspartner Angaben zur ersten unterstützten Person		tatsächlich gezahlt EUR
38	Name der ersten unterstützten Person: ERIKA MUSTER	116	14500,–
39	117 IdNr. der ersten unterstützten Person: 08154711081		
40	In Zeile 38 enthaltene Beiträge (abzgl. Erstattungen und Zuschüsse) zur Basis-Kranken- und gesetzlichen Pflegeversicherung	118	EUR 695,–
41	Davon entfallen auf Krankenversicherungsbeiträge mit Anspruch auf Krankengeld	119	0,–

Zeile 46 bis 48 behandelt Ausgleichszahlungen, die im Rahmen eines vertraglichen oder gerichtlich angeordneten Versorgungsausgleiches an einen geschiedenen Ehegatten oder Lebenspartner geleistet wurden. Sie werden vom Finanzamt in der Höhe als Sonderausgaben abgezogen, in der sie beim Empfänger steuerpflichtig sind. In **Zeile 49 und 50** gehören Zahlungen, die als Ausgleich erfolgt sind, um einen Versorgungsausgleich, also eine Kürzung der eigenen Altersbezüge, zu vermeiden. Für den Abzug ist die **Anlage U** erforderlich.

Anlage Außergewöhnliche Belastungen

Diese Anlage kann für Rentner und Pensionäre ganz besonders interessant sein, weil hinter den „außergewöhnlichen Belastungen" so manches steckt, womit gerade sie ihre Steuerlast senken können: etwa mit ihren Ausgaben für Krankheit, Zahnersatz, Unterstützung Bedürftiger, Behinderung oder Pflege. Wichtig ist allerdings: Ein Großteil dieser Ausgaben zählt nicht ab dem ersten Euro, sondern erst, wenn die Ausgaben so hoch sind, dass sie nicht mehr als „zumutbar" gelten, sondern bereits „außergewöhnlich hoch" sind.

Diese Grenze ermittelt das Finanzamt individuell für jeden Steuerpflichtigen anhand der Höhe seiner Jahreseinkünfte und der familiären Situation. Eine Übersicht auf Seite 177 zeigt Ihnen, nach welchem Muster diese zumutbare Belastung ermittelt wird. Im Internet finden Sie zudem unter test.de/zumutbare-belastung einen kostenlosen Rechner, mit dem Sie Ihre persönliche Grenze selbst ermitteln können.

Es gibt weitere Situationen, deren Folgen Sie eventuell abrechnen können, etwa wenn Sie in Folge eines Feuers oder Hochwassers Ausgaben für die Wiederbeschaffung existenziell nötiger Gegenstände wie Möbel, Hausrat und Kleidung sowie für die Beseitigung von Schäden an Wohneigentum hatten. Das ist außerdem möglich, wenn Ihnen etwa durch Hausschwamm Ausgaben entstanden sind. Hierzu hat der Bundesfinanzhof in den vergangenen Jahren in einigen Verfahren Entscheidungen getroffen.

Zeile 4 bis 9: Behinderung und Zeile 17 bis 18: Fahrtkostenpauschale bei Behinderung

Je nach **Grad der Behinderung** gewährt das Finanzamt einen pauschalen Freibetrag zwischen 384 und 7 400 Euro jährlich (→ Seite 178). Diese Werte haben sich 2021 im Vergleich zu früheren Jahren deutlich erhöht. Geändert hat sich außerdem, dass Ihnen bereits ab einem Grad der Behinde-

Anspruch ja oder nein?
Viele Ruheständler haben erhebliche Gesundheitsprobleme, wissen aber oft nicht, dass ihnen dafür ein Behindertenpauschbetrag zusteht. Sprechen Sie mit Ihrem Arzt, ob ein Antrag auf einen Behindertenausweis infrage kommt.

rung von 20 (Prozent) der Freibetrag zusteht. In die **Zeilen 4 und 9** tragen Sie die Gültigkeitsdaten der entsprechenden Dokumente (zum Beispiel Ausweis des Versorgungsamts) ein sowie rechts den Grad der Behinderung, der auf ihnen vermerkt ist. Halten Sie bei erstmaligem Antrag auf den Behindertenpauschbetrag die entsprechenden Unterlagen vor und legen Sie sie dem Finanzamt vor, wenn es danach fragt.

Die kleinen Kästchen in den **Zeilen 5 bis 6** und **8 bis 9** sind, wenn die genannten gesundheitlichen Einschränkungen vorliegen, mit der Ziffer „1" auszufüllen. In **Zeile 5** geben Sie an, wenn Sie erheblich gehbehindert (Merkzeichen „G") oder außergewöhnlich gehbehindert (Merkzeichen „aG") sind. **In Zeile 6** geben Sie an, wenn Sie das Merkzeichen Bl („blind"), TBl („taubblind) und/oder „H" für „ständig hilflos" in Ihrem Behindertenausweis stehen haben. Auch wenn Sie Pflegegrad 4 oder 5 haben, setzen Sie hier eine „1". Trifft eine der Angaben aus **Zeile 6** auf Sie zu, erhalten Sie den Höchstbetrag von 7400 Euro im Jahr.

Zusätzlich können Sie bei einem Grad der Behinderung ab 70 eine Fahrtkostenpauschale von 900 bis 4500 Euro geltend machen. Diese Pauschale beantragen Sie in **Zeile 17 und 18.**

Behinderungsbedingte Fahrtkostenpauschale

– bei erstmaliger Beantragung / Änderung bitte Nachweis einreichen –

Ich beantrage die Berücksichtigung der behinderungsbedingten Fahrtkostenpauschale, da ich die nachfolgenden Voraussetzungen erfülle:

Zeile		stpfl. Person / Ehemann / Person A			Ehefrau / Person B		
17	Ich habe einen Grad der Behinderung von mindestens 80 oder einen Grad der Behinderung von mindestens 70 und Merkzeichen „G"	250	1	1 = Ja	251		1 = Ja
18	Ich bin außergewöhnlich gehbehindert / blind / taubblind / ständig hilflos (Merkzeichen „aG" / „Bl" / „TBl" und / oder „H"), schwerstpflegebedürftig (Pflegegrad 4 oder 5)	252		1 = Ja	253		1 = Ja

Anstelle des Behindertenpauschbetrags können auch die tatsächlichen, nachgewiesenen Kosten der Behinderung geltend gemacht werden. Das passiert alles in **Zeile 33** beziehungsweise auf einem Extrablatt mit ergänzenden Aufstellungen zu diesen Zeilen. Auch Ausgaben für andere Krankheitskosten, einen behindertengerechten Umbau eines Kfz oder einer Wohnung können zusätzlich zum Behindertenpauschbetrag abziehbar sein. Um behinderungsbedingte Steuervorteile auszuschöpfen, kann die Hilfe eines Steuerprofis zumindest beim erstmaligen Ausfüllen der Steuererklärung zweckmäßig sein.

In der **Zeile 10** ist ein Pauschbetrag für Hinterbliebene zu beantragen. Er beläuft sich auf 370 Euro und steht Menschen zu, denen aufgrund ganz bestimmter gesetzlicher Regelungen Hinterbliebenenbezüge gewährt werden, zum Beispiel nach einem Dienstunfall eines Beamten. Aber: Beziehen Sie nur die „normale" gesetzliche Witwen- oder Witwerrente, reicht das nicht aus, um den Hinterbliebenenpauschbetrag zu erhalten.

Zeile 11 bis 16: Pflege zu Hause

Wer eine andere Person in seiner Wohnung oder in deren Wohnung unentgeltlich pflegt, kann den Pflegepauschbetrag von bis zu 1800 Euro im Jahr erhalten. Dafür müssen aber einige Voraussetzungen erfüllt sein:

- Die Pflege muss persönlich geleistet werden. Unterstützung durch einen ambulanten Pflegedienst schadet allerdings nichts.
- Die gepflegte Person muss mindestens Pflegegrad 2 haben. Dann liegt der Freibetrag bei 600 Euro. Bei Pflegegrad sind es 1100 Euro Pauschbetrag, bei Pflegegrad 4 oder 5 oder wenn sie hilflos ist, 1800 Euro.
- Den Pauschbetrag erhalten Menschen, die unterhaltsberechtigte Angehörige pflegen. Es gibt ihn aber auch, wenn andere Verwandte, Lebensgefährten, Freunde oder Nachbarn gepflegt werden. Dann muss der Pflegende

Auch bei Heimaufenthalt

Den Pflegepauschbetrag gibt es auch, wenn die gepflegte Person in einem Heim lebt und nur an den Wochenenden zu Hause gepflegt wird.

darlegen können, dass er die Pflege aus tatsächlichen oder sittlichen Gründen übernehmen musste.

- Sind mehrere Menschen an der Pflege beteiligt, etwa Geschwister, die ihre Eltern pflegen, wird der Pauschbetrag nach Zahl der beteiligten Personen aufgeteilt.

Zeile 11 fragt, wer der Pflegende ist, und bietet mit den Ziffern „1“, „2“ oder „3“ eine Auswahl an. In **Zeile 12** tragen Sie die Anzahl der weiteren pflegenden Personen ein, in den **Zeilen 13 bis 16** machen Sie Angaben zur gepflegten Person, zum Verwandtschaftsverhältnis und zum Pflegegrad.

Pflege-Pauschbetrag

– bei erstmaliger Beantragung / Änderung bitte Nachweis einreichen –

Zeile		Kz	Eintrag	
11	Die **unentgeltliche** persönliche Pflege einer pflegebedürftigen Person in ihrer oder in meiner Wohnung erfolgte durch	200	1	1 = stpfl. Person / Ehemann / Person A 2 = Ehefrau / Person B 3 = beide Ehegatten / Lebenspartner
12	Anzahl der weiteren an der Pflege beteiligten Personen	201	1	
	Name, Anschrift und Verwandtschaftsverhältnis der pflegebedürftigen Person			
13	ERIKA EXEMPEL, BUSCHWEG 15, 12345 BUSCHBACH			
14	MUTTER			
15	Identifikationsnummer der pflegebedürftigen Person	202	1 2 1 2 3 4 5 6 7 8 9	
16	Für die pflegebedürftige Person wurde folgender Pflegegrad / folgendes Merkzeichen festgestellt:	203	4	2 = Pflegegrad 2 3 = Pflegegrad 3 4 = Pflegegrad 4 oder 5 und / oder Merkzeichen „H“

Pflegekosten können auf unterschiedlichen Wegen geltend gemacht werden: als Pflegepauschbetrag (ab **Zeile 11**), als „allgemeine“ außergewöhnliche Belastung (**Zeile 32**), als Steuerermäßigung über die Beschäftigung einer Hausangestellten als geringfügige (**Zeile 36**) oder voll sozialversicherungspflichtige Tätigkeit (**Zeile 37**) und über den Behindertenpauschbetrag. Wichtig ist, dass die entsprechenden Voraussetzungen gegeben sind.

Die unterscheiden sich aber erheblich. So kann etwa jemand, der einen Verwandten zu Hause oder in einem Heim pflegen lässt, seine Ausgaben in der Regel als allgemeine außergewöhnliche Belastung nur geltend machen, wenn er gegenüber der zu pflegenden Person unterhaltsverpflichtet ist und der Gepflegte die Kosten nicht allein tragen kann. Das wäre etwa dann der Fall, wenn ein Kind Pflegeheimkosten für die bedürftigen Eltern übernimmt. Demgegenüber ist die Nutzung des Pflegepauschbetrags oder einer Steuerermäßigung für Pflegeleistungen im Haushalt nicht an diese Voraussetzungen gebunden. Kombinationen sind ebenfalls möglich. So lässt sich für den Teil der Pflegekosten, der wegen der „zumutbaren Belastung“ (➔ Seite 177) nicht als außergewöhnliche Belastung absetzbar ist, eine Steuerermäßigung als Pflegeleistung im Haushalt beantragen (**Zeile 37**). Auch kann jemand, der Pflegeleistungen im Haushalt als haushaltsnahe Dienstleistung absetzt, neben dem Höchstbetrag von 20 000 Euro weitere Pflegekosten als außergewöhnliche Belastungen geltend machen.

Was im Einzelfall möglich und was steuerlich günstiger ist, sollten Sie im Einzelfall mit einem Steuerprofi besprechen. Grundsätzlich ist ein Abzug als außergewöhnliche Belastung günstiger, wenn der Grenzsteuersatz mehr als 20 Prozent beträgt. Alleinstehende erreichen diesen Steuersatz bereits bei einem zu versteuernden Jahreseinkommen von rund 13 100 Euro (➔ Seite 176).

Zeile 31 bis 38: Krankheit, Tod, andere Katastrophen

Hier tragen Sie – auch ohne Vorliegen einer Behinderung – Posten ein, die das Steuerrecht unter „außergewöhnlichen Belastungen allgemeiner Art“ versteht. Hier findet sich so ziemlich alles von Krankheitskosten im weitesten Sinn über Grundwasserschäden bis zum Verlust von Hausrat durch Naturkatastrophen oder Diebstahl. Wie oben bereits angekündigt, zählen diese Posten erst nach Abzug der individuell zu ermittelnden „zumutbaren Belastung“(➔ Seite 177). Krankheitskosten sind die außergewöhnlichen Belastungen, die Ruheständler am häufigsten geltend machen. Dazu gehören die Kosten für alle vom Arzt oder Heilpraktiker verordneten Medikamente, Heilbehandlungen und Hilfsmittel, aber nur der Anteil, der selbst bezahlt wurde.

Grundsätzlich sollten Sie alle Belege sammeln, die etwas mit Kosten für Krankheit und Gesundheit zu tun haben, zum Beispiel Zuzahlungen bei Arzt, Zahnarzt, Masseur und Apotheke, Zahlungen für Heilbehandlungen und Medikamente, die zwar verordnet, aber von der Kasse nicht getragen wurden, zum Beispiel homöopathische Mittel. Ausgaben für Brillen,

Einlagen oder Rollstühle gehören dazu ebenso wie die Fahrtkosten zum Arzt und bestimmte Kurkosten. Ausgaben für einen krankheits- oder pflegebedingten Heimaufenthalt können wie Krankheitskosten als außergewöhnliche Belastung geltend gemacht werden, auch Zahlungen für dort untergebrachte Verwandte, die unterhaltsberechtigt sind.

→ Zum Beispiel das Ehepaar B.

Berthold und Bettina B. sind beide Rentner, die Kinder längst aus dem Haus. Ihre steuerpflichtigen Einkünfte belaufen sich auf 27 000 Euro, das Einkommen beträgt 22 000 Euro. Berthold musste beim Zahnarzt 2 000 Euro zuzahlen und Bettina bei ihrer vom Amtsarzt bestätigten Kur 800 Euro. Hinzu kamen Zuzahlungen für Medikamente, Bertholds neue Lesebrille und Fahrtkosten zum Arzt für zusammen nochmals 800 Euro. Beide haben die Kur- und Zahnarztkosten in diesem Jahr gebündelt (→ Seite 149). Ohne die 3 600 Euro Krankheitskosten müssten sie 192 Euro Steuer bezahlen, durch die Krankheitskosten fällt keine Steuer an.

Einkommen	**22 000**
Einkommensteuer	192
Krankheitskosten	3 600
minus zumutbare Eigenbelastung (→ Seite 177)	–1 196
bleiben abzugsfähige Krankheitskosten (3 600 minus 1 196)	2 404
steuerpflichtig (22 000 minus 2 404)	19 596
Einkommensteuer (alle Angaben in Euro)	**0**

Prozesskosten sind nur noch absetzbar, wenn sie eine existenzbedrohende Situation abwenden sollen. Scheidungsverfahren gehören nach Auffassung der Richter nicht dazu.

Wenn Hausrat oder Kleidung durch Feuer, Unwetter, Hochwasser oder Diebstahl verloren gegangen sind, können Ausgaben für die Wiederbeschaffung eine außergewöhnliche Belastung sein. Da prüft das Finanzamt aber sehr genau. Stellt sich beispielsweise heraus, dass keine Hausratversi-

cherung abgeschlossen wurde, hält der Fiskus seine Taschen zu. Auch wenn ein Biber am Haus Schäden verursacht, zählen die Kosten nicht.

Schadstoffe in Haus oder Wohnung können dagegen zu einer außergewöhnlichen Belastung führen. Wenn etwa Asbest, Formaldehyd oder giftige Holzschutzmittel zu beseitigen sind, berücksichtigt das Finanzamt die anfallenden Kosten. Die Anforderungen dafür sind jedoch hoch: Ein Arzt muss in der Regel den Zusammenhang zwischen der Schadstoffbelastung und den gesundheitlichen Folgen attestieren; außerdem will das Finanzamt die Gutachten über die konkrete Gesundheitsgefährdung sehen.

Unter bestimmten Voraussetzungen akzeptiert das Finanzamt Beerdigungskosten (**Zeile 34**) als außergewöhnliche Belastung, wenn sie ein Verwandter oder eine dem Toten nahestehende Person übernommen hat, 7 500 Euro nicht übersteigen und nicht aus dem Nachlass bezahlt werden können.

Zeile 36 bis 38 füllen Sie nur aus, wenn in **Zeile 36** Aufwendungen enthalten sind, für die es grundsätzlich auch eine Steuerermäßigung als Pflege- oder Handwerkerleistung geben kann (→ auch Seite 106). Das betrifft zum Beispiel Pflegeleistungen, die im Rahmen eines Minijobs erbracht wurden, andere haushaltsnahe Pflegeleistungen und Arbeitskosten für Handwerkerleistungen, etwa für behinderungsbedingte Umbauten. Sie hatten beispielsweise Kosten für einen Pflegedienst von 4 000 Euro im Jahr. Diesen Betrag haben Sie in **Zeile 32** bereits eingetragen. Wegen der zumutbaren Belastung konnten Sie 1 500 Euro von diesen 4 000 Euro nicht absetzen. Wenn Sie die 4 000 Euro auch in **Zeile 37** eintragen, kann es für den nicht absetzbaren Betrag eine Steuerermäßigung für haushaltsnahe Dienstleistungen geben.

Anlage Haushaltsnahe Aufwendungen: 20 Prozent Steuerbonus

Viele Ruheständler lassen sich für Arbeiten an Haus, Hof oder Wohnung helfen. Unter bestimmten Voraussetzungen können sie die Kosten in dieser Anlage eintragen und verringern ihre Steuerlast.

Zeile 4 bis 15: Rund um den Haushalt

Wer eine Haushaltshilfe einstellt, kann damit Steuern sparen. Die Hilfskraft muss aber typische Hausarbeiten erledigen, zum Beispiel einkaufen, putzen, waschen, kochen, Familienangehörige betreuen oder den Garten pflegen. Arbeitet die Haushaltshilfe in einem Minijob, gehören die Angaben in **Zeile 4**. Die Verdienstgrenze liegt bei 520 Euro im Monat, zudem gilt Rentenversicherungspflicht. Davon können sich Minijobber aber auf eigenen Antrag bei ihrem Arbeitgeber befreien lassen. Die Formulare und weitere Informationen gibt es bei der Minijobzentrale (telefonisch unter 03 55/2 90 27 07 99 oder im Internet: minijobzentrale.de).

Die Angaben für **Zeile 4** können Sie der Bescheinigung der Minijobzentrale entnehmen, die die Sozialabgaben und Steuern pauschal eingezogen und abgeführt hat. Hierher gehört auch eine kurze Tätigkeitsbeschreibung, etwa „Reinigungsarbeiten“. Von den Lohnkosten verringern 20 Prozent die Steuerschuld. Die Steuererstattung für einen Minijob bleibt jedoch auf 510 Euro im Jahr begrenzt.

→ Zum Beispiel das Ehepaar U.

Ulrike und Ulrich U. sind Rentner. Sie haben Vera V. als Haushaltshilfe in einem Minijob eingestellt. Als Arbeitgeber rechnen sie mit der Minijobzentrale ab, 20 Prozent ihrer Ausgaben für Vera V., maximal 510 Euro, verringern ihre Steuerschuld. Die Ausgaben bestehen aus dem Arbeitslohn und einer Pauschalabgabe von 14,99 Prozent.

Lohn für Vera V. (12 × 450)	**5 400**
plus Pauschalabgabe (14,99 % von 5 400)	+ 810
Lohnkosten des Ehepaars U.	6 210
Steuererstattung (20 % von 6 210, maximal 510, alle Angaben in Euro)	**510**

Für andere haushaltsnahe Dienstleistungen akzeptiert das Finanzamt Ausgaben bis jährlich 20 000 Euro. Die Ausgaben gehören alle in **Zeile 5**. Förderfähig sind einfache Arbeiten, zum Beispiel Gartenarbeiten, Putzen, Kochen, Kinder- und Seniorenbetreuung. Das Finanzamt zieht 20 Prozent der Arbeitskosten (von bis 20 000 Euro) unmittelbar von der Steuerschuld ab. Das ergibt bis zu 4 000 Euro Steuererstattung im Jahr. Ob sich der eigene Haushalt in einer gemieteten Wohnung oder in einem Eigenheim befindet, ist dabei egal. Angehörige von Eigentümergemeinschaften und Mieter dürfen ihre anteiligen Kosten für Leistungen wie Treppenreinigung, Gartenarbeiten oder Schneeräumung als haushaltsnahe Dienstleistungen an das Finanzamt weitergeben. Die Höhe steht in der Nebenkostenabrechnung des Verwalters oder Vermieters.

Auch die Pflege und Betreuung von Personen im Haushalt wird von dieser Zeile erfasst. Die Ausgaben werden auch dann berücksichtig wenn die Person, die unterstützt wird, keinem Pflegegrad zugeordnet ist und keine Leistungen aus der Pflegeversicherung erhält. Zahlen Sie für die ambulante Pflege von Angehörigen, die nicht bei Ihnen mit im Haushalt leben, können Sie die Ausgaben ebenfalls geltend machen, entschied der Bundesfinanzhof (BFH, Az. VI R 2/20). Lebt die Person im Heim, sind die einer Hilfe im Haushalt vergleichbaren Dienstleistungen absetzbar. Allerdings kann nach derzeitiger Rechtslage dann nur derjenige, der im Heim lebt, eine Steuerermäßigung auf diese Kosten in Anspruch nehmen.

Angaben zur versicherungspflichtigen Beschäftigung einer Haushaltshilfe, die oberhalb der Minijob-Grenze verdient, gehören ebenfalls hierher. Auch dafür kann es eine Steuererstattung von maximal 4 000 Euro im Jahr geben. Das Arbeitsverhältnis muss aber wie jeder andere versicherungspflichtige Job angemeldet und abgerechnet werden. Wer das alles richtig machen will, sollte besser einen Steuerprofi zurate ziehen, wenigstens im ersten Jahr der Beschäftigung. Die Lohnunterlagen sollten beigefügt werden. Arbeitsverhältnisse mit Bekannten und Verwandten sind ebenfalls förderfähig. Die Helfer dürfen aber nicht zum eigenen Haushalt gehören. Wird der Ehe-/Lebenspartner als Haushaltshilfe beschäftigt, spielt das Finanzamt nicht mit. Haushalte, die niemanden einstellen, sondern eine Firma engagieren, können ebenfalls steuerlich geförderte Hilfe im Haushalt nutzen. Das können zum Beispiel Fensterputzer, Gärtner oder Betreuungs- und Pflegedienste sein. Übrigens können in diesem Rahmen auch Speditionskosten eines privaten Umzugs und Entrümpelungsaktionen gefördert werden. Förderfähig sind auch Aufwendungen für Hausnotrufdienste im betreuten Wohnen.

Darüber hinaus werden Handwerkerleistungen gefördert (**Zeile 6 bis 9**). Eigentümer und Mieter, die die von ihnen genutzte Wohnung modernisieren, renovieren oder instand halten, können ihre Steuerschuld senken, wenn sie dafür etwa Maler oder Fliesenleger engagieren. Das Finanzamt akzeptiert bis zu 6 000 Euro selbst getragene Handwerkerkosten im Jahr, 20 Prozent davon, also bis zu 1 200 Euro, drücken die Steuerschuld.

Handwerkerleistungen
für Renovierungs-, Erhaltungs- und Modernisierungsmaßnahmen im eigenen Haushalt
(**ohne** Handwerkerleistungen, für die eine öffentliche Förderung durch zinsverbilligte Darlehen oder steuerfreie Zuschüsse [z. B. KfW-Bank, BAFA, landeseigener Förderbanken oder Gemeinden] oder für die eine Steuerermäßigung für energetische Maßnahmen nach § 35c EStG in Anspruch genommen wird)

	Art der Aufwendungen	Rechnungsbeträge (bei Eintragungen in Zeile 10 nur anteilig) EUR	darin enthaltene Lohnanteile, Maschinen- und Fahrtkosten inkl. Umsatzsteuer EUR
6	MALERARBEITEN	1 250,–	820,–

Gefördert werden Reparaturen sowie Modernisierungsarbeiten an und in vorhandenen Gebäuden. Aber auch Dachausbauten und Anbauten wie Wintergärten können förderfähig sein, ebenso Arbeiten auf dem Grundstück und an Grundstücksanschlüssen außerhalb des Grundstücks. Beachten Sie aber: Die Steuerermäßigung ist auf jeden Fall komplett ausgeschlossen, wenn Ihre Aufwendungen durch zinsverbilligte Darlehen oder steuerfreie Zuschüsse öffentlich gefördert werden, etwa durch ein vergünstigtes Darlehen der KfW-Bank.

Energie sparen

Für bestimmte Baukosten zur Energieeinsparung können Sie in der Anlage Energetische Maßnahmen einen Steuerbonus geltend machen (→ Seite 110). Dabei werden auch die Ausgaben für das Material mit gefördert.

Zu den begünstigten Arbeiten gehören auch die Wartung und Reparatur technischer Geräte im Haushalt, etwa Waschmaschinen oder Kochherde. Förderfähig sind nur die Arbeitskosten. Dazu gehört alles, was nicht unter „Material" fällt, auch die Anfahrtskosten und die Umsatzsteuer auf die Arbeitskosten. Material- und Arbeitskosten müssen auf der Rechnung voneinander getrennt nachgewiesen werden. Die aktuelle Liste der geförderten Tätigkeiten gibt es im Internet unter bundesfinanzministerium.de. Zum Nachweis haushaltsnaher Dienst- und Handwerkerleistungen brauchen Sie zwei Belege: die Rechnung des Dienstleisters und Ihren Überweisungsbeleg (Kontoauszug). Die Nachweise müssen der Steuererklärung nicht beigefügt werden, aber auf Verlangen vorzeigbar sein.

Alleinstehende, die das gesamte Jahr mit einem oder mehreren anderen Alleinstehenden im gemeinsamen Haushalt lebten, tragen in **Zeile 10** die Anzahl dieser anderen Personen und in **Zeile 11** die persönlichen Daten der ersten Person ein. Die Angaben zu weiteren Personen gehören auf ein Extrablatt. Der Grund dieser Abfrage ist, dass die Höchstbeträge für die Steuerermäßigung pro Haushalt gelten.

Zusammenlebende Alleinstehende sowie Ehe- und Lebenspartner, die keine gemeinsame Steuererklärung abgeben, können jedoch die Höchstbeträge für haushaltsnahe Dienst- und Handwerkerleistungen, die sie in den **Zeilen 4 bis 9** eingetragen haben, unter sich aufteilen. Die **Zeilen 12 bis 14** ermöglichen eine genaue Zuordnung. Der Höchstbetrag für Minijobs aus **Zeile 4** kann in **Zeile 12** aufgeteilt werden, der für andere haushaltsnahe Dienstleistungen laut **Zeile 5** in **Zeile 13**. Den Höchstbetrag für Handwerkerleistungen in **Zeile 9** können sich die Partner in **Zeile 14** zuordnen. Die Aufteilung geschieht per gemeinsamem Antrag, den Sie der Steuererklärung beifügen müssen. Wenn Sie in die Zeilen nichts eintragen, teilt das Finanzamt hälftig auf zwei Personen auf. Die Aufteilung der Höchstbeträge in den **Zeilen 12 bis 14** gilt auch für Eintragungen auf Steuerermäßigung in den Zeilen 36 bis 38 der **Anlage Außergewöhnliche Belastungen** (→ Seite 103). **Zeile 15** betrifft nur Ehepaare und Lebenspartner, die 2022 einen gemeinsamen Haushalt gründeten oder ihn auflösten.

Anlage Energetische Maßnahmen: bis zu 40 000 Euro Ersparnis

Bis zu 40 000 Euro Steuerermäßigung sind für Baumaßnahmen, die zur Energieeinsparung beitragen, möglich. Weil Sie dadurch weniger Steuern zahlen und so eventuell auch Solidaritätszuschlag und Kirchensteuer sparen, ist ein großer Vorteil drin.

Im Unterschied zum Steuerbonus auf Handwerkerleistungen werden bei diesen Maßnahmen zur Energieeinsparung nicht nur die Arbeitsleistung, sondern auch Baumaterial und Energieberatung gefördert. Wegen der Höhe wird die Steuerermäßigung auf drei Jahre verteilt. Die ersten beiden Jahre beträgt die Steuerermäßigung jeweils 7 Prozent der Baukosten und im dritten Jahr noch einmal 6 Prozent. Insgesamt sind das 20 Prozent Einkommensteuererstattung.

Jedoch ist die Steuerermäßigung an strenge Auflagen geknüpft. Das Gebäude muss älter als zehn Jahre sein und die Baumaßnahme von anerkannten Fachunternehmen unter Beachtung von energetischen Mindestanforderungen ausgeführt werden. Für diese gilt eine **Energetische Sanierungsmaßnahmen-Verordnung**. Der Nachweis erfolgt über eine

Bescheinigung des Fachunternehmens nach amtlichem Muster, die mit der Einkommensteuererklärung einzureichen ist. Die geförderten Baumaßnahmen durften frühestens 2020 beginnen.

Haben Sie Ausgaben bereits im Jahr 2020 und/oder 2021 anteilig abgerechnet, müssen Sie auch in den Folgejahren die Anlage Energetische Maßnahmen einreichen. In der aktuellen Steuererklärung 2022 können nur die Baumaßnahmen eingetragen werden, die bereits abgeschlossen sind. Wenn die energetische Sanierung beispielsweise bis Frühjahr 2023 dauert, werden die gesamten Baukosten aus 2022 und 2023 über die Steuererklärungen der Jahre 2023, 2024 und 2025 abgeschrieben.

Zeile 4 bis 8: Angaben zum Bauobjekt

In **Zeile 4 und 5** sind die Adresse des Bauobjekts und das Jahr des ursprünglichen Baubeginns des Gebäudes einzutragen. Gefragt ist hier **nicht** nach dem Beginn der energetischen Sanierung! In **Zeile 6** kommt das Einheitswertaktenzeichen und in **Zeile 7** die Angaben zur Wohnfläche und zur Nutzung. Der Steuerbonus wird **nur für die selbst genutzte** Wohnfläche gewährt. Werden Wohnungen vermietet oder unentgeltlich beispielsweise an die Eltern überlassen, gilt die Steuerermäßigung für die darauf entfallenden Baukosten nicht. Bei Vermietung gehört der Kostenanteil in die Anlage V. Ohne Nachteil für den Steuerbonus bleibt jedoch, wenn nur einzelne Zimmer der selbst genutzten Wohnung etwa von der Tante kostenfrei genutzt werden. In **Zeile 8** geben Sie an, ob Sie für die Immobilie schon ab 2020 eine Steuerermäßigung für energieeinsparende Maßnahmen in Anspruch genommen haben.

Zeile 9 bis 37: Geförderte Baumaßnahmen & Weitere Angaben

Haben Sie für energieeinsparende Maßnahmen eine andere Förderung, etwa ein KfW-Darlehen, in Anspruch genommen, setzen Sie in **Zeile 9** eine „1". Wenn nicht, können Sie in **Zeile 11** zum Beispiel die Ausgaben für die Wärmedämmung abrechnen. Anerkannt sind außerdem der Einbau neuer Außentüren und Fenster oder von Lüftungsanlagen. Auch Ihre Ausgaben für den Ersatz oder erstmaligen Einbau eines sommerlichen Wärmeschutzes, etwa in Form von Rollläden und Markisen, geben Sie an.

Die Beratung und Baubetreuung durch einen Energieberater ist ebenfalls abzurechnen. Die Kosten für den Energieberater werden jedoch nicht auf drei Jahre verteilt, sondern zur Hälfte im Jahr der Zahlung, frühestens jedoch im Jahr des Abschlusses der Maßnahmen, berücksichtigt.

Die Kosten werden in **Zeile 11 bis 22** eingetragen. Für Brennwertheizungskessel ist ein weiterer Nachweis erforderlich und in **Zeile 23 und 24** einzutragen. Machen Sie bestimmte Baukosten in der **Anlage Außergewöhnliche Belastung** geltend, stehen diese Beträge in **Zeile 31 und 32** – etwa wenn die energetische Sanierung mit einem behindertengerechten Umbau verbunden wird. In **Zeile 33** geben Sie an, welche Aufwendungen für energetische Maßnahmen im Jahr 2021 anerkannt wurden, in **Zeile 34** geht es um Maßnahmen im Jahr 2020. **Zeile 35 bis 37** füllen Sie aus, wenn das Gebäude mehrere Eigentümer hat.

Keine andere Förderung

Wer den Steuerbonus nutzen will, darf für die Baumaßnahme keine weitere Förderung aus öffentlichen Mitteln erhalten (etwa für ein barrierefreies Badezimmer). Staatliche Zuschüsse oder begünstigte Darlehen der KfW-Bank schließen die Steuerförderung vollständig aus – unabhängig von ihrer Höhe. Überlegen Sie vor Beginn der Maßnahme, was für Sie günstiger ist, der Steuerbonus oder eine andere Förderung.

Anlage KAP: für Sparer und Anleger

Die Anlage KAP wie („Einkünfte aus Kapitalvermögen") brauchen viele nicht auszufüllen: Die Bank behält von steuerpflichtigen Kapitalerträgen 25 Prozent Steuer ein (plus 5,5 Prozent Solidaritätszuschlag und gegebenenfalls Kirchensteuer) und überweist sie direkt an das Finanzamt. Sparer und Anleger erreichen per sogenanntem Freistellungsauftrag an Banken und andere Finanzinstitute, dass ihnen Zinsen und andere Kapitalerträge bis 801 Euro steuerfrei ausgezahlt werden. Dieser Sparerpauschbetrag, der 2023 auf 1000 Euro ansteigen soll, verdoppelt sich für Ehe-/Lebenspartner, aktuell noch auf 1602 Euro (→ Seite 156).

Doch Achtung: Von diesen einfach klingenden Regeln gibt es Ausnahmen. Die schreiben einerseits eine Abgabe der Anlage KAP vor, zum Beispiel, wenn von bestimmten Zinsen keine Abgeltungsteuer oder keine Kirchensteuer einbehalten wurde. Andererseits kann sich eine freiwillige Abgabe lohnen, wenn auf Zins & Co. im Jahresverlauf zu viele Steuern bezahlt wurden. Das konnte etwa passieren, weil Freistellungsaufträge nicht oder nicht korrekt gestellt wurden oder weil der persönliche Grenzsteuersatz unter 25 Prozent lag (→ „Anlegen und sparen", ab Seite 156). Ein weiterer Grund besteht für Rentner und Pensionäre, die zu Beginn des Steuerjahres 2022 mindestens 64 Jahre alt waren. Dann steht ihnen für Zusatzeinkünfte ein Altersentlastungsbetrag zu, der nur über die Abgabe der Steuererklärung berücksichtigt wird.

Mit den **Anlagen KAP-BET** und **KAP-INV** gibt es für die Einkünfte aus Kapitalvermögen zwei weitere Anlagen. Die wichtigste ist jedoch nach wie vor die **Anlage KAP**. Die „Anlage KAP-BET" steht für Beteiligungen an bestimmten Gemeinschaften. Die Erträge werden aus einer gesonderten und einheitlichen Feststellung des für die Gemeinschaft zuständigen Finanzamtes in die persönliche Steuererklärung übernommen. Die Bescheinigung liegt oft erst sehr spät vor. Wenn der eigene Steuerbescheid dann bereits vorliegt, wird er nachträglich geändert. Wer die **Anlagen KAP** ausfüllen muss, sollte zumindest beim ersten Mal professionellen steuerlichen Rat nutzen. Wichtige Ausfüllhilfen der **Anlage KAP** sind die Steuerbescheinigungen, die Banken und andere Finanzdienstleister ihren Kunden ausstellen. Auf den Bescheinigungen sind Kapitalerträge, einbehaltene Steuern und andere Informationen vermerkt und ein ganz wichtiger Hinweis: in welche Zeile der **Anlage KAP** welche Beträge gehören.

Zeile 1 bis 6: Warum Sie die Anlage einreichen

In den **Zeilen 1 bis 3** machen Sie Ihre persönlichen Angaben und kreuzen rechts den Zweck an (Einkommensteuererklärung und/oder Kirchensteuer) und die Person, um die es geht. Von Ehepaaren/Lebenspartnerschaften will das Finanzamt in der Regel **zwei Anlagen KAP** sehen.

In **Zeile 4 bis 6** geht es um die Abgabegründe. Die Eintragung der Ziffer „1“ in **Zeile 4** beantragt die „Günstigerprüfung“. Das Finanzamt prüft dann, ob die Abgeltungsteuer günstiger war als die Versteuerung der Kapitaleinkünfte mit dem persönlichen Steuersatz des Sparers.

Wenn das zu versteuernde Einkommen ohne die Kapitaleinkünfte unterhalb von rund 17420/34840 Euro (alleinstehend/verheiratet) liegt, ist der Grenzsteuersatz gerade noch niedriger als 25 Prozent. Dann lohnt sich in der Regel die Günstigerprüfung. Wer wissen will, wie hoch sein persönlicher Grenzsteuersatz ist, kann das mithilfe der Tabelle → Seite 176 überschlagen. Wer im Bereich des Grenzsteuersatzes von 25 Prozent liegt, sollte stets die Günstigerprüfung beantragen. Verlieren kann man dabei nie.

Höhere Kapitaleinkünfte bleiben steuerfrei, wenn Sparer zu Beginn des Steuerjahres 64 Jahre oder älter sind und den Altersentlastungsbetrag für Zins & Co. verwenden können (→ Seite 173). Bis 1900 Euro sind auf diese Weise steuerfrei, und zwar zusätzlich zum Sparerpauschbetrag.

→ Zum Beispiel das Ehepaar W.

Waltraud und Wolfgang W. haben aus Rente und Pension ein zu versteuerndes Einkommen von 23000 Euro. Zusätzlich erhielten sie zusammen 8000 Euro Zinsen und andere Kapitalerträge. Die Bank hat von diesen Einnahmen im Jahresverlauf bereits Abgeltungsteuer abgezogen. Dank der Anlagen KAP bekommen sie davon 973 Euro zurück. Als Ehepaar müssen sie für die Günstigerprüfung zwei Anlagen KAP abgeben. Für das Ehepaar W. fällt das Ergebnis besonders günstig aus, weil beide den vollen Altersentlastungsbetrag geltend machen können. Aber auch wenn der Altersentlastungsbetrag geringer ausfiele oder für Kapitalerträge gar nicht nutzbar wäre, könnte das Ehepaar W. durch die Günstigerprüfung Steuern sparen.

1. Berechnung mit Abgeltungsteuer

Ruhestandseinkommen ohne Zinsen		**23 000**
Einkommensteuer		350
Durchschnittssteuersatz	1,52 %	
Grenzsteuersatz	16,51 %	
Zinsen		8 000
minus Sparerpauschbetrag (2 mal 801)		–1 602
steuerpflichtig (8 000 minus 1 602)		6 398
Abgeltungsteuer (25 % von 6 398 plus 5,5 % Soli)		1 687
ausgezahlte Zinsen (8 000 minus 1 687)		6 313
Steuer auf Ruhestandseinkommen und Zinsen (350 plus 1 687)		**2 037**

2. Berechnung mit persönlichem Steuersatz

Ruhestandseinkommen ohne Zinsen	**23 000**
Zinsen	8 000
minus Sparerpauschbetrag (2 mal 801)	–1 602
steuerpflichtige Zinsen (8 000 minus 1 602)	6 398
minus Altersentlastungsbetrag (40 % von 6 398)	–2 559
zu versteuern	26 839
Einkommensteuer (alle Angaben in Euro)	**1 064**

Der Vergleich zeigt: Durch die Günstigerprüfung ergibt sich eine Steuerentlastung von 973 Euro (2 037 minus 1 064 Euro).

Wer in **Zeile 5** die Ziffer „1“ in das Kästchen schreibt, erreicht die Überprüfung seiner im Jahresverlauf bereits an das Finanzamt abgeführten Steuern auf Kapitaleinkünfte. Das kann beispielsweise sinnvoll sein, wenn Abgeltungsteuer abgeführt wurde, obwohl der Sparerpauschbetrag von 801 Euro (Ehepaare 1602 Euro) nicht ausgeschöpft wurde, weil etwa die Freistellungsaufträge nicht richtig verteilt waren oder weil beim Bank- oder Depotwechsel etwas schiefgelaufen ist. Auch ausländische Quellensteuer lässt sich so zurückholen.

In **Zeile 6** markieren kirchensteuerpflichtige Menschen mit der Ziffer „1“, dass für ihre laufenden Kapitalerträge von der Bank keine Kirchensteuer abgeführt wurde und dass sie das im Rahmen der Steuererklärung nachholen (auch Hauptvordruck Zeile 2 ankreuzen, → Seite 69). Das betrifft jetzt noch weniger Menschen als vorher. Denn seit 2015 führen Banken und andere Finanzinstitute die Kirchensteuer, die sie im Rahmen der Abgeltungsteuer einbehalten haben, automatisch an den Fiskus ab.

Finanzinstitute und alle anderen, die zum Steuerabzug verpflichtet sind, müssen den Religionsstatus ihrer Kunden oder Zahlungsempfänger zum Stichtag 31. August beim Bundeszentralamt für Steuern (BZSt) abfragen. Die Abfrage erfolgt in der Regel jährlich in den Monaten September bis Oktober. Das Ergebnis bildet die Grundlage für den Abzug der Kirchensteuer im Folgejahr. Für das Jahr 2022 gilt also das Abfrageergebnis von 2021. Wer keiner Religionsgemeinschaft angehört, bleibt ohne Abzug.

Ob das tatsächlich funktioniert hat, sollten Betroffene aber unbedingt mithilfe der Mitteilungen der Kreditinstitute überprüfen. Kirchensteuerpflichtige, die bis 30. Juni 2021 eine „Sperrvermerkserklärung" beim BZSt eingereicht hatten, konnten die Datenübermittlung für 2022 verhindern. Der Sperrvermerk löste aber in jedem Fall eine Information des BZSt an das zuständige Finanzamt aus und ist in der Regel ein Grund für die Pflichtabgabe einer Steuererklärung.

Es gibt weitere, in **Zeile 4 bis 6** nicht genannte Gründe, die Sparer und Anleger verpflichten, eine **Anlage KAP** abzugeben: etwa wenn Sie ausländische Kapitaleinkünfte erzielt haben oder Zinsen aus bestimmten privaten Darlehen (→ Seite 119).

Zeile 7 bis 15: Abgeltungsteuer abgeführt

In **Zeile 7** schreiben Sie zusammengefasst sämtliche Kapitalerträge, für die im Jahresverlauf Abgeltungsteuer abgeführt wurde. Dazu gehören auch die per Freistellungsauftrag im Rahmen des Sparerpauschbetrags freigestellten Beträge bis 801/1602 Euro (alleinstehend/verheiratet oder verpartnert). Hier geht es unter anderem um laufende Kapitalerträge wie etwa Zinsen und Dividenden. Die genauen Beträge ergeben sich aus den Steuerbescheinigungen von Banken, Fondsgesellschaften und anderen Finanzdienstleistern. Hierher gehören auch Erträge aus Lebensversicherungen, die nicht steuerbegünstigt sind. Außerdem tragen Sie hier Gewinne aus dem Verkauf von Wertpapieren aller Art, etwa Aktien, Anleihen oder Zertifikate, aus Termingeschäften oder aus dem Verkauf von „gebrauchten" Lebensversicherungen ein. Was hier einzutragen ist, ergibt sich in der Regel aus den vorliegenden Steuerbescheinigungen.

In **Zeile 8** müssen Gewinne aus Aktienverkäufen (aus **Zeile 7**) nochmals separat erscheinen, weil sie steuerlich etwas anders als andere Kapitalerträge behandelt werden.

	Kapitalerträge, die dem inländischen Steuerabzug unterlegen haben		Beträge lt. Steuerbescheinigung(en) EUR		korrigierte Beträge (lt. gesonderter Aufstellung) EUR
7	Kapitalerträge	210/410	1955,–	220/420	,–
8	In Zeile 7 enthaltene Gewinne aus Aktienveräußerungen	212/412	155,–	222/422	,–

Die **Zeile 10** fragt nach „bestandsgeschützten Alt-Anteilen". Dabei geht es um Investmentfondsanteile, die vor 2009 gekauft wurden. Gewinne, die bis Ende 2017 entstanden, bleiben auch nach dem neuen „Investmentsteuerreformgesetz 2018" steuerfrei. Gewinne ab dem 1.1.2018 sind steuerpflichtig. Allerdings gilt für sie ein Freibetrag von 100 000 Euro. Hierher gehören ausschließlich Veräußerungsgewinne des Jahres 2022, keine Veräußerungsverluste. Anleger finden die erforderlichen Angaben im nachrichtlichen Teil der Steuerbescheinigungen der Fonds. Wenn ein Teil des Freibetrages verbraucht ist, stellt das Finanzamt den restlichen Freibetrag gesondert fest. War das im Vorjahr – also 2021 – der Fall, ist das zusätzlich in der **Anlage Sonstiges** anzugeben (➔ Seite 128).

In **Zeile 11** geht es um die sogenannte Ersatzbemessungsgrundlage. Das sind 30 Prozent der Einnahmen aus einem Wertpapiergeschäft. Die Bank erhebt die Steuer auf dieser pauschal angenommenen Grundlage, wenn sie die genauen Anschaffungskosten des Wertpapiers nicht kennt. Betroffene können eine zu hoch veranschlagte Ersatzbemessungsgrundlage hier korrigieren, wenn sie entsprechende Nachweise haben. Das funktioniert in der rechten Spalte der **Zeile 11** („korrigierte Beträge"). In dieser rechten Spalte der **Zeilen 7 bis 11** lassen sich außerdem Verluste von Konten bei unterschiedlichen Banken berücksichtigen oder Kosten von Veräußerungsgeschäften, die die Bank in ihre Abrechnung nicht einbezogen hat. In **Zeile 10 bis 13** fragt das Formular nach Verlusten aus Wertpapiergeschäften (unterteilt nach Aktien- und anderen Verlusten). In **Zeile 14** tragen Sie Verluste aus Termingeschäften ein. Da Zertifikate und Optionsscheine nicht zu den Termingeschäften gehören, tragen Sie Verluste aus dem Verfall dieser Papiere in **Zeile 15** ein. Hierher gehören Verluste aus wertlos gewordenen Kapitalanlagen. Diese können im laufenden Jahr nur bis 20 000 Euro mit anderen, positiven Kapitaleinkünften verrechnet werden. Hier empfiehlt es sich meist, einen Steuerprofi zu konsultieren.

Zeile 16 und 17: Sparerpauschbetrag

Ob und in welcher Höhe der Sparerpauschbetrag genutzt wurde, ergibt sich im Regelfall aus den vorliegenden Steuerbescheinigungen. **Zeile 16** fragt nach dem Teil des Sparerpauschbetrags, der für die in **Zeile 7 bis 15, 30** und **33** aufgeführten Kapitalerträge verwendet worden ist. Hier ist die Summe des Sparerpauschbetrags aus den Steuerbescheinigungen einzutragen. Das sollten maximal 801/1602 Euro sein. In **Zeile 17** kommt eine Ausnahme. Hierher gehört der Teil des Sparerpauschbetrags, der für Kapitalerträge genutzt wurde, die nicht in den hier genannten Zeilen auftauchen. Ein solcher Fall kann etwa eintreten, wenn die Bank bereits ordnungsgemäß und unter Berücksichtigung des Freistellungsauftrags Abgeltungsteuer abgeführt hat und der Sparer daran nachträglich nichts ändern möchte. Wer in **Zeile 4** die Günstigerprüfung beantragt und sämtliche Kapitalerträge in die Anlage KAP sowie bei Investmenterträgen im Ausland und bei Beteiligungen in die Anlagen **KAP-INV** und **KAP-BET** eingetragen hat, setzt in **Zeile 17** eine „0" ein.

Zeile 18 bis 34: Ohne Abgeltungsteuer

In **Zeile 18 bis 26** werden Kapitalerträge abgefragt, bei denen erst mit der Steuererklärung 25 Prozent Abgeltungsteuer erhoben werden, falls nicht die individuelle Besteuerung günstiger ist (→ **Zeile 4**). Dabei kann es sich zum Beispiel um ausländische Zinsen handeln oder auch um Kreditzinsen aus bestimmten Privatdarlehen.

Alle diese Kapitalerträge gehören zusammengefasst in **Zeile 18** (Inland) oder **Zeile 19** (Ausland). In **Zeile 20 bis 23** will das Finanzamt eine gesonderte Aufstellung der bereits in **Zeile 18 und 19** enthaltenen Gewinne beziehungsweise Verluste sehen. Ausgenommen von der Zusammenfassung in **Zeile 18 und 19** sind Zinsen für Steuererstattungen, die das Finanzamt (obwohl es sie genau kennt) in **Zeile 26** ebenfalls separat sehen will und die in der Regel im letzten Steuerbescheid zu finden sind. Verluste aus wertlos gewordenen Kapitalanlagen gehören in **Zeile 25**.

Und noch ein Tipp: Das Bundesverfassungsgericht muss aktuell in mehreren Verfahren darüber entscheiden, inwieweit Erstattungszinsen steuerpflichtig sind (zum Beispiel Az. 2 BvR 482/14). Betroffene können mit Bezug auf das betreffende Aktenzeichen Einspruch gegen ihren Steuerbescheid einlegen (→ ab Seite 146).

Bei Kapitalerträgen, die nicht mit der Abgeltungsteuer, sondern mit dem persönlichen Steuersatz versteuert werden müssen (**Zeile 27 bis 34**), geht es meist um Erträge, die im betrieblichen Bereich anfallen, und um weitere Spezialfälle, die „Normalsteuerzahler" eher selten betreffen. Kapitalerträge aus inländischen und ausländischen Beteiligungen gehören nicht mehr hierher, sondern in die **Anlage KAP-BET**. **Zeile 28** fragt übrigens auch nach Zinsen aus privaten Darlehen an Verwandte und andere Menschen. Die unterliegen dem persönlichen Steuersatz, wenn sie beim Schuldner als Werbungskosten oder als Betriebsausgaben absetzbar sind. Der Bundesfinanzhof sieht das großzügiger. Er hat in mehreren Urteilen entschieden, dass die Nutzung der Abgeltungsteuer auch in diesen Fällen möglich ist, wenn kein Beherrschungsverhältnis zwischen den beteiligten Seiten vorliegt und das Darlehen einem Fremdvergleich standhält (zum Beispiel Az. VIII R 44/13).

In **Zeile 30** tragen Sie Erträge aus steuerlich begünstigten Lebensversicherungen ein, die nach dem Stichtag 31. Dezember 2004 abgeschlossen wurden (→ Seite 168/169). Der Ertrag, das ist die Differenz zwischen Auszahlung und eingezahlten Beiträgen, bleibt zur Hälfte steuerfrei, wenn die Versicherung mindestens 12 Jahre lang bestand und Sie bei der Auszahlung älter als 60 Jahre waren. Sind diese Bedingungen nicht erfüllt, ist der Ertrag komplett steuerpflichtig. Der Versicherer berechnet zunächst auf die gesamten Erträge Abgeltungsteuer. Er wird jedoch mit dem persönlichen Steuersatz versteuert. Zu viel einbehaltene Abgeltungsteuer wird erstattet.

Separate Anlage

Erträge von Investmentfonds, die nicht dem inländischen Steuerabzug unterlagen, gehören nicht hierher, sondern in die Anlage KAP-INV. Erträge aus Beteiligungen sind in die Anlage KAP-BET einzutragen.

In der **Zeile 33** geht es unter anderem um die steuerliche Behandlung sogenannter verdeckter Gewinnausschüttungen in speziellen Fällen. Ohne Steuerberater sollte sich hier niemand bewegen. Das gilt auch für die **Zeile 34**, die „Spezial-Investmentanteile“ behandelt.

Zeile 35 und 36: Steuerermäßigung

In **Zeile 35** gehören Kapitalerträge, die als Entschädigung gezahlt und ermäßigt besteuert werden, ähnlich wie Abfindungen bei Arbeitnehmern. Das kann beispielsweise Zahlungen von Bausparkassen nach einem Rechtsstreit betreffen. In **Zeile 36** wiederholt sich die Abfrage für andere Kapitaleinkünfte und Einkünfte aus Beteiligungen. In diesen Fällen ist professionelle Steuerberatung hilfreich.

Zeile 37 bis 53: Steuerabzug & Co.

In **Zeile 37 bis 42** müssen Sie die von den Banken und anderen Anlageinstituten bereits abgezogenen Steuern auf Kapitalerträge eintragen, getrennt nach Abgeltungsteuer, Solidaritätszuschlag und gegebenenfalls Kirchensteuern hierauf sowie ausländische Steuern. Diese Beträge werden im Steuerbescheid auf die vom Finanzamt berechneten Steuern und Zuschläge angerechnet. Für welche Kapitalerträge die Eintragung erfolgt, findet sich in den Zeilenangaben der Überschrift. So gehört beispielsweise die insgesamt abgeführte Abgeltungsteuer in **Zeile 37**, und zwar auch die Steuer, die auf Investmenterträge abgeführt wurde, die ansonsten in der **Anlage KAP-INV** abgehandelt werden. Abzugsbeträge aus Beteiligungen an Kapitalanlagen gehören dagegen nicht hierher, sondern in die neue **Anlage KAP-BET**. In **Zeile 38 bis 41** wiederholt sich die Prozedur für die Zuschlagsteuern sowie für anzurechnende ausländische Steuerarten. Die fiktive Quellensteuer (**Zeile 42**) gilt für manche Anleihen ausländischer Staaten. Der deutsche Fiskus rechnet sie dem Anleger trotzdem an, als wäre sie einbehalten worden. Das erhöht die Rendite der Anleihen. **Zeile 43 bis 45** fragt nach den einbehaltenen und anzurechnenden Steuern auf die in der Überschrift erwähnten Erträge. Das betrifft zum einen Kapitalerträge, die mit dem persönlichen Steuersatz besteuert werden,

etwa die in **Zeile 30** eingetragenen Erträge aus begünstigten Lebensversicherungen. Zum anderen gehört hierher auch die Abgeltungsteuer aus Erträgen, die bei anderen Einkünften zu besteuern sind. Das können beispielsweise Zinsen aus Bausparverträgen sein, die für die Finanzierung einer vermieteten Immobilie verwendet werden.

Mit **Zeile 46** will die Finanzverwaltung die Erstattung von Kapitalertragsteuer bei bestimmten Wertpapiergeschäften einschränken, etwa bei „cum/cum-Geschäften" zwischen Banken und Großanlegern. Wer hier etwas einzutragen hat, sollte vorher einen Steuerprofi konsultieren. Das gilt auch für Beteiligungen an einer ausländischen Gesellschaft (**Zeile 47 und 48**), für den Umgang mit ausländischen Familienstiftungen (**Zeile 49 bis 52**) und für den Umgang mit Steuerstundungsmodellen nach § 15b Einkommensteuergesetz (**Zeile 53**).

Wann Sie Belege einreichen müssen

Steuerbescheinigungen über inländische Kapitalerträge müssen der Steuererklärung grundsätzlich nicht mehr beigefügt werden. Von dieser Regel gibt es aber Ausnahmen. So müssen etwa bei Eintragungen in den Zeilen 12 und/oder 13 (Verluste) sowie in den Zeilen 43 bis 45 Steuerbescheinigungen weiterhin oft noch eingereicht werden.

Anlage SO: für sonstige Einkünfte

In dieser Anlage fragt das Finanzamt gesammelt Einkünfte ab, die anderswo nicht unterzubringen waren. In **Zeile 4** sind unter „Wiederkehrende Bezüge" etwa Altenteilsleistungen in der Land- und Forstwirtschaft zu verstehen oder Zahlungen im Rahmen eines schuldrechtlichen Versorgungsausgleichs. In der Höhe, in der der Zahlende die Beträge als Sonderausgaben absetzen kann, sind sie beim Empfänger steuerpflichtig. Auch einige Leistungen, die nach Vermögensübertragungen gezahlt werden, gehören hierher: Wenn etwa Eltern ihrem Kind ein Grundstück oder Betriebsvermögen übertragen haben und das Kind ihnen dafür eine Rente zahlt, die jedoch nicht dem Wert des übertragenen Vermögens entspricht. Anderenfalls gehört die Rente in die **Anlage R** (→ Seite 74). In vielen dieser Fälle ist die Beratung eines Steuerprofis unverzichtbar, vor allem dann, wenn an dieser Stelle zum ersten Mal etwas einzutragen ist.

Zeile 5 bis 25: Unterhalt & Co.

In die **Zeile 5** schreibt ein geschiedener Ehegatte oder getrennt lebender Lebenspartner Leistungen, die er zur Vermeidung eines Versorgungsausgleichs von seinem oder seiner Ex erhalten hat. Der Zahler kann seine Zahlungen in der **Anlage Sonderausgaben** eintragen (→ Seite 94).

Unterhaltszahlungen vom Ex-Ehe- oder eingetragenen Partner sind auch als „Realsplitting" bekannt. Der geschiedene oder getrennt lebende Partner, der den Unterhalt zahlt, kann bis zu 13 805 Euro in seiner Steuererklärung als Sonderausgaben geltend machen. Voraussetzung ist, dass der Zahlende die **Anlage U** abgegeben und der Empfänger die Anlage U unterschrieben hat. Mit seiner Unterschrift akzeptiert der Empfänger, dass die Zahlung bei ihm voll steuerpflichtig ist. Der Zahlende hat den Vorteil, dass die Unterhaltszahlung bei ihm steuerlich gefördert wird. Der Empfänger trägt die erhaltenen Unterhaltsleistungen in **Zeile 6** ein, wenn der andere sie mit seiner Zustimmung als Sonderausgaben abzieht. Der Empfänger kann seine Zustimmung davon abhängig machen, dass ihm der Zahler eventuell anfallende Mehrsteuern erstattet. Wenn Expartner sich auf eine faire Verteilung des Steuervorteils einigen können, bringt das „Realsplitting" beiden Vorteile. Das geht aber nicht über die Steuererklärung, sondern muss zivilrechtlich vereinbart werden.

Der Zahler darf zusätzlich zu den maximal 13 805 Euro Unterhalt von ihm übernommene Beiträge zur Kranken- und Pflegeversicherung des Unterstützten als Sonderausgaben absetzen. Sie sind als Einnahmen beim Unterstützten steuerpflichtig und in **Zeile 6** einzutragen. Der Unterstützte darf die Beiträge als Vorsorgeaufwendungen abrechnen (→ Seite 89).

	Unterhaltsleistungen		EUR		EUR
6	soweit sie vom Geber als Sonderausgaben abgezogen werden können	146	14 500,–	147	,–

Wenn der Leistungsempfänger im Zusammenhang mit den Leistungen aus **Zeile 4 bis 6** Werbungskosten hatte, beispielsweise Kosten für eine rechtliche Beratung, gehören diese zusammengefasst in **Zeile 7.**

Erhalten Sie Bezüge aus Stiftungen oder anderen steuerbegünstigten Körperschaften, die nur teilweise steuerpflichtig sind und in **Zeile 8** einzutragen sind, sollten Sie eine steuerliche Beratung nutzen.

Als „Leistungen" (**Zeile 10 bis 15**) sieht das Finanzamt bestimmte Gelegenheitsgeschäfte, etwa die private Vermietung eines Autos, eines Wohnmobils oder die Provision für gelegentliche Vermittlungstätigkeiten. Hierher gehört auch, wenn ein Nachbar dafür zahlt, dass sein Bauvorhaben von anderen Nachbarn geduldet wird. Das gilt außerdem, wenn eine Bank eine Wechselprämie dafür zahlt, dass Sie Ihr Wertpapierdepot dorthin übertragen. Für diese sonstigen Einkünfte gibt es eine Freigrenze: Einnahmen sind bis zu 255 Euro im Jahr steuerfrei. Wer nur einen Euro mehr einnimmt, muss aber den gesamten Betrag versteuern. Haben Sie in diesem Zusammenhang Verluste, können Sie in **Zeile 15** beantragen, dass dieser Verlust nicht in das Jahr 2021 zurückgetragen wird. Dann stellt das Finanzamt einen verbleibenden Verlustvortrag fest, der in den kommenden

Jahren berücksichtigt werden kann. Hollen Sie sich im Zweifel Hilfe eines Steuerprofis. Gleiches gilt für Abgeordnete (**Zeile 16 bis 24**) und für Steuersparmodelle aller Art (**Zeile 25**).

Zeile 31 bis 52: Private Verkäufe

Unter den Begriff „Private Veräußerungsgeschäfte" kann der Verkauf aller möglichen Dinge fallen, von Grundstücken über Kunstgegenstände, Schmuck, Edelmetalle, Briefmarken oder Bücher bis hin zu Kryptowährungen. Der Gewinn ist steuerpflichtig, wenn Kauf und Verkauf innerhalb einer bestimmten Frist liegen: Bei Immobilien sind es zehn Jahre, bei den meisten anderen Gegenständen ist es ein Jahr. Ein Verlust wird steuerlich ebenfalls wirksam, darf allerdings nur mit Gewinnen aus anderen privaten Veräußerungsgeschäften verrechnet werden.

Ob das Finanzamt tatsächlich etwas abbekommt, ist aber eine andere Frage, denn Spekulationsgewinne unter 600 Euro im Jahr bleiben steuerfrei. Aber Vorsicht: Wird diese Grenze erreicht, ist der gesamte Gewinn zu versteuern, auch die 599 Euro darunter. Ehepaare/Lebenspartner können ihre steuerfreien Veräußerungsgewinne verdoppeln, wenn verkaufte Vermögensgegenstände beiden gehört haben.

Zeile 31 bis 41: Grundstücksverkauf

Wer ein Grundstück verkauft, sollte das immer mit Beratung eines Steuerexperten tun. Der Verkauf eines Eigenheims ist zwar grundsätzlich steuerfrei, wenn eine Wohnung im Jahr des Verkaufs und in den beiden Jahren zuvor selbst bewohnt wurde. Doch es gibt Ausnahmen. So erhält etwa auch ein Eigenheimbesitzer, der mit der Familie den bisherigen Wohnort aufgibt und zu seinem neuen Arbeitsort umsiedelt, Post vom Finanzamt.

Private Veräußerungsgeschäfte

Grundstücke und grundstücksgleiche Rechte (z. B. Erbbaurecht) In den Zeilen 35 bis 41 bitte nur den steuerpflichtigen Anteil erklären.

Bezeichnung des Grundstücks (Lage) / des Rechts

31 MEISENWEG 7, 12435 STEUERHAUSEN, WOHNUNG EG

32 Zeitpunkt der Anschaffung (z. B. Datum des Kaufvertrags, Zeitpunkt der Entnahme aus dem Betriebsvermögen) 01072016 Zeitpunkt der Veräußerung (z. B. Datum des Kaufvertrags, auch nach vorheriger Einlage ins Betriebsvermögen) 31072022

Nach einem Verkauf muss der Notar den Immobilienverkauf beim Finanzamt anzeigen. Das Finanzamt schickt einen umfangreichen Fragebogen an den Eigenheimbesitzer, um zu erfahren, ob der Verkauf steuerpflichtig ist. Wer zum Beispiel Räume an die Enkelin vermietet hatte oder andere Teile seines Hauses nicht zu „eigenen Wohnzwecken" benutzte, muss einen Verkaufsgewinn, der auf diese Teile entfällt, versteuern, wenn er das Haus nicht mindestens zehn Jahre besaß. Denken Sie also daran, dass auch beim Verkauf eines Eigenheims innerhalb der Zehnjahresfrist ein steuerpflichtiger Spekulationsgewinn entstehen kann.

Zeile 42 bis 52: Andere Verkäufe

Neben dem Verkauf von Grundstücken kann auch der Verkauf anderer Gegenstände aus dem Privatvermögen steuerliche Folgen haben. Das betrifft etwa Schmuck, Edelmetalle, Kunstgegenstände oder wertvolle Bücher, wenn sie innerhalb eines Jahres nach ihrem Erwerb wieder verkauft werden. Wer beispielsweise im Sommer für 5000 Euro Goldmünzen kaufte, die er im Frühjahr des Folgejahres für 6000 Euro wieder verkauft hat, erzielte einen steuerpflichtigen privaten Veräußerungsgewinn von 1000 Euro. Dieser gehört in die **Zeilen 42 bis 47**. Hier lassen sich aber nicht nur steuerpflichtige Gewinne, sondern auch Verluste unterbringen. Der Verkauf alltäglicher Gebrauchsgegenstände, etwa Pkw, ist grundsätzlich nicht steuerpflichtig, Oldtimer gelten allerdings nicht als „Gebrauchsgegenstände".

Gewinne aus Verkäufen bei Ebay- und anderen Portalen sind auch steuerpflichtig und hier anzugeben, wenn der Gegenstand nicht länger als ein Jahr im Besitz war und es sich nicht um einen Gegenstand des täglichen Gebrauchs handeln sollte. Vorsicht ist geboten, wenn regelmäßig solche Verkäufe erfolgen. Die Finanzämter prüfen, ob gewerbliche und umsatzsteuerpflichtige Einnahmen vorliegen.

Wer innerhalb der Jahresfrist privat mit Bitcoins und anderen Kryptowährungen handelt, trägt Gewinne und Verluste ebenfalls hier ein. Verluste können jedoch nicht steuermindernd mit anderen Einkünften verrechnet werden, sondern nur mit Gewinnen aus privaten Veräußerungsgeschäf-

INFO

Flohmarkt, Ebay & Co. Verkäufe meist Privatangelegenheit

Sie haben Keller oder Dachboden entrümpelt und wollen gebrauchte Möbel, Geschirr oder andere Kleinigkeiten verkaufen? Keine Sorge: Anders als etwa beim Verkauf von Antiquitäten ist der Verkauf von alltäglichen Gebrauchsgegenständen kein Fall fürs Finanzamt: Solche Geschäfte gehören zu Ihrer privaten Vermögenssphäre, auch wenn Sie übers Jahr verteilt einige Dinge verkaufen. Die Situation kann sich ändern, wenn Sie etwa Sammler sind und sich im Laufe des Jahres zum Beispiel An- und Verkäufe von Modelleisenbahnen häufen. Dann sollten Sie die Situation zur Sicherheit mit einem Steuerprofi besprechen.

ten. Sind im Jahr 2022 in der **Anlage SO** keine Gewinne zum Verrechnen vorhanden, wird der Verlust vom Finanzamt festgestellt. Er kann dann in den Folgejahren verrechnet werden, wenn Veräußerungsgewinne anfallen sollten.

Das Ergebnis von **Zeile 47** wird in **Zeile 48** gegebenenfalls auf beide Ehepartner/eingetragenen Partner aufgeteilt. In den **Zeilen 41 bis 47** geht es nur um ein einziges privates Veräußerungsgeschäft. Wenn mehrere vorliegen, kommt das Ergebnis zusammengefasst in **Zeile 49**. Die Einzelheiten aller dieser Geschäfte will das Finanzamt möglichst nach dem Muster der **Zeilen 42 bis 47** auf einem Extrablatt sehen.

Die **Zeilen 50 bis 51** drehen sich zum Beispiel um Veräußerungsgeschäfte von Grundstücksgemeinschaften und anderen Beteiligungen, die professionelle Steuerberatung erforderlich machen. Das gilt auch für die Begrenzung der Verlustverrechnung in **Zeile 52**.

Anlage Sonstiges

In dieser Anlage werden einige „spezielle“ Sachverhalte erfragt wie erbschaftsteuerlicher Erwerb, der Besitz von schutzwürdigen Kulturgütern und Spendenvortrag. Auch die „Energiepreispauschale“ taucht hier auf.

Zeile 4: Erbschaftsteuer

Hier geht es um Einkünfte, die bestimmte Erbfälle ab 2018 betreffen. Haben Sie die Erbschaftsteuer bereits entrichtet, kann hierfür die Einkommensteuer ermäßigt werden. Denkbar sind in diesem Zusammenhang beispielsweise Mietforderungen oder andere Forderungen des Erblassers, die zum Zeitpunkt bereits bestanden und mit Erbschaftsteuer belegt worden sind. Gehen diese steuerpflichtigen Zahlungen später beim Erben ein, sollte ein Steuerprofi um Rat gefragt werden.

Zeile 5: Investitionen in Kulturgüter

Haben Sie sich an den Kauf einer alten Mühle, Parkanlage oder Bibliothek gewagt, ist eventuell ein gefördertes Baudenkmal oder Kulturgut in Ihrem Besitz. Bis zu 9 Prozent der Herstellungs- und Erhaltungskosten sind als Sonderausgaben absetzbar, wenn mehrere Voraussetzungen erfüllt sind.

Zeile 6: Spendenvortrag

Wurde mit der Steuererklärung 2021 ein Spendenvortrag festgestellt, tragen Sie hier eine „1“ ein. Nachdem Sie den Höchstbetrag für den Abzug von Spenden im Vorjahr voll ausgeschöpft haben, beachtet das Finanzamt den verbleibenden Teilbetrag im Steuerjahr 2022.

Zeile 7 bis 9: Verluste

Auch im Ruhestand können Verluste entstehen, etwa aus Vermietungen. Über bereits festgestellte frühere Verluste informieren Sie in **Zeile 7**. Ergibt sich mit der Steuererklärung 2022 insgesamt ein Verlust, wird der negative Betrag vom Finanzamt automatisch in den Jahren 2021 und 2020 berücksichtigt. Wollen Sie das nicht, weil sich der Verlust künftig günstiger auswirkt, beantragen Sie in **Zeile 8,** dass von einem Rücktrag des Verlusts in die Vorjahre abgesehen wird. Dann wird das Finanzamt den Verlust aus 2022 feststellen, und in das nächste Jahr vortragen. In **Zeile 9** ist anzugeben, wenn im Vorjahr Verluste aus Einkünften außerhalb der EU erzielt und gesondert festgestellt wurden.

Zeile 10: Freibetrag für Investmentverkäufe

Sie haben bestandsgeschützte Altanteile an einem Investmentfonds verkauft? Für solche Anteile hat das Finanzamt einen Freibetrag gewährt. Wurde bis zum 31. Dezember 2021 ein verbleibender Freibetrag festgestellt, setzen Sie in **Zeile 10** eine 1. Das Finanzamt berücksichtigt dann diesen verbleibenden Freibetrag.

Zeile 11: Ehepaare mit einzelnen Steuererklärungen

Diese Zeile betrifft nur Ehegatten und eingetragene Lebenspartner, die jeweils eine eigene Steuererklärung abgeben. Sie können hier beantragen, dass Steuerermäßigungen rund um den Haushalt, Sonderausgaben und außergewöhnliche Belastungen hälftig zwischen ihnen aufgeteilt werden.

Zeile 13 bis 14: Energiepreispauschale

Als Folge der deutlich gestiegenen Ausgaben für Energie hat die Bundesregierung 2022 an Berufstätige eine Energiepreispauschale von 300 Euro ausgezahlt. Ruheständler sollen sie zum 1. Dezember 2022 erhalten. Zunächst sollten Rentner und Pensionäre leer ausgehen, doch im Zuge der Entlastungen wurden auch sie noch berücksichtigt. Grundsätzlich sollten Sie die Pauschale automatisch erhalten. Im Einzelfall kann aber doch die Steuererklärung notwendig sein, um sie zu bekommen, etwa wenn Sie oder Ihr berufstätiger Partner 2022 nur Einnahmen aus einer kurzfristigen Beschäftigung oder aus einem pauschal versteuerten Minijob hatten.

In dem Fall setzen Sie eine „1“ in **Zeile 13**. In **Zeile 14** geben Sie an, ob Sie über Ihren Arbeitgeber die Energiepreispauschale erhalten haben. Wenn nicht, wird sie Ihnen über die Steuererklärung gewährt.

Weitere Anlagen: von Miete bis Unterhalt

Die meisten Ruheständler kommen bei der Steuererklärung schon mit den bisher dargestellten Anlagen aus. Doch es gibt Anlagen, die je nach Lebenssituation für Sie interessant sein können. Hier geht es um ausgewählte Schwerpunktprobleme dieser Anlagen und um Hinweise zu aktuellen Entwicklungen.

Anlage V: Für Vermieter

Rentner und Pensionäre mit Vermietungseinkünften sollten professionelle steuerliche Hilfe nutzen. Der Weg zum Steuerberater empfiehlt sich bereits, wenn etwa Ihre Planungen für den Kauf einer zu vermietenden Wohnung oder den Umbau Ihres eigenen Hauses zum Vermieten konkreter werden. Unsere erste Übersicht auf Seite 159 zeigt, warum es sich steuerlich lohnt, von Beginn an beim Projekt „Vermietung“ alles richtig zu machen.

Einkünfte aus dem bebauten Grundstück 25

Lage des Grundstücks / der Eigentumswohnung

	Straße, Hausnummer		Angeschafft am
4	SILBERWEG 99		01042016
	Postleitzahl	Ort	Fertig gestellt am
5	04749	GOLDHAUSEN	TTMMJJJJ

Wer die Anlage V allein schaffen will, muss sich richtig gut auskennen und immer am Ball bleiben, denn auf diesem Gebiet sind Gesetzgebung, Verwaltung und Rechtsprechung besonders aktiv, Änderungen an der Tagesordnung. So trat vor einigen Jahren für neue Wohnungen eine Sonderabschreibung bis zu 5 Prozent, zusätzlich zur linearen Abschreibung von 2 Prozent, in Kraft. Die Abschreibungsraten gehören zu den Werbungskosten, die Sie ab **Zeile 33** in Anlage V eintragen. Gerade in der Anfangszeit dürften die Ausgaben für die Vermietung häufig noch über den Ein-

Manchmal steuerfrei
Wer nur gelegentlich vermietet oder untervermietet, kann mit Zustimmung des Finanzamts bis zu 520 Euro Miete im Jahr steuerfrei kassieren.

nahmen liegen (→ Seite 160), sodass Sie einen steuerlichen Verlust erzielen, den das Finanzamt mit anderen Einkünften verrechnen muss.

Auf längerfristige Vermietungsverluste reagiert das Finanzamt aber zunehmend kritischer. Wenn eine Vorausschau ergibt, dass über die gesamte Dauer der Vermietung keine Überschüsse erreicht werden können, vermuten die Beamten steuerlich unbeachtliche „Liebhaberei" und streichen die Verluste. Vermieter sollten möglichst alles vermeiden, was den Fiskus misstrauisch machen könnte: zum Beispiel befristete Mietverträge, stark verbilligte Mieten oder vertraglich vereinbarte kurzfristige Selbstnutzungs- oder Verkaufsabsichten. Bei einer langfristigen Vermietungsabsicht muss das Finanzamt aber grundsätzlich Verluste anerkennen.

Kritisch kann es zum Beispiel werden, wenn Sie Ihre Wohnung zu einem absoluten Sonderpreis innerhalb der Familie vermieten, etwa an Ihre Enkelin. Grundsätzlich können Sie zwar auch dann Ausgaben als Werbungskosten geltend machen, doch es gibt Einschränkungen, wenn die Miete zu niedrig ist. Liegt die Miete bei mindestens 50 aber unter 66 Prozent der ortsüblichen, müssen Sie etwa nachweisen, dass Sie in den künftigen Jahren mit der Vermietung Gewinn erzielen wollen (→ Seite 162).

Auch Vermieter von Ferienwohnungen müssen stärker auf der Hut sein. Bei hohem Leerstand darf das Finanzamt Vermietungsverluste streichen. Liegt die Vermietungszeit 25 Prozent oder mehr unterhalb der „ortsüblichen Vermietungszeit", wird eine Prognose fällig, und wenn diese langfristig keinen Überschuss der Mieteinnahmen bringt, fallen die Verluste dem Rotstift zum Opfer. Das Finanzamt setzt einen Prognosezeitraum von 30 Jahren an, in denen ein Überschuss der Mieteinnahmen über die Werbungskosten erreicht werden muss.

Meist elektronisch abrechnen

Auch Kleinunternehmer müssen die amtliche Anlage EÜR (Einnahmenüberschussrechnung) elektronisch ausfüllen und übermitteln. Ausnahmen davon gibt es in wenigen „Härtefällen", etwa wenn Computer oder Internetzugang fehlen oder wenn ausschließlich steuerfreie Einnahmen vorliegen, etwa bei Übungsleitern oder Betreuern.

Anlagen G und S: Für Unternehmer

Wenn sich Ruheständler als Gewerbetreibende oder Freiberufler etwas hinzuverdienen, dann tun sie das häufig als Kleinunternehmer. Das bedeutet, dass Sie sich zwar darum kümmern müssen, dass Ihr Gewinn aus selbstständiger Tätigkeit in der Einkommensteuererklärung abgerechnet wird, aber Sie müssen sich nicht zusätzlich um das Thema „Umsatzsteuer" kümmern, solange Ihre Umsätze bestimmte Grenzen nicht überschreiten (→ Seite 155).

Gewerbetreibende füllen die **Anlage G** aus, Freiberufler die **Anlage S**. Im Einkommensteuergesetz (Paragraf 18) steht, wen das Finanzamt als Freiberufler akzeptiert. Bei Ärzten, Anwälten oder Journalisten ist das klar, bei anderen Berufsgruppen, etwa Ingenieuren oder Software-Entwicklern, ist es manchmal umstritten. Die steuerlich wichtigste Folge: Freiberufler müssen keine Gewerbesteuer zahlen. Für Ruheständler, die sich als Nebenberufsunternehmer etwas hinzuverdienen, dürfte das aber eher ein Randthema sein, denn Gewerbesteuer wird ohnehin erst oberhalb eines Freibetrags von 24 500 Euro Jahresgewinn fällig.

Selbst wenn Sie im Ruhestand nur als Kleinunternehmerin nebenbei tätig sind, kann die Hilfe eines Steuerprofis manchmal wichtig sein, zum Beispiel zu Beginn ihrer unternehmerischen Tätigkeit, um die wichtigsten Steuerprobleme zu erkennen und um künftig eine professionelle Steuererklärung fortschreiben zu können. Auch bei Verkauf oder Aufgabe des Unternehmens sollte Profirat genutzt werden.

Ruheständler, die sich in kleinerem Rahmen freiberuflich betätigen, können ihre Betriebskosten manchmal pauschal abrechnen. Das ist nicht nur einfacher als die Aufstellung der einzelnen Ausgaben, sondern kann auch vorteilhaft sein, wenn die tatsächlichen Kosten unterhalb der Pauschale bleiben. Wer sich noch hauptberuflich als Schriftsteller oder Journalist betätigt, kann 30 Prozent vom Umsatz, maximal 2 455 Euro im Jahr, ohne Einzelnachweis geltend machen. Bei wissenschaftlicher, künstlerischer, schriftstellerischer oder lehrender Nebentätigkeit sind es 25 Prozent der Einnahmen, maximal 614 Euro.

Für Tagesmütter/-väter gibt es je nach Betreuungszeit eine monatliche Betriebsausgabenpauschale von bis zu 300 Euro pro Kind.

Wer selbstständig in Vereinen oder in anderen Einrichtungen arbeitet, die gemeinnützigen, mildtätigen oder kirchlichen Zwecken dienen, kann eine steuerfreie Aufwandsentschädigung bis zu 3 000 Euro im Jahr erhalten. Diesen sogenannten Übungsleiterfreibetrag, der Anfang 2021 von ehemals 2 400 Euro auf 3 000 Euro erhöht wurde, gibt es für ausbildende, erzieherische, betreuende, künstlerische und pflegerische Tätigkeiten. Wer sich beispielsweise im Fußballverein als Trainer engagiert oder an der Volkshochschule Kurse gibt, hat Anspruch auf diesen Freibetrag.

Für andere gemeinnützige Arbeiten gibt es mit der „Ehrenamtspauschale“ einen anderen Freibetrag. Durch diese Pauschale bleiben seit 2021 bis 840 Euro im Jahr steuerfrei, vorher waren es 720 Euro.

Die Einnahmen aus solchen Tätigkeiten werden in **Zeile 46 und 47** der **Anlage S** eingetragen. Dort ist die Bezeichnung der Tätigkeit aufzuführen, dann vermerken Sie die Gesamteinnahmen daraus. In die nächste Spalte gehört die steuerfreie Aufwandsentschädigung – mehr als 3 000 Euro im Jahr werden dort nicht berücksichtigt. Auch Vormünder und rechtliche Betreuer gehören zu den Begünstigten, wenn sie nebenberuflich arbeiten.

	Einnahmen aus der nebenberuflichen Tätigkeit als		Gesamtbetrag		davon als steuerfrei behandelt	Rest enthalten in Zeile(n)
46	DOZENT VOLKSHOCHSCHULE	191/391	3 600 €	192/392	3 000 €	4
47		193/393	€	194/394	€	

Anlage Kind: Für Eltern und Großeltern

Wenn Ruheständler an ihre Steuererklärung denken, kommt den wenigsten die **Anlage Kind** in den Sinn. Dennoch kann sie interessant sein. Hat zum Beispiel ein Vater im Rentenalter eine 24-jährige studierende Tochter, stehen ihm Kindergeld, Kinderfreibetrag und alle anderen kindbedingten Steuererleichterungen zu. Gleiches gilt für Großeltern, wenn etwa die Enkeltochter nicht bei ihren Eltern, sondern bei ihnen im Haushalt lebt. Das kann auch gelten, wenn alle Generationen unter einem Dach leben. Voraussetzung ist aber, dass das Enkelkind mit im Haushalt der Großeltern wohnt. Besuchsweise Aufenthalte reichen nicht, es sei denn, Großeltern müssen für den Enkelunterhalt aufkommen. Das kann der Fall sein, wenn die Eltern selbst noch in der Ausbildung sind und deshalb kein ausreichendes Einkommen haben, sodass die Großeltern einspringen.

Den Antrag auf die Übertragung des Kinderfreibetrags stellen Sie als Großeltern in **Zeile 46 oder 47** der Anlage Kind. Das Finanzamt berücksichtigt ihn, wenn der abgebende Elternteil zustimmt (**Zeile 47**). Der gibt seine Zustimmung in einer gesonderten **Anlage K** (Formular „Eltern-Zustimmung"). **Zeile 46** nutzen Großeltern, wenn eine Anlage K nicht vorliegt und sie ihr Enkelkind in ihren Haushalt aufgenommen haben oder für das Enkelkind unterhaltspflichtig sind.

Für erwachsene Kinder bis 25 kann es weiter Kindergeld und andere Kinderförderungen geben, wenn bestimmte Voraussetzungen erfüllt sind. Für Kinder mit einer Behinderung gibt es keine Altersgrenze.

45	Ich beantrage den vollen Freibetrag für den Betreuungs- und Erziehungs- oder Ausbildungsbedarf, weil das minderjährige Kind bei dem anderen Elternteil nicht gemeldet war.	39		1 = Ja	43	T T M M	T T M M
						Zeitraum der Haushaltszugehörigkeit / Unterhaltsverpflichtung vom	bis
46	Nur beim Stief- / Großelternteil: Ich / wir beantrage(n) die Übertragung des Kinderfreibetrags und des Freibetrags für den Betreuungs- und Erziehungs- oder Ausbildungsbedarf, weil ich / wir das Kind in meinem / unserem Haushalt aufgenommen habe(n) oder ich / wir als Großelternteil gegenüber dem Kind unterhaltspflichtig bin / sind.	76	1	1 = Ja	77	0102	3112
47	Nur beim Stief- / Großelternteil: Der Kinderfreibetrag und der Freibetrag für den Betreuungs- und Erziehungs- oder Ausbildungsbedarf sind lt. **Anlage K** zu übertragen.	41	1	1 = Zustimmung eines Elternteils liegt vor 2 = Zustimmungen beider Elternteile liegen vor			

Arbeitslose Kinder bis 21 werden weiter gefördert, wenn sie bei der Agentur für Arbeit als Arbeitsuchende gemeldet sind. Auch wenn ein Kind seinen Arbeitsplatz verloren und unmittelbar danach eine Ausbildung begonnen hat oder als „ausbildungswillig“ gilt, kann es bis zum 25. Geburtstag weiter Kinderförderung geben. Die Altersgrenze gilt grundsätzlich für den Kindergeldanspruch für Kinder in Ausbildung. Das Einkommen des Kindes spielt keine Rolle. Eine Erstausbildung kann weiterhin vorliegen, wenn ein erster Berufsabschluss bereits erfolgt ist, die Ausbildung aber mit Ausbildungsschritten fortgesetzt wird, die sich zeitlich und inhaltlich eng anschließen, etwa ein Masterstudium an einen Bachelorabschluss.

Allerdings gilt eine Einschränkung: Wenn das Kind eine Erstausbildung oder ein Erststudium beendet hat und einer weiteren Ausbildung nachgeht, gibt es die Kinderförderung nur, wenn es nicht erwerbstätig ist. Erwerbstätigkeit ist für den Fiskus eine regelmäßige wöchentliche Arbeitszeit von mehr als 20 Stunden. Alles, was zeitlich darunter liegt, gefährdet das Kindergeld nicht. Unschädlich sind auch eine reguläre Lehrstelle, ein Minijob oder Einnahmen, die nicht aus einer Erwerbstätigkeit kommen, zum Beispiel Zinsen oder Mieten, und zwar in unbegrenzter Höhe.

Hat beispielsweise ein 22-Jähriger sein Erststudium der Religionswissenschaften geschmissen und studiert nun BWL und Jura, gibt es bis 25 weiter Kindergeld, weil er noch keinen ersten Abschluss hat. Auch ein Nebenjob mit über 20 Wochenstunden würde die Kinderförderung nicht gefährden.

In Übergangszeiten zwischen zwei Ausbildungsabschnitten kann es ebenfalls weiter Kindergeld geben. Als Übergangszeit gelten maximal vier Monate. Hat zum Beispiel ein 19-Jähriger im Mai das Abitur gemacht und beginnt im Oktober sein Studium, steht den Eltern zwischen Mai und Oktober weiter Kindergeld zu. In diesem Fall sind es mit Juni, Juli, August, September genau vier Monate Übergangszeit. Dabei ist unerheblich, an welchem Tag im Mai die Schule zu Ende ging und an welchem Tag im Oktober das Studium begann. Zeiten vor und nach dem Wehrdienst können ebenfalls geförderte Übergangszeiten sein.

Leisten Kinder bestimmte freiwillige Dienste, gibt es während der Dienstzeit weiter Kindergeld. Das betrifft beispielsweise ein freiwilliges soziales Jahr oder den Bundesfreiwilligendienst. Auch in Ausbildungsphasen während des Wehrdienstes kann es Kinderförderung geben. Das gilt etwa für die dreimonatige Grundausbildung, für Dienstpostenausbildungen oder für den Besuch von Bildungseinrichtungen (Bundeszentralamt für Steuern, Dienstanweisungen zum Kindergeld – DA-KG Abschnitt 15.2).

Wenn sich Kinder zwischen 18 und 25 in Ausbildung befinden und auswärts wohnen, steht den Eltern oder Großeltern der sogenannte Bedarfsfreibetrag in Höhe von 924 Euro zu („Freibetrag zur Abgeltung des Sonderbedarfs“).

Den „Entlastungsbetrag für Alleinerziehende“ (**Zeile 49 bis 54**) können alleinstehende Eltern und Großeltern nutzen, wenn zu ihrem Haushalt mindestens ein Kind gehört, für das ihnen Kindergeld oder ein Kinderfreibetrag zusteht. Er beläuft sich 2022 auf 4008 Euro für das erste Kind. Für jedes weitere Kind gibt es 240 Euro mehr. Anspruch hat grundsätzlich derjenige Eltern- oder Großelternteil, bei dem das Kind gemeldet ist und der das Kindergeld erhält. Haben Sie sich 2022 von Ihrem Partner getrennt oder ist Ihr Partner verstorben, steht Ihnen der Entlastungsbetrag anteilig für den Zeitraum zu, in dem Sie die dafür geltenden Voraussetzungen erfüllt hatten. Dies gilt zum Beispiel auch, wenn Sie im Jahresverlauf geheiratet haben.

Wer sein Kind auf eine Privatschule schickt, die zu einem der staatlich anerkannten Abschlüsse führt, kann 30 Prozent des Schulgelds, maximal

5 000 Euro, als Sonderausgaben absetzen. Dieser Betrag gehört aber nicht in die Anlage Sonderausgaben, sondern muss hier in **Zeile 65** vermerkt sein. Beherbergungs-, Betreuungs- und Verpflegungskosten bringen keine Steuerersparnis.

Schulgeld (Privatschule oder Schule in freier Trägerschaft)
– ohne Aufwendungen für die Beherbergung, Betreuung und Verpflegung des Kindes –

berücksichtigungsfähige Gesamtaufwendungen der Eltern EUR

Bezeichnung der Schule oder deren Träger
65 WALDORFSCHULE 24 4 560,–

Nur bei nicht zusammen veranlagten Eltern:
66 Das von mir übernommene Schulgeld beträgt 56 ,–

Kinderbetreuungskosten (**Zeilen 76 bis 82**) können in der Regel bloß Eltern geltend machen. Für Großeltern kommen Betreuungskosten nur zum Abzug, wenn das Enkelkind den Status als Pflegekind hat. Das setzt voraus, dass das Pflegeverhältnis zu den Eltern nicht mehr besteht.

Anlage Unterhalt: Für Helfer

Wer unterhaltsberechtigten Verwandten (Kindern, Enkeln, Eltern) oder dem nichtehelichen Lebenspartner Geld zum Lebensunterhalt zahlt, etwa für Nahrung, Kleidung, Unterkunft oder Ausbildung, kann das in der Steuererklärung abrechnen. Diese Ausgaben, die Sie in der Anlage Unterhalt angeben, zählen als außergewöhnliche Belastung. Ursprünglich sollten für 2022 Ausgaben bis zu 9 984 Euro geltend gemacht werden können, doch als Folge der Inflation soll diese Grenze rückwirkend für 2022 auf 10 347 Euro angehoben werden. Bis Redaktionsschluss für diesen Ratgeber war das entsprechende Gesetz allerdings noch nicht verabschiedet.

Zusätzlich machen Sie die Basisbeiträge zur Kranken- und Pflegeversicherung geltend, die Sie für die bedürftige Person gezahlt haben.

Der Abzugsbetrag ist neben der Unterhaltsverpflichtung an bestimmte Voraussetzungen gebunden. Vor allem muss der Empfänger „bedürftig" sein. Er darf zum Beispiel kein eigenes Vermögen wie PKW, Bargeld oder Grundstücke von über 15 500 Euro haben. Selbst genutztes Wohneigentum geht nicht in die Rechnung ein, wenn es der Situation angemessen ist.

Eigenes Einkommen des Unterstützten mindert den Abzugsbetrag, wenn es 624 Euro übersteigt. Ferner darf niemandem Kindergeld oder ein Kinderfreibetrag für den Unterstützten zustehen.

→ Zum Beispiel Anna A.

Die 70-jährige ledige Rentnerin müsste nach Berücksichtigung aller Abzüge zunächst 14 000 Euro versteuern. Ihre Enkelin Pia ist gerade 30 Jahre alt geworden. Sie schreibt an ihrer Dissertation und jobbt als Kellnerin (Jahresbruttoverdienst 4 500 Euro). Anna überweist Pia jeden Monat 500 Euro Unterhalt. Damit muntert sie Pia richtig auf, und Anna geht es auch besser, weil sie dadurch keine Einkommensteuer zahlt. In Annas Abrechnung mit dem Finanzamt gehen von Pias Verdienst nur 2 676 Euro ein, weil Pia der Arbeitnehmerpauschbetrag (1 200 Euro) und der nicht anrechenbare Betrag von 624 Euro zustehen. Das Finanzamt rechnet von den Einkünften des Bedürftigen 624 Euro generell nicht an. Erst ab dem 625sten Euro verringern die eigenen Einkünfte Pias Annas Abzugsvolumen.

steuerpflichtiges Einkommen Anna	**14 000**
darauf müsste Anna Einkommensteuer zahlen	656
abzugsfähiger Höchstbetrag für Anna	10 347
minus Einkünfte Pia (4 500 minus 1 200 minus 624)	–2 676
bleibt abzugsfähiger Unterhalt (10 347 minus 2 676)	7 671
tatsächlicher Unterhaltsbetrag	6 000
bleibt steuerpflichtiges Einkommen Anna (14 000 minus 6 000)	8 000
Steuer Anna (alle Angaben in Euro)	**0**

Als Unterhalt gelten auch Sachleistungen. Würde Großmutter Anna ihrer Enkelin kostenlos ein Zimmer in ihrer Wohnung überlassen, könnte – wenn alle Voraussetzungen stimmen – die darauf entfallende Miete als Unterhaltszahlung an das Finanzamt weitergegeben werden. Gehört die Enkelin zum Haushalt, gilt ohne Nachweis der Höchstbetrag von 10 347 Euro. Auch Menschen, die nicht unterhaltsberechtigt sind, können steuersparend unterstützt werden, etwa Lebenspartner, denen wegen der Partnerschaft Zuwendungen wie Sozialhilfe gekürzt wurden.

Zeile 7 bis 16: Unterhaltsleistungen

In **Zeile 7** schreiben Sie, wie lange Sie 2022 Unterhalt gezahlt haben. Wie viel das insgesamt war, kommt in das rechte Feld. **Zeile 8** will den Zeitpunkt der ersten Zahlung wissen. Lag der beispielsweise zu Weihnachten 2021, wird die Zahlung für 2022 nicht anerkannt. Floss die erste Zahlung dagegen im März 2022, verringert sich der Höchstbetrag auf maximal zehn Zwölftel von 10 347 Euro. Je früher im Jahr die Zahlung begonnen hat, umso mehr Unterhalt ist absetzbar. Eine Kürzung unterbleibt nur, wenn der im Ausland lebende Ehegatte/Lebenspartner unterstützt wird.

	Aufwendungen für den Unterhalt	vom	bis	Gesamtaufwendungen EUR
7	Erster Unterstützungszeitraum, für den Unterhalt geleistet wurde, und Höhe der Aufwendungen (einschließlich von mir getragener Beträge lt. den Zeilen 11 bis 25)	01.01.	31.12.	7 200,–
8	Zeitpunkt der ersten Unterhaltsleistung für den ersten Unterstützungszeitraum im Kalenderjahr	01012022		Gesamtaufwendungen

Zeile 9 bis 10 sind nur auszufüllen, wenn die Unterhaltszahlung einmal im Jahr unterbrochen und dann wieder aufgenommen wurde. Häufigere Unterbrechungen müssen auf einem separaten Blatt aufgelistet werden. Für die Zahlungen will das Amt in der Regel Nachweise sehen.

Zusätzlich zum Höchstbetrag von 10 347 Euro dürfen für den Unterstützten gezahlte Beiträge zur Kranken- und Pflegeversicherung als Unterhalt geltend gemacht werden. Das erfolgt in **Zeile 11 bis 16**, und zwar in der Weise und mit den Beschränkungen, die generell gelten und in den Erläuterungen zur **Anlage Vorsorgeaufwand** ab Seite 88 beschrieben sind.

Zeile 17 bis 26: Zahlungen ins Ausland

In diesen Zeilen geht es ausschließlich um Unterhaltszahlungen an Personen im Ausland. Es wird etwas komplizierter, denn es gelten teilweise andere Bestimmungen und Nachweispflichten. Belege müssen der Steuererklärung nicht beigelegt, aber für Nachfragen vorgehalten werden (➔ zum Beispiel die **Zeilen 17, 18, 21**). Wie viel Unterhalt abzugsfähig ist, hängt davon ab, in welchem Land die Unterstützten wohnen. Die Werte lassen sich der sogenannten Ländergruppeneinteilung entnehmen. Sie finden die Angaben in der Anleitung zum Hauptvordruck. Danach kann der volle Höchstbetrag in Ländern wie Frankreich oder Italien gewährt werden. Wohnt die unterstützte Person in Portugal oder Slowenien, gibt es drei Viertel, in Bulgarien oder Rumänien die Hälfte.

In **Zeile 17 bis 20** müssen Unterstützer angeben, wie die Zahlung erfolgt ist. Nachweise müssen nicht beigelegt, aber vorgehalten werden. Rechnen Sie damit, dass das Finanzamt nachfragen wird.

In **Zeile 21 bis 25** geht es ausschließlich um Zahlungen an den Ehe-/Lebenspartner, die im Rahmen von Besuchsreisen erfolgten.

In **Zeile 26** schreibt der Unterstützer seinen Nettolohn. Damit soll überprüft werden, ob die Unterhaltszahlung seinen eigenen Lebensunterhalt gefährdet.

Zeile 31 bis 44: Angaben zum Unterstützten

Die Fragen in **Zeile 31 bis 35** beziehen sich auf die unterstützte Person. Wer Menschen im Ausland unterstützt, muss eine „Bedürftigkeitserklärung" der dortigen Behörden nicht mehr beifügen, aber in **Zeile 34** eintragen, ob sie vorliegt. Sind Sie unsicher, was an Unterlagen notwendig ist, können Sie sich beim Finanzamt oder einem Steuerprofi erkundigen.

Zeile 45 bis 54: Einkünfte des Unterstützten

Hierher gehört ziemlich alles, was dem Unterstützten an Einkünften und Bezügen zufließt. Jeder Euro oberhalb von 624 Euro verringert das Abzugsvolumen von Unterhaltsaufwendungen. Wenn Unterstützte im Ausland leben, kann sich auch der Betrag von 624 Euro entsprechend der

Ländergruppeneinteilung verringern. Für die meisten westeuropäischen Staaten und für andere Länder mit vergleichbarem Lebensstandard, etwa die USA oder Japan, liegt die Grenze ebenfalls bei 624 Euro. Für andere Länder liegt sie bei Werten zwischen drei Vierteln, der Hälfte und einem Viertel von 624 Euro.

Auf den Seiten 3 und 4 der Anlage Unterhalt wiederholen sich die Angaben von Seite 2. Sie werden für die Unterstützung von zwei oder drei Unterhaltsempfängern desselben Haushalts gebraucht.

Anlage WA-ESt: Auslandsprobleme

Diese Anlage heißt so, weil sie „Weitere Angaben und Anträge" im Rahmen der Einkommensteuer abfragt. Die meisten der abgehandelten Fragen haben Auslandsbezug. Sie betreffen beispielsweise Menschen, die 2022 ganz oder teilweise im Ausland gewohnt haben. Es geht um die Besteuerung in- und ausländischer Einkünfte und um weitere Spezialprobleme mit Auslandsbezug. Wer hier etwas auszufüllen hat, braucht meist professionelle steuerliche Hilfe.

Mehr Tipps zum Sparen

Nach der Steuererklärung ist vor der Steuererklärung. Schon jetzt können Sie die Weichen dafür stellen, um in Zukunft die Belastung gegenüber dem Finanzamt zu drücken – sei es zum Beispiel als Vermieter, als Anleger oder wenn Sie im Ruhestand einen Zusatzjob annehmen wollen.

Steuererklärung abgeschickt und nun Ruhe bis zum nächsten Jahr? Lehnen Sie sich zu früh entspannt zurück, könnten Sie eine Menge Geld verschenken. Denn rund um die Steuer bleiben Aufgaben zu erledigen – angefangen mit dem Kontrollieren des frischen Steuerbescheids.

Darüber hinaus gibt es für alle Rentner und Pensionäre einige Möglichkeiten, wie sie schon im Laufe der nächsten Monate die nächste Steuererklärung vorbereiten, um die Abzüge dann möglichst gering zu halten. Ein wichtiger Tipp dafür: Behalten Sie die Obergrenzen, Freibeträge und Pauschalen im Hinterkopf, die etwa gelten, wenn Sie Ausgaben für einen Handwerker oder für Ihre medizinische Versorgung abrechnen wollen. Wenn Sie dieses **„Jahresprinzip“** beachten und zum Beispiel Ausgaben bündeln, ist ein enormer Vorteil möglich (→ Seite 149). Auf den nächsten Seiten finden Sie weitere Spartipps für einzelne Zielgruppen.

Steuerbescheid: Richtig reagieren

Kommt der Steuerbescheid ins Haus, heften Sie ihn nicht einfach ungesehen ab, sondern überprüfen Sie ihn. Vielleicht hat sich ein Fehler eingeschlichen. Sie haben einen Monat Zeit, um sich gegen falsche oder ungerechte Steuerbescheide zu wehren und dagegen Einspruch einzulegen. Die Chancen dafür stehen nicht schlecht: In rund zwei Dritteln der Fälle entscheiden die Finanzämter pro Steuerzahler.

Auch in Zeiten elektronischer Datenübermittlung sind weiterhin Fehler im Steuerbescheid möglich. Deshalb die erste Frage: Stimmen die Daten, die zum Beispiel der **Rentenversicherer** und die **Krankenkasse** an das Finanzamt übermittelt haben, die für Ihre Steuerberechnung zugrunde gelegt wurden? Im besten Fall haben Sie die übermittelten E-Daten schon beim Ausfüllen der Steuererklärung überprüft und dann in die Formulare übernommen. Ist das Finanzamt von diesen Werten abgewichen? Vergleichen Sie die Angaben aus Ihrer Steuererklärung mit den Daten im Steuerbescheid und den Werten, die Ihnen zum Beispiel die Krankenkasse bescheinigt hat. Gibt es da Abweichungen, etwa weil die Kasse etwas falsch übermittelt hat, haken Sie dort nach.

Eine weitere mögliche Fehlerquelle: Hat das Finanzamt den **Altersentlastungsbetrag** korrekt zu Ihren Gunsten berücksichtigt? Wenn Sie zu Beginn des Steuerjahres mindestens 64 Jahre alt waren, steht Ihnen dieser Steuerfreibetrag für Nebeneinkünfte zu. Für ältere Jahrgänge ist der Freibetrag noch etwas höher als für jüngere. Prüfen Sie, ob das Finanzamt hier den richtigen Wert angesetzt hat. Welcher Freibetrag hier je nach Alter gilt, zeigt die Tabelle auf → Seite 173.

Auch im Umgang mit **Pflegekosten** kann es Fehler gegeben haben. Hat die Pflegeversicherung nur einen Teil Ihrer Pflegekosten etwa für einen ambulanten Pflegedienst oder für Leistungen im Heim übernommen, können Sie den Rest als **außergewöhnliche Belastung** geltend machen.

Das Finanzamt erkennt allerdings nur den Teil an, der oberhalb Ihrer „zumutbaren Belastung" liegt. Für die Ausgaben, die noch als zumutbar gelten, können Sie jedoch die Steuerermäßigung als **„haushaltsnahe Dienstleistungen"** in Anspruch nehmen. 20 Prozent Ihrer Ausgaben zieht das Finanzamt dann direkt von der Steuerschuld ab. Finden Sie diesen Ablauf in Ihrem Steuerbescheid wieder? Wurde der Wert der „zumutbaren Belastung" beim Punkt „haushaltsnahe Dienstleistungen" berücksichtigt? Wenn nicht, legen Sie Einspruch gegen den Steuerbescheid ein und lassen Sie diesen Punkt überprüfen.

Ob etwas falsch gelaufen sein könnte, können Sie gerade dann, wenn Sie Ihre Erklärung online abgeben haben, schnell überprüfen. Entspricht der Bescheid nicht den eigenen Vorausberechnungen, ist das Amt in der Regel von den Angaben in der Steuererklärung abgewichen. Den Kontrollblick sollten Sie dann zunächst auf den Abschnitt „Erläuterungen" im Steuerbescheid richten. Hier muss das Finanzamt Abweichungen von der Steuererklärung darlegen. Findet sich dort nichts Nachvollziehbares, ist das allein schon ein Grund, gegen den Steuerbescheid vorzugehen. Häufig empfiehlt es sich, zunächst beim Finanzbeamten telefonisch den Grund zu erfragen. Sie sollten dabei jedoch die Einspruchsfrist im Auge behalten.

Einspruch einlegen

Mit einem Einspruch kann sich jeder gegen den Steuerbescheid wehren. Er kostet nichts und muss schriftlich beim Finanzamt eingereicht werden, auch E-Mail oder Fax sind erlaubt. Sie dürfen ihn auch mündlich im Finanzamt vortragen und zu Protokoll nehmen lassen. Wenn die Zeit fehlt, den Einspruch zu begründen, kann zunächst auf eine Begründung verzichtet werden. Sie sollte aber zügig nachgereicht werden.

Im Einspruchsverfahren rollt das Finanzamt den gesamten Fall neu auf. Sie selbst können auch neue Einwände vorbringen und Vergessenes nachholen. Das Finanzamt kann aber auch Änderungen zu Ihrem Nachteil vornehmen. Eine solche „Verböserung" ist nur zulässig, wenn Ihnen das Finanzamt vorher diese Absicht mitgeteilt hat. Nehmen Sie dann den Einspruch zurück, bleibt es beim Erstbescheid.

Ein Einspruch ändert nichts an einer Zahlungsverpflichtung. Wollen Sie diese vermeiden, müssen Sie mit dem Einspruch einen formlosen „Antrag auf Aussetzung der Vollziehung“ stellen. Dieser Antrag kann aber auch zügig nachgereicht werden.

Einspruch einfach durch Mitfahrgelegenheit

Viele Einsprüche funktionieren mit besonders geringem Aufwand. Läuft ein vergleichbares Verfahren beim Europäischen Gerichtshof (EuGH), beim Bundesverfassungsgericht (BVerfG), beim Bundesfinanzhof (BFH) oder bei einem anderen Bundesgericht, muss das Finanzamt den Einspruch bis zu einer Gerichtsentscheidung akzeptieren und das Verfahren ruhen lassen.

Geht es dagegen nur um Verfahren bei Landesfinanzgerichten (FG), ist die Verwaltung nicht verpflichtet, den Steuerbescheid nach einem Einspruch offenzuhalten. Die Finanzämter reagieren aber unterschiedlich, manchmal reicht ein Hinweis auf ein bekanntes FG-Verfahren und der Einspruch ruht bis zu einer Gerichtsentscheidung.

Es gibt aktuell einige Verfahren beim Bundesfinanzhof, die Ruheständler betreffen können. Achtung: Die folgende Übersicht umfasst Verfahren, die bis zum 16. September 2022 anhängig waren. Seither können die Urteile in den folgenden Verfahren gefallen sein:

- **Behindertengerechte Gestaltung des Gartens.** Sind Aufwendungen für einen behindertengerechten Zugang zum Garten und für weitere Baumaßnahmen als außergewöhnliche Belastung abziehbar? (BFH, Az. VI R 25/20)
- **Nebenkosten.** Können Mieter die Ausgaben für haushaltsnahe Dienstleistungen und Handwerker auch dann gegenüber dem Finanzamt geltend machen, wenn der Vermieter die jeweiligen Kosten nicht gesondert in der Nebenkostenabrechnung ausweist? (BFH, Az. VI R 24/20)
- **Hausnotruf.** Können die Ausgaben für ein Hausnotrufsystem auch dann einen Steuerrabatt bringen, wenn es sich im Privathaushalt befindet und nicht zur Pflege- und Betreuungsleistung einer Einrichtung für betreutes Wohnen gehört? (BFH, Az. VI R 7/21)

- **Darlehensvertrag.** Handelt es sich bei dem von einer Bank im Zuge der Rückabwicklung eines Darlehens an den Kreditnehmer gezahlte Nutzungsentgelt um steuerpflichtige Kapitalerträge? (BFH, Az. VIII R 5/21)
- **Günstigerprüfung.** Haben Anleger einen Steuersatz, der unterhalb der Abgeltungsteuer von 25 Prozent liegt und wollen sie, dass das Finanzamt ihre Kapitalerträge nach dem niedrigeren Satz abrechnet, müssen sie die Günstigerprüfung in der Anlage KAP der Steuererklärung beantragen. Muss das Finanzamt einen ersten Antrag auf Günstigerprüfung auch noch dann annehmen, wenn er erst nach einem Änderungsbescheid eingeht? (BFH, Az. VIII R 10/21)

Weitere Verfahren beim Bundesfinanzhof, beim Europäischen Gerichtshof und beim Bundesverfassungsgericht, auf die Sie sich berufen können, finden Sie unter bundesfinanzhof.de. Dazu klicken Sie auf der Startseite „Anhängige Verfahren“ an, danach „Aktuelle Verfahren“. Hier können Sie unter „Text“ ein passendes Stichwort, zum Beispiel „Rente“, eingeben. Ein Klick auf „Dokument suchen“ öffnet die gewünschte Liste.

Was vorläufig offen ist – auch ohne Einspruch

In einigen Punkten bleiben Steuerbescheide ohne Einspruch vorläufig offen. Bis Redaktionsschluss für diesen Ratgeber standen laut BMF-Schreiben vom 28. März 2022 (GZ IV A3 – S 0338/19/10006) folgende Streitpunkte auf der Liste:

- die Verfassungsmäßigkeit des Solidaritätszuschlags seit 2005,
- die Höhe des Kinder- und Betreuungsfreibetrags,
- die mögliche Doppelbesteuerung von gesetzlichen Renten und anderen Leistungen der Basisversorgung.
- die Beschränkung der Verrechnungsmöglichkeiten von Verlusten aus Aktienverkäufen

Der Punkt Rentenbesteuerung wurde 2021 infolge der vom Bundesfinanzhof gefällten Urteile zur möglichen Doppelbesteuerung (BFH, Az. X R 33/19, X R 20/19) auf die Liste genommen.

Vorbehalt beachten

Im Gegensatz zur Vorläufigkeit bleibt ein Steuerbescheid, der unter dem „Vorbehalt der Nachprüfung“ nach Paragraf 164 Abgabenordnung (AO) steht, im vollen Umfang offen. Sie können, solange der Bescheid unter Vorbehalt steht, vergessene Ausgaben ohne Begründung nachträglich geltend machen. Das ändert sich erst, wenn der Vorbehalt aufgehoben wird oder die Festsetzungsfrist abgelaufen ist. Bis dahin kann aber auch das Finanzamt einen Bescheid jederzeit ändern.

Änderungsanträge und Fehlerkorrektur

Neben dem Einspruch gibt es weitere Instrumente, um sich gegen einen Steuerbescheid zu wehren. Ein „Antrag auf schlichte Änderung“ richtet sich ausschließlich gegen einen oder gegen mehrere Punkte des Steuerbescheids. Er muss auch innerhalb der Frist von einem Monat gestellt werden. Das Finanzamt darf nur in den genannten Punkten Änderungen vornehmen. Eine „Verböserung“ ist weitgehend ausgeschlossen.

Ein „Änderungsantrag wegen offenbarer Unrichtigkeiten“ dient dazu, Schreib-, Rechen- und Übertragungsfehler, Zahlendreher und ähnliche Fehler zu tilgen, die dem Amt unterlaufen sind. Ebenso können Schreib- und Rechenfehler des Bürgers korrigiert werden. Eine Änderung ist ebenso möglich bei einer falschen Auswertung der von anderen Stellen gemeldeten elektronischen Daten (etwa der Rentenversicherung oder der Krankenkasse). Das gilt so lange, bis die vierjährige Verjährungsfrist endet. Die Frist beträgt mindestens vier Jahre und beginnt in der Regel zum Ende des Jahres, in dem die Steuererklärung abgegeben wurde. War zum Beispiel die Steuererklärung für das Jahr 2022 im Mai 2023 beim Finanzamt, endet die Verjährungsfrist am 31. Dezember 2027 um Mitternacht.

Klage beim Finanzgericht

Hat das Finanzamt Einsprüche und Änderungsanträge schriftlich abgelehnt, bleibt nur noch der Gang zum Finanzgericht. Die Klage muss innerhalb eines Monats nach Zugang der Einspruchsentscheidung schriftlich beim zuständigen Gericht eingehen. Eine Klage löst zunächst eine Vorauszahlung von 312 Euro auf die Gerichtskosten aus. Ebenfalls sollten Sie die Kosten für einen professionellen Rechtsbeistand einplanen. Zwar kann jeder auch ohne Anwalt oder Steuerberater beim Finanzgericht klagen. Doch letztlich ist es ratsam, dass Sie sich vorher von einem Steuerberater oder einem Fachanwalt für Steuerrecht über die Erfolgsaussichten beraten lassen und gleichzeitig die Kostenfrage klären. Auch Lohnsteuerhilfevereine dürfen vor dem Finanzgericht klagen.

Sparen im Laufe des Jahres

Freibeträge und Pauschalen beachten, Ausgaben bündeln oder verschieben: Das Steuerrecht bietet einigen Raum, Ihre Belastung gegenüber dem Finanzamt zu beeinflussen. Entscheidend ist, dass Sie das „Jahresprinzip“ für sich nutzen.

Ein Beispiel: Steuern sparen mit „außergewöhnlichen Belastungen“. Hintergrund dafür: Ausgaben für die medizinische Versorgung wirken sich steuerlich erst aus, wenn sie so hoch sind, dass die Belastung nicht mehr zumutbar, sondern eben „außergewöhnlich“ ist (→ Seite 99).

Deshalb kann es sich gegenüber dem Finanzamt auszahlen, solche Ausgaben in einem Jahr zu bündeln. Wenn Sie etwa im Frühling bereits eine hohe Rechnung für Zahnersatz begleichen mussten, kann es sich steuerlich lohnen, den sowieso anstehenden Kauf einer neuen Brille noch im Herbst zu erledigen und ihn nicht auf Anfang des folgenden Jahres zu verschieben. Fallen beide Posten in einem Jahr an, stehen die Chancen auf eine Steuererstattung in diesem einen Jahr vielleicht besser, als wenn Sie in zwei Jahren jeweils nur niedrige Ausgaben für die Gesundheit vorweisen können.

Ähnlich ist die Situation, wenn es um Ausgaben für Handwerker und haushaltsnahe Dienstleistungen geht. Auch hier empfiehlt es sich, vorab genau zu überlegen, wann Sie etwas vom Profi erledigen lassen.

→ Beispiel Rosemarie R.

Die Rentnerin hat im Mai mehrere Zimmer in ihrem Haus von einem Profi streichen lassen. Die Arbeits- und Fahrtkosten beliefen sich auf 2 000 Euro. Sie weiß, dass noch einiges mehr im Haus zu erledigen ist: Sie möchte auf Dauer das Bad neu fliesen und eine bodentiefe Dusche einbauen lassen. Auch an der Heizungsanlage ist einiges zu erledigen. Um den Steuervorteil auszuschöpfen, holt sie bei verschiedenen Handwerkern Angebote ein. Am meisten holt sie heraus, wenn im laufenden Jahr noch Arbeiten im Wert von höchstens 4 000 Euro erledigt werden und der Rest auf das nächste Jahr verschoben wird. Denn das Finanzamt berücksichtigt pro Jahr bis zu 6 000 Euro Handwerkerkosten und zieht 20 Prozent davon direkt von der Steuerlast ab. Im nächsten Jahr zählen wiederum 6 000 Euro, die Rosemarie dann für die ausstehenden Arbeiten im Haus nutzen kann.

Überblick zum 1. Advent

Vielleicht wissen Sie direkt im Laufe des Jahres, dass die Ausgaben für eine Renovierung oder für Zahnersatz so hoch sind, dass sie voraussichtlich einen Steuervorteil bringen. Aber wer hat schon immer den Überblick über all seine Alltagsausgaben parat? Deshalb kann es sich lohnen, wenn

Sie sich zum Beispiel im Herbst oder spätestens Anfang Dezember hinsetzen und anhand der Rechnungen prüfen, wo Sie mit Ihren bisherigen Ausgaben stehen. Entscheiden Sie dann, ob etwa der Brillenkauf oder die renovierte Küche helfen, die Steuerlast zu senken, oder ob es vielleicht besser ist, die Ausgaben ins nächste Jahr zu schieben.

Der Herbst und die Vorweihnachtszeit sind häufig auch die Phasen, in denen das Thema Spenden aktuell wird. Hier ist eine weitere Chance zum Steuernsparen: Spenden zählen zu den Sonderausgaben. Ohne weitere Nachweise rechnet das Finanzamt automatisch mit einer Sonderausgabenpauschale von 36 Euro pro Jahr. Diese Grenze ist schnell überschritten – jeder darüber hinausgehende Euro senkt die Steuerlast. Wenn Sie also sowieso vorhaben, etwas zu spenden, stehen die Chancen sehr gut, dass Sie die Steuerlast senken.

Wechsel bei den Werbungskosten

Aus der Zeit, in der Sie noch berufstätig waren, kennen Sie vielleicht noch eine andere Sparchance: das Bündeln von Werbungskosten – also von Ausgaben für den Job. Dazu zählen etwa Ihre Kosten für den Arbeitsweg, ein häusliches Arbeitszimmer oder eine berufliche Fortbildung. Die Sparchance für Arbeitnehmer: Kommen sie durch ihre Jobkosten auf über 1200 Euro im Jahr – die Grenze wurde im Laufe des Jahres 2022 erhöht –, sparen sie auf jeden Fall Steuern. Diese 1200 Euro-Werbungskostenpauschale steht Ihnen übrigens komplett zu, wenn Sie innerhalb eines Jahres zunächst noch berufstätig und dann im Ruhestand sind.

Für Ihre Renten und Pensionen rechnet das Finanzamt allerdings automatisch nur mit 102 Euro Werbungskosten pro Jahr. Hatten Sie im Steuerjahr darüber liegende Ausgaben rund um Ihre Rente oder Pension, zum Beispiel für einen Rentenberater oder Rechtsanwalt, werden Sie diese Pauschale vermutlich leicht überschreiten. Rechnen Sie diesen Posten deshalb auf jeden Fall ab.

Nebenjob: So lohnt sich der Zusatzverdienst

Die Zahl der Menschen im Alter über 65, die arbeiten, ist in den vergangenen Jahren stetig angestiegen. Die meisten entscheiden sich für einen Minijob, einige wählen auch eine sozialversicherungspflichtige Beschäftigung, in der sie mehr als 520 Euro monatlich verdienen.

So verlockend ein attraktiver Nebenverdienst auf den ersten Blick erscheinen mag: Wenn Sie überlegen, ob und wie viel Sie im Ruhestand arbeiten, planen Sie genau, was sich finanziell tatsächlich lohnt. Spätestens bei der nächsten Steuererklärung kann sich zeigen, dass ein hohes Monatsbrutto netto nicht unbedingt das bringt, was Sie sich erhoffen. Deshalb der erste wichtige Tipp: Lassen Sie sich vor Jobantritt nicht vom genannten Bruttoverdienst blenden, sondern bitten Sie Ihren Arbeitgeber, auszurechnen, wie viel Geld Ihnen netto – also nach Abzug von Steuern und Sozialabgaben – davon bleibt. Und klären Sie, ob und welche Auswirkungen Ihr Zusatzverdienst für Ihre Rente oder Pension hat. Denn je nach Höhe Ihres Verdienstes kann es zu einer Kürzung Ihrer Rente oder Pension kommen.

Minijob meist unproblematisch

Für die allermeisten Rentner und Pensionäre ist ein Minijob, eine sogenannte geringfügige Beschäftigung, attraktiv. Hier können Sie neuerdings im Schnitt bis zu 520 Euro im Monat verdienen, vorher waren es 450 Euro monatlich. Der erste Minijob-Vorteil ist, dass ein Verdienst in dieser Größenordnung in den allermeisten Fällen ohne Folgen für Rente oder Pension bleibt. Erzielen Sie etwa als ehemaliger Beamter einen solchen Nebenverdienst, müssen Sie keine Kürzung Ihrer Bezüge fürchten. Auch wenn Sie eine Altersrente oder eine Erwerbsminderungsrente beziehen, bleibt ein regelmäßiger Verdienst bis 520 Euro monatlich ohne Folgen für die Leistungen.

Erhalten Sie dagegen eine **Witwen- oder Witwerrente**, könnte es eventuell zu Kürzungen kommen, wenn Sie neben dem Minijob noch weitere Einnahmen haben – etwa Minijob und eigene Altersrente. Dann schaut der Rentenversicherer, ob Sie aus eigener Rente und Job über einen Freibetrag von monatlich knapp 951 Euro in den westlichen und knapp 938 Euro in den östlichen Bundesländern kommen (Stand bis Mitte 2023). Ist das der Fall, wird Ihre Hinterbliebenenrente anteilig gekürzt.

Der Minijob ist für viele zusätzlich attraktiv, weil es hier möglich ist, den Verdienst brutto wie netto einzustreichen. Denn wenn Sie regelmäßig nicht mehr als 520 Euro monatlich verdienen, kann der Arbeitgeber Ihren Verdienst pauschal mit 2 Prozent versteuern. In den meisten Fällen überweist er diese **Pauschalsteuer** zusammen mit den für Ihren Verdienst fälligen Sozialabgaben direkt an die **Minijob-Zentrale**. Dann müssen Sie sich um nichts mehr kümmern und Ihren Verdienst nicht in der Steuererklärung abrechnen. Das ist für Sie die günstigste Lösung.

Es kann auch sein, dass der Arbeitgeber die Pauschalsteuer auf Sie umlegt. Bei einem Monatsbrutto von 520 Euro wären das 10,40 Euro, die er von Ihnen verlangen würde. Das ist aber im Regelfall immer noch günstiger, als wenn er Ihren Verdienst nach Steuerklasse abrechnet. In dem Fall müssten Sie ihn in der Steuererklärung mit angeben, sodass Ihre Belastung gegenüber dem Finanzamt deutlich steigen kann.

Am besten sprechen Sie mit Ihrem Arbeitgeber vor Jobantritt, ob er den Verdienst pauschal oder nach Steuerklasse abrechnen will. Haben Sie die Wahl, versuchen Sie ihn von der Pauschalversteuerung zu überzeugen.

Als Rentner mehr als 520 Euro verdienen

Sie bekommen das Angebot, mehr zu arbeiten und mehr als 520 Euro zu verdienen? In dem Fall lohnt es sich, genau abzuwägen. Beachten Sie zunächst mögliche Auswirkungen auf Ihre Rente. Sind Sie zum Beispiel erst 63 Jahre alt und vorzeitig in Altersrente gegangen, müssen Sie zumindest für 2022 noch beachten, dass Ihre Rente bei besonders hohen Nebenverdienst gekürzt werden kann. Diese Zuverdienstgrenze liegt aber mittlerweile bei rund 46 000 Euro im Jahr. Noch vor wenigen Jahren – vor Ausbruch der Corona-Pandemie – lag sie bei nur 6 300 Euro jährlich, sodass damals deutlich häufiger eine Rentenkürzung anstehen konnte. Ab 2023 soll dann aber die Zuverdienstgrenze bei der vorgezogenen Altersrente komplett entfallen.

Haben Sie hingegen die sogenannte Regelaltersgrenze erreicht – je nach Geburtsjahr liegt diese zwischen 65 und 67 Jahren –, dürfen Sie schon seit einigen Jahren unbegrenzt hinzuverdienen, ohne eine Rentenkürzung fürchten zu müssen.

Doch auch ohne Rentenkürzung lohnt ein hoher Bruttoverdienst neben der Rente längst nicht immer. Denn der regelmäßige Monatsverdienst über 520 Euro ist steuer- und sozialabgabenpflichtig. Es kann tatsächlich passieren, dass Ihnen von einem Bruttoverdienst über 520 Euro im Monat netto letztlich weniger bleibt als von einem 520-Euro-Minijob. Oder: Selbst wenn Sie zum Beispiel brutto mit 1 000 Euro fast doppelt so viel verdienen, haben Sie netto längst nicht das Doppelte:

→ Sylvia S.: Rente plus Nebenjob

Sylvia S. ist zum 1. Januar 2022 mit 64 Jahren vorzeitig in Rente gegangen. 2022 erhält sie 20 000 Euro Bruttorente. Dafür zahlt sie 2 200 Euro Beiträge an die Kranken- und Pflegeversicherung. Müsste sie nur ihre Rente in der Steuererklärung abrechnen, wird das

Finanzamt 670 Euro Steuern fordern. Netto bleiben ihr rund 17 130 Euro im Jahr – etwa 1 428 Euro im Monat. Verdient sie im Minijob bis zu 520 Euro brutto, käme S. auf bis zu 1 948 Euro netto im Monat (1 428 + 520 Euro). Sie verdient jedoch brutto 900 Euro im Monat. Aus ihrer Rente und den 900 Euro brutto kommt sie auf etwa 2 146 Euro netto im Monat. Die 380 Euro mehr brutto im Vergleich zum Minijob bringen ihr netto also gerade einmal rund 198 Euro mehr.

Als Pensionär mehr als 520 Euro verdienen

Als ehemaliger Beamter sind Sie im Regelfall privat krankenversichert. Damit haben Sie im Vergleich zu gesetzlich Krankenversicherten den Vorteil, dass für einen Monatsverdienst über 520 Euro keine zusätzlichen Beiträge zur Kranken- und Pflegeversicherung anfallen. Die Beitragshöhe ändert sich durch den Verdienst nicht. Doch auch Sie müssen die Steuerpflicht einplanen: Je nach Steuerklasse wird Ihr Arbeitgeber Lohnsteuer vom Bruttoverdienst abziehen und an das Finanzamt überweisen. Da bereits Ihre Pension nach Steuerklasse versteuert wird, bleibt Ihnen für den Nebenjob nur die ungünstige **Steuerklasse VI**, in der keine Steuerfreibeträge berücksichtigt werden. Dadurch ist der Lohnsteuerabzug besonders hoch.

Und selbst wenn Sie im Laufe des Jahres erst einmal keine Lohnsteuer zahlen müssen: Spätestens mit der Steuererklärung wird das Finanzamt den Verdienst berücksichtigen, sodass mehr Steuern fällig werden können. Aus diesem Grund ist es umso wichtiger, dass Sie in der Steuererklärung möglichst alle Posten abrechnen, mit denen Sie sparen können, etwa Ausgaben für den Arbeitsweg. So haben Sie oft über die Steuererklärung die Chance, sich zumindest einen Teil der Lohnsteuer zurückzuholen.

Selbstständige Nebentätigkeit

Vielleicht versuchen Sie es im Ruhestand mit einer selbstständigen Beschäftigung, arbeiten etwa als freier Autor, Stadtführer oder Dozent an der Volkshochschule. Ihre Einkünfte aus dieser Tätigkeit sind ebenfalls steuerpflichtig und müssen in der Steuererklärung abgerechnet werden. Gerade vor dem Beginn der Selbstständigkeit kann es nicht schaden, wenn Sie sich an einen Steuerexperten wenden, damit Sie wissen, was alles auf Sie zukommt. So müssen Sie als Freiberufler oder Gewerbetreibender eventuell noch Umsatzsteuer zahlen. Klären Sie deshalb mit dem Fachmann oder der Fachfrau zum Beispiel, ob für Sie die **Kleinunternehmerregel** infrage kommt. Als Kleinunternehmer gelten Sie, solange Ihr Jahresumsatz nicht über 22 000 Euro liegt. Ist er höher, gelten Sie ab dem folgenden Jahr nicht mehr als Kleinunternehmer. Liegt Ihr Jahresumsatz sogar über 50 000, können Sie schon im laufenden Jahr umsatzsteuerpflichtig sein.

Bei der Umsatzsteuer haben Kleinunternehmer ein Wahlrecht. Entscheiden sie sich gegen die Umsatzsteuer, müssen sie keine einnehmen, keine abführen und auch keine Umsatzsteuer-Voranmeldung abgeben. Sie bekommen jedoch die von ihnen selbst gezahlte Umsatzsteuer auch nicht vom Finanzamt zurück. Das ist nicht immer günstig, denn wer etwa gerade sein Unternehmen startet, hat in der Regel hohe Ausgaben und bescheidene Einnahmen. Fällt in dieser Phase die Entscheidung pro Umsatzsteuer, bleibt in der Regel unter dem Strich mehr in der Firmenkasse.

Anlegen und sparen: Abzüge begrenzen

Im Beispiel von Natalia N. auf Seite 33 haben Sie es gelesen: Sie hat vom Finanzamt eine Steuererstattung erhalten, obwohl sie attraktive Kapitalerträge erzielt hat. Erzielen Sie **Kapitalerträge**, kann es sein, dass auch Sie über die Steuererklärung eine **Erstattung** bekommen. Mit ein paar Vorbereitungen können Sie eventuell aber auch schon im Laufe des Jahres dafür sorgen, dass Sie gar nicht erst Steuern zahlen müssen.

Hintergrund für all das sind die nicht ganz einfachen Steuerregeln, die für Einkünfte aus Kapitalvermögen gelten. Grundsätzlich sind laufende Kapitalerträge wie Zinsen, Dividenden und Gewinne aus dem Verkauf von

Wertpapieren steuerpflichtig. Es gilt ein Steuersatz von 25 Prozent zuzüglich Solidaritätszuschlag (5,5 Prozent der fälligen Steuer) und gegebenenfalls Kirchensteuer. In den meisten Fällen kümmert sich Ihre Bank darum, dass die fällige Steuer an das Finanzamt fließt.

Allerdings – und hier lohnt es sich, im Laufe des Jahres aufmerksam zu bleiben – müssen Sie für Ihre Zinsen und Kapitalerträge nicht gleich ab dem ersten Euro Steuern zahlen: Für jeden Anleger sind derzeit noch 801 Euro Kapitalerträge im Jahr steuerfrei. Wenn Sie mit Ihrem Partner eine gemeinsame Steuererklärung machen, können Sie als Paar bis zu 1602 Euro steuerfreie Kapitalerträge im Jahr erzielen. So hoch ist der sogenannte Sparerpauschbetrag, der Anlegern zusteht. Als Bankkunde können Sie Ihrer Bank in Höhe des Sparerpauschbetrags einen Freistellungsauftrag erteilen. Stellen Sie bei Bank A Kapitalerträge in Höhe von 801 Euro frei, wird sie nur für die darüber liegenden Erträge Abgeltungsteuer an das Finanzamt überweisen. Sind Sie Kunde mehrerer Banken, erteilen Sie jeder Bank einzeln einen Freistellungsauftrag – in Summe maximal 801/1602 Euro jährlich. Ab 2023 soll mehr steuerfrei bleiben.

Der erste Spartipp ist somit: Verteilen Sie Ihre Freistellungsaufträge möglichst passend, damit Sie den Sparerpauschbetrag optimal ausschöpfen. Passen Sie Ihre Freistellungsaufträge an, wenn Sie etwa mit Ihrem Depot umgezogen sind oder ein Festgeldkonto aufgelöst und das Geld woanders neu angelegt haben. Passen die Freistellungen nicht optimal zu Ihren Erträgen, müssen Sie bis zur nächsten Steuererklärung warten, um sich zu viel gezahlte Abgeltungsteuer vom Finanzamt zurückzuholen.

Fondsbesteuerung beachten

Erhalten Sie laufende Ausschüttungen aus einem in Deutschland aufgelegten Fonds oder erzielen Sie damit Verkaufsgewinne, werden diese nicht ab dem ersten Euro auf den Sparerpauschbetrag angerechnet. Die Zahlungen sind zumindest teilweise steuerfrei. Das hat mit den erst seit einigen Jahren geltenden Regelungen zur Fondsbesteuerung zu tun. Der Hintergrund dazu: Für in Deutschland aufgelegte Fonds und ETF wird seither bereits auf Fondsebene eine Körperschaftsteuer in Höhe von 15

Prozent auf deutsche Dividenden, deutsche Mieterträge sowie auf Gewinne aus dem Verkauf deutscher Immobilien fällig, die direkt aus dem Fondsvermögen gezahlt werden müssen. Diese Änderung bedeutete für die Anleger, dass bei ihnen von den Fonds-Erträgen weniger ankommt als vor der Gesetzesänderung. Als Ausgleich für diese steuerliche Vorbelastung auf Fondsebene stellt der Fiskus Ausschüttungen aus den Fonds und Verkaufsgewinne beim Privatanleger zumindest teilweise frei. Die Höhe des steuerfreien Anteils richtet sich nach der Art des ETF: Handelt es sich beispielsweise um einen Aktienfonds und ETF mit mindestens 51 Prozent Aktienanteil, betragen die Teilfreistellungen für Privatanleger 30 Prozent.

Oft lohnt sich die eigene Abrechnung

Hat Ihre Bank im Laufe des Jahres für Ihre Kapitaleinkünfte Abgeltungsteuer und Solidaritätszuschlag einbehalten? Dabei können Sie es belassen, müssen es aber nicht: Häufig haben gerade Ruheständler die Chance, über die Steuererklärung zumindest einen Teil der Steuer zurückzuholen. Das gilt zum Beispiel, wenn Ihr persönlicher Steuersatz unter 25 Prozent liegt. In dem Fall müssen Sie auch nur diesen niedrigeren Satz für Kapitaleinkünfte zahlen. Damit das Finanzamt mit dem niedrigeren Satz rechnet, müssen Sie aber die Anlage KAP mit der Steuererklärung ausfüllen (➔ Seite 113).

Vielleicht zeigt sich im Zuge der Steuererklärung auch, dass Ihr Einkommen insgesamt so niedrig ist, dass Sie überhaupt keine Steuern zahlen müssen. Dann erhalten Sie die komplette Abgeltungsteuer zurück.

Keine Abzüge mit NV-Bescheinigung

Um sich das Ausfüllen der Anlage KAP zu sparen, gibt es eventuell noch eine Alternative: Wenn Sie insgesamt ein eher niedriges Einkommen haben, können Sie beim Finanzamt eine sogenannte Nichtveranlagungs-(NV-)bescheinigung beantragen. Diese Bescheinigung stellt Ihnen Ihr Finanzamt für bis zu drei Jahre aus, wenn Ihr zu versteuerndes Jahreseinkommen unter dem Grundfreibetrag bleibt. Dieser liegt für das Steuerjahr 2022 bei 10 347 Euro. Für Ehe- und eingetragene Lebenspartner gilt der doppelte Wert, nämlich 20 694 Euro. Legen Sie diese Bescheinigung Ihrer Bank vor, wird sie gar keine Abgeltungsteuer ans Finanzamt überweisen, ganz gleich wie hoch Ihre Kapitalerträge sind:

→ Zum Beispiel Hertha H.

Hertha (77) bezieht 600 Euro Monatsrente. Nach allen Abzügen bleiben ihr 3 000 Euro pro Jahr steuerpflichtiges Einkommen. Dazu kassiert sie 8 000 Euro Kapitalerträge im Jahr. Davon müsste die Bank rund 1 900 Euro Steuern und Solidaritätszuschlag einbehalten. Hertha bekommt aber alles ausgezahlt: Da ihr zu versteuerndes Jahreseinkommen unter dem Wert von 10 347 Euro bleibt, hat sie eine NV-Bescheinigung erhalten:

steuerpflichtiges Renteneinkommen	**3 000**
plus Zinsen und andere Kapitalerträge	8 000
minus Sparer-Pauschbetrag	–801
minus Altersentlastungsbetrag (→ Seite 173)	–1 596
zu versteuern	8 603
Steuer (alle Angaben in Euro)	**0**

Als Vermieter von Beginn an Steuern im Blick

Die Kinder sind aus dem Haus, und die obere Etage Ihres Hauses steht leer? Oder haben Sie eine größere Auszahlung aus der Kapitallebensversicherung erhalten und möchten das Geld in eine neue, zu vermietende Immobilie investieren? Ganz gleich, unter welchen Voraussetzungen Sie sich entscheiden, zum Vermieter zu werden: Ehe Sie loslegen, empfiehlt sich der Besuch beim Steuerexperten, um sich im Gewirr aus Abschreibungsmöglichkeiten, weiteren Werbungskosten und Fördermitteln besser zurechtzufinden. Denn gleich von Beginn an haben Sie die Möglichkeit, Steuern zu sparen. Kümmern Sie sich erst bei der nächsten Steuererklärung um die Sparchancen, verschenken Sie eventuell eine Menge Geld.

Auch wenn Sie schon länger als Vermieter tätig sind, gibt es weitere Sparchancen und Entscheidungen, für die der Rat eines Steuerexperten sinnvoll sein kann. Weitere Gründe für den Weg zum Experten wären zum Beispiel eine Vermietung im Ausland oder wenn Sie überlegen, in eine Ferienwohnung zu investieren.

Im Alltag ist aber natürlich nicht immer der Experte parat. Auch deshalb stellen wir Ihnen an dieser Stelle einige Steuergrundlagen vor, die für Ihre Vermietertätigkeit relevant sind.

Einkünfte abrechnen

Als Vermieter müssen Sie all Ihre Einnahmen und Ausgaben, die rund um vermietete Wohnung oder Haus angefallen sind, in der Steuererklärung angeben. Sie rechnen Sie über die **Anlage V** für Einkünfte aus Vermietung und Verpachtung ab (→ Seite 130). Gerade in der Anfangszeit können die Ausgaben deutlich höher als die Einnahmen sein. Dann ergibt sich ein Verlust aus der Vermietertätigkeit. Diesen muss das Finanzamt mit anderen Einkünften, etwa mit Ihren Einkünften aus Rente oder Pension, verrechnen, sodass letztlich Ihre Steuerlast insgesamt sinken kann.

Einnahmen und Ausgaben im Überblick

Zu den Einnahmen zählen neben der Miete unter anderem die erhaltenen Zahlungen für Nebenkosten, öffentliche Zuschüsse sowie Entgelte für Stellplätze oder Garagen. Davon werden die Aufwendungen, die Sie rund um die Immobilie hatten, als Werbungskosten abgezogen. Die Ausgaben zählen ab dem ersten Euro – eine Pauschale wie etwa bei den Werbungskosten aus angestellter Beschäftigung gibt es hier nicht. Dadurch machen sich selbst kleine Posten gegenüber dem Finanzamt bezahlt. Haben Sie für den Garten der vermieteten Wohnung Blumenkästen oder Gartenwerkzeug gekauft, können Sie diese Ausgaben als Werbungskosten gel-

tend machen, genauso wie Ausgaben für Schreibwaren, Telefonate oder Mustermietverträge. Deshalb ist es wichtig, dass Sie im Alltag auch Belege für kleinere Posten sammeln. Auch Ihre Ausgaben für Grundsteuer und Versicherungen sowie Ihre Betriebskosten können Sie beim Finanzamt abrechnen.

Die große Steuerersparnis bringen allerdings ganz andere Posten, etwa die Zinsen, die Sie für ein Darlehen zur Finanzierung der Immobilie zahlen müssen. Kaufen Sie eine Immobilie, bringen Ihnen zudem die jährlichen Abschreibungsraten ein dickes Plus gegenüber dem Finanzamt. Die Anschaffungs- oder Herstellungskosten für das Gebäude werden im Regelfall über 50 Jahre abgeschrieben, denn Sie können jährlich 2 Prozent der Anschaffungskosten für das Gebäude geltend machen. Liegt das Baujahr vor 1925, sind es 2,5 Prozent, die Abschreibung läuft also über 40 Jahre. Anteilige Nebenkosten wie Makler- und Notarkosten, Grunderwerbsteuer und Gerichtsgebühren erhöhen die Abschreibung.

Was bei den Abschreibungskosten leider außen vor bleibt, ist der Preis für das Grundstück, auf dem Ihre Immobilie steht. Deshalb müssen Sie vorab den Kaufpreis für das Gebäude vom Preis des Bodens trennen.

Eine Sonderabschreibung von bis zu 5 Prozent jährlich ist übrigens zusätzlich möglich, wenn Sie durch Ihre Investitionen weiteren Wohnraum schaffen – wenn Sie etwa eine neue Wohnung bauen, eine Immobilie bis zum Ende des Jahres der Fertigstellung kaufen oder in Ihrem eigenen Haus neuen Wohnraum schaffen. Über die genauen Modalitäten hierfür oder auch über die Abschreibungsmöglichkeiten bei Baudenkmälern sprechen Sie am besten mit den Steuerexperten, damit Sie alle Möglichkeiten ausschöpfen.

Ausgaben für Renovierung richtig abrechnen

Um eine neu erworbene Immobilie oder auch das bisherige Familienheim vermieten zu können, werden Sie häufig hohe Ausgaben für Renovierungen und Instandsetzungsarbeiten haben. Diese können Sie ebenfalls als Werbungskosten geltend machen. Allerdings gilt: Wenn Sie die Immobilie gerade erst erworben haben, empfiehlt sich – zumindest steuerlich – ein genauer Blick darauf, welche Arbeiten Sie wann erledigen lassen.

Sonst kann es Ihnen passieren, dass die Ausgaben für Arbeiten, die in den ersten drei Jahren nach dem Kauf erledigt werden, zu den Anschaffungskosten zählen und nur über den langen Zeitraum von 40 oder 50 Jahren (jährlich also mit 2,5 oder 2 Prozent) abgeschrieben werden können. Das geschieht, wenn die Kosten ohne Umsatzsteuer 15 Prozent des Gebäudewerts übersteigen. Betragen die Ausgaben dagegen höchstens 15 Prozent, dürfen Sie diese in einem Zeitraum von ein bis fünf Jahren geltend machen.

Sind die ersten drei Jahre nach dem Kauf abgelaufen, wird es einfacher mit der Abschreibung. Dann gilt, dass Sie Ihre Investitionen, die den Standard von Haus oder Wohnung erhalten, sofort oder über zwei bis fünf Jahre verteilt absetzen dürfen.

An die Familie vermieten

Eine Nachfrage beim Steuerberater empfiehlt sich auch in anderen Situationen, etwa wenn Sie planen, Haus oder Wohnung günstig an einen Angehörigen zu vermieten. Grundsätzlich können Sie auch dann Ihre Ausgaben als Werbungskosten geltend machen, doch es gibt Einschränkungen, wenn die Miete zu niedrig ist.

Hier haben sich die Regeln vor einigen Jahren etwas verändert. Denn seit 2021 ist es erlaubt, dass die Miete 50 Prozent oder mehr der ortsüblichen beträgt und Sie trotzdem alle Werbungskosten in voller Höhe abrechnen können. Liegt die Miete bei mindestens 50 und unter 66 Prozent der ortsüblichen, müssen Sie aber nachweisen, dass Sie künftig mit der Vermietung Gewinn erzielen wollen. Fällt diese Prüfung positiv aus, ist für die verbilligte Wohnraumüberlassung der volle Werbungskostenabzug möglich. Kommt das Finanzamt jedoch zu einem anderen Ergebnis und sieht keine Gewinnerzielungsabsicht, können Vermieter ihre Kosten nur anteilig geltend machen. Um nicht unnötig Probleme wegen einer zu günstigen Miete zu bekommen, behalten Sie die Entwicklung der ortsüblichen Marktmiete im Auge und passen Sie bei verbilligter Vermietung die Miete rechtzeitig an. Bei einer Miete von 66 Prozent der ortsüblichen Miete sind die Werbungskosten ohne Kürzung abziehbar.

Vermietungsabsicht trotz Leerstand?

Im besten Fall haben Sie durchgängig einen Mieter und erzielen regelmäßige Einnahmen. Doch natürlich kann es auch einmal vorkommen, dass Sie nicht gleich einen neuen Mieter für Ihre Immobilie finden. Zieht sich diese Leerstandsphase zu lange hin, wird das Finanzamt eventuell hellhörig und hinterfragt auch hier, ob Sie überhaupt noch das Ziel haben, als Vermieter Einkünfte zu erzielen.

Ein vorübergehender Leerstand, wenn es keinen reibungslosen Übergang zwischen zwei Mietern gibt, ist gegenüber dem Finanzamt unproblematisch. Dauert die Phase allerdings zu lange und glaubt das Finanzamt nicht mehr an die Vermietungsabsicht, müssen Sie nachweisen, dass Sie diese noch haben. Das können Sie beispielsweise, indem Sie Belege für Inserate, Maklerrechnungen oder über Gespräche mit möglichen Mietern vorlegen.

Ein wichtiger Termin gegenüber dem Finanzamt ist in dieser Situation noch der 31. März 2023. Bis zu diesem Termin können Sie beim Steueramt Ihrer Gemeinde den Erlass der Grundsteuer beantragen, wenn Ihr Wohnraum leer steht und Ihre Erträge deshalb deutlich gemindert sind, weil Sie ohne eigenes Verschulden keinen Mieter finden. Es gibt 25 Prozent Erlass bei einer Ertragsminderung von mehr als 50 Prozent und 50 Prozent Erlass bei einer Ertragsminderung von 100 Prozent.

Das gilt für Hinterbliebene

Haben Sie Ihren Ehe- oder Lebenspartner verloren, steht Ihnen sicherlich nicht der Sinn nach dem Thema Steuern. Doch Sie können es nicht ganz umgehen. Stellen Sie sich zum Beispiel darauf ein, dass Sie, wenn Sie bisher als Ehepaar keine Steuererklärung machen mussten, als Witwe oder Witwer eventuell doch mit dem Finanzamt abrechnen müssen. Häufig sind die Rentenbezüge des alleinstehenden Ruheständlers höher als das steuerfreie Existenzminimum, wenn neben der Altersrente nun auch noch eine Witwen-/Witwerrente oder neue Pensionszahlungen fließen.

Zunächst weiter Ehegattensplitting

Allerdings können Sie sich als Hinterbliebener auf einige Steuererleichterungen einstellen. Ist ein Ehepartner im Jahr 2022 verstorben, wird die Steuererklärung für das Jahr 2022 genauso ausgefüllt, als würde der Verstorbene noch leben. Wie bisher sind die Einnahmen von beiden Partnern in die Steuererklärung einzutragen, und das Finanzamt wendet den günstigen Splittingtarif für Ehepaare und eingetragene Lebenspartner an (Ehegattensplitting, → Seite 70). Ebenso können bestimmte Freibeträge und andere Steuervergünstigungen im Todesjahr noch in voller Höhe als Jahresbeträge genutzt werden – etwa der Sparerpauschbetrag von 1602 Euro (für Ehepaare/eingetragene Lebenspartner) oder der Altersentlastungsbetrag, wenn die entsprechenden Einkünfte und das Alter vorliegen (→ Seite 173). Sie können den Tod des Partners gegenüber dem Finanzamt mit der Sterbeurkunde anzeigen, um Nachfragen beispielsweise wegen der fehlenden Unterschrift zu vermeiden.

Für das Folgejahr 2023 reicht der verwitwete Partner nur seine persönliche Steuererklärung ein und vermerkt im Hauptvordruck, dass er 2022 verwitwet ist. Das Finanzamt berechnet die Steuer für 2023 dann nochmals mit dem Splittingtarif. Erst für das Steuer 2024 legt das Finanzamt nicht mehr den Splittingtarif, sondern den Grundtarif für Alleinstehende zugrunde. Dadurch kann die Steuerbelastung höher ausfallen.

Wichtige Posten in der ersten Steuererklärung

Füllen Sie die Steuerformulare für das Jahr aus, in dem Ihr Partner gestorben ist, können Sie eventuell Ausgaben für die Beerdigung als außergewöhnliche Belastung abrechnen (→ Seite 99). Dazu können weitere Posten abzugsfähig sein, die Sie in früheren Jahren vielleicht nie abgerechnet haben, etwa Zuzahlungen für einen Krankenhausaufenthalt, Medikamente oder einen Pflegedienst, die vor dem Tod des Partners angefallen sind.

Für die Besteuerung von Hinterbliebenenbezügen, beispielsweise Witwenrenten oder Werkspensionen, gelten die steuerlichen Bedingungen, die für den verstorbenen Partner galten. Der Hinterbliebene „erbt" somit quasi den Freibetrag des verstorbenen Partners. Wurde etwa der verstorbene Ehemann vor 2006 Rentner, ist eine erstmals 2022 gezahlte Witwenrente nur zu 50 Prozent steuerpflichtig (→ Seite 167).

Erbschaftsteuer eventuell ebenfalls Thema

Mit der Einkommensteuer allein ist es nach dem Tod des Partners nicht immer getan. Möglicherweise wird darüber hinaus Erbschaftsteuer fällig. Für Ehe- und eingetragene Lebenspartner stehen die Chancen jedoch gut, dass Sie ein Erbe steuerfrei erhalten können. Dafür sorgen diverse Steuerfreibeträge, vor allem der Allgemeine Freibetrag. Er liegt für erbende Ehe- und Lebenspartner bei 500 000 Euro. Erst wenn das Erbe einen höheren Wert hat, wird Erbschaftsteuer fällig. Erben Kinder etwas, liegt der Freibetrag immerhin noch bei 400 000 Euro.

Auch wenn Sie davon ausgehen, keine Erbschaftsteuer zahlen zu müssen, sind Sie verpflichtet, das Finanzamt innerhalb von drei Monaten über Ihr Erbe zu informieren. Das Amt wird Ihnen daraufhin die Unterlagen für eine Erbschaftsteuererklärung zukommen lassen.

Ihnen ist all das zu viel? Sie sind unsicher, welche Forderungen auf Sie zukommen können, etwa wenn der Nachlass Ihres Partners doch größer war? In dieser besonderen Situation kann es ratsam sein, dass Sie sich Hilfe bei einem Steuerprofi holen. Hatten Sie einmal die passende Unterstützung, können Sie die Steuererklärung künftig vielleicht wieder allein schaffen.

Hilfe

Übersicht

Tabellen

Musterformulare

Steuerpflichtiger Anteil gesetzlicher Renten

Der steuerpflichtige Rentenanteil von gesetzlichen Altersrenten und gleichgestellten Renten erhöht sich schrittweise. Für Rentner, die 2005 oder vorher in Rente gingen, ist die Hälfte der Rente von 2005 steuerpflichtig. Für diejenigen, die 2022 die erste Rente bezogen haben, sind es schon 82 Prozent. Die Tabelle unten zeigt die steuerpflichtigen Anteile, die nach der aktuellen Gesetzgebung gelten. In Zukunft sollen sich die derzeitigen Vorgaben aber ändern, sodass die steuerpflichtigen Anteile für jeden neuen Jahrgang in kleineren Schritten ansteigen.

Jahr des Rentenbeginns	steuerpflichtiger Anteil in Prozent
vor 2006	50
2006	52
2007	54
2008	56
2009	58
2010	60
2011	62
2012	64
2013	66
2014	68
2015	70
2016	72
2017	74
2018	76
2019	78
2020	80
2021	81
2022	**82**

Jahr des Rentenbeginns	steuerpflichtiger Anteil in Prozent
2023	83
2024	84
2025	85
2026	86
2027	87
2028	88
2029	89
2030	90
2031	91
2032	92
2033	93
2034	94
2035	95
2036	96
2037	97
2038	98
2039	99
2040	100

Steuerpflicht: Das gilt für die Auszahlungen aus privater Vorsorge

Je nach Art des Vorsorgevertrags unterscheiden sich manche Steuerregeln deutlich. Renten und Kapitalauszahlungen sind im Alter zum Teil voll oder zumindest zu einem Großteil steuerpflichtig. Die Empfänger profitieren aber von Freibeträgen.

	Steuerpflicht
Riester-Rente (auch über den Betrieb abgeschlossener Riester-Vertrag)	**Rente** und **Kapitalauszahlung** (bis zu 30 Prozent der Ersparnisse): Beides ist voll steuerpflichtig. **Vorteil:** Für Riester-Zahlungen steht den Empfängern der Altersentlastungsbetrag zu, wenn sie zu Beginn des Steuerjahres mindestens 64 Jahre alt waren. Erhalten Steuerpflichtige eine Abfindung aus ihrem Riester-Vertrag, wird diese nach der „Fünftelregelung" etwas günstiger besteuert.
Rürup-Rente	**Rente:** Ein großer Teil der Auszahlung ist steuerpflichtig. Der Anteil steigt für Neurentner jährlich an. Bei Beginn der Auszahlung 2022 sind es 82 Prozent.
Betriebliche Altersvorsorge (Vertragsabschluss bis Ende 2004) Direktversicherungen, Pensionskassen und Pensionsfonds	**Renten:** Sie sind nur zum geringen Teil steuerpflichtig, wenn die Beiträge pauschal oder komplett versteuert wurden. Der steuerpflichtige Anteil richtet sich nach dem Alter bei Auszahlungsbeginn. Beruht die Rente dagegen auf steuerfrei eingezahlten Beiträgen, ist die Auszahlung steuerpflichtig. **Kapitalauszahlung:** Sie ist steuerfrei, wenn der Vertrag mindestens zwölf Jahre lief und die Beiträge pauschal oder normal versteuert wurden. Ergibt sich die Auszahlung hingegen aus steuerfrei eingezahlten Beiträgen, ist die Auszahlung komplett steuerpflichtig. **Vorteil:** Für komplett steuerpflichtige Zahlungen können die Empfänger den Altersentlastungsbetrag nutzen, wenn sie zu Beginn des Steuerjahres mindestens 64 Jahre alt waren.
Betriebliche Altersvorsorge (Vertragsabschluss seit 2005) Direktversicherungen, Pensionskassen und Pensionsfonds	**Renten** und **Kapitalauszahlungen** aus Verträgen, in die Arbeitnehmer steuerfreien Lohn oder Gehalt eingezahlt haben, sind voll steuerpflichtig. **Vorteil:** Rentner können aber vom Altersentlastungsbetrag profitieren, wenn sie zu Beginn des Steuerjahres mindestens 64 Jahre alt waren.

	Steuerpflicht
Betriebliche Altersvorsorge Unterstützungskasse und Direktzusage	**Werkspensionen** und **Kapitalauszahlungen** sind wie Arbeitslohn voll steuerpflichtig. **Vorteil:** Ab dem 63. Geburtstag können die Empfänger der Leistungen dafür den Versorgungsfreibetrag in Anspruch nehmen. Bei einer Kapitalauszahlung aus der Unterstützungskasse wendet das Finanzamt die „Fünftelregelung" an, sodass die Steuerbelastung etwas geringer ausfällt.
Private Rentenversicherung (ohne staatliche Förderung) Vertragsabschluss bis 2004	**Renten:** Sie sind nur zum geringen Teil steuerpflichtig. Der Anteil richtet sich nach dem Alter bei Auszahlungsbeginn. **Kapitalauszahlung:** Die Kapitalerträge sind steuerfrei.
Private Rentenversicherung (ohne staatliche Förderung) Vertragsabschluss seit 2005	**Renten:** Sie sind nur zu einem geringen Anteil steuerpflichtig. Er richtet sich nach dem Alter bei Beginn der Auszahlung. **Kapitalauszahlungen** sind nach Abzug der gezahlten Beiträge voll steuerpflichtig. Es sei denn, der Vertrag lief mindestens zwölf Jahre und der Versicherte erhält sein Geld frühestens mit 60 beziehungsweise mit 62 Jahren bei Vertragsabschluss nach 2011. Dann ist die Hälfte der Erträge steuerpflichtig. **Vorteil:** Über den Sparerpauschbetrag (2022: 801 Euro/Jahr für Alleinstehende, Ehepaare 1 602 Euro) bleiben die Kapitalerträge zum Teil steuerfrei.
Private Kapitallebensversicherung Vertragsabschluss bis 2004	**Kapitalleistungen** sind steuerfrei, wenn die Verträge mindestens zwölf Jahre liefen, fünf Jahre lang Beiträge gezahlt wurden und 60 Prozent der gesamten Beiträge für die Todesfallleistung vereinbart waren.
Private Kapitallebensversicherung Vertragsabschluss seit 2005	**Kapitalleistungen** sind nach Abzug der gezahlten Beiträge voll steuerpflichtig. Es sei denn, die Versicherung lief mindestens zwölf Jahre, und der Versicherte erhält das Geld frühestens mit 60 beziehungsweise 62 Jahren bei Vertragsabschluss nach 2011. Dann ist die Hälfte der Erträge steuerpflichtig. **Vorteil:** Über den Sparerpauschbetrag (2022: 801 Euro/Jahr für Alleinstehende, Ehepaare 1 602 Euro) bleiben Kapitalerträge zum Teil steuerfrei.

Steuerpflichtiger Anteil privat finanzierter Renten (Tabellenauszug)

Privatrenten sind teilweise steuerpflichtig. Dieser Teil, Ertragsanteil genannt, richtet sich nach dem Lebensjahr bei Rentenbeginn. Wer mit 60 Jahren erstmals Leistungen aus einer privaten Rentenversicherung erhält, muss 22 Prozent versteuern, bei Rentenbeginn mit 65 sind es 18 Prozent. Die folgende Übersicht ist ein Tabellenauszug. Achtung: Er betrifft weder die voll steuerpflichtigen Riester-Renten noch die Rürup-Renten, für die jeweils andere Steuerregeln gelten (➔ Seite 168).

Lebensalter bei Rentenbeginn	steuerpflichtiger Anteil in Prozent	Lebensalter bei Rentenbeginn	steuerpflichtiger Anteil in Prozent
51	29	**66**	18
52	29	**67**	17
53	28	**68**	16
54	27	**69**	15
55	26	**70**	15
56	26	**71**	14
57	25	**72**	13
58	24	**73**	13
59	23	**74**	12
60	**22**	**75**	11
61	22	**76**	10
62	21	**77**	10
63	20	**78**	9
64	19	**79**	9
65	**18**	**80**	8

Steuerpflichtiger Anteil privater, zeitlich begrenzter Renten (Tabellenauszug)

Werden private Renten nur für eine bestimmte Zeit gezahlt, handelt es sich um „abgekürzte Leibrenten". Der steuerpflichtige Anteil wird dann abhängig von Laufzeit und allgemeiner Lebenserwartung festgelegt. So sind zum Beispiel von einer privaten Berufsunfähigkeitsrente, die für 10 Jahre gewährt wird (linke Spalte), 12 Prozent steuerpflichtig (mittlere Spalte). Für den seltenen Fall, dass ein Rentner bei Antritt dieser Rente bereits 75 Jahre alt ist (rechte Spalte), beträgt der steuerpflichtige Teil nicht 12 Prozent, sondern – nach der Tabelle auf Seite 170 – 11 Prozent.

Laufzeit der Rente in Jahren	steuerpflichtiger Anteil in Prozent	War bei Rentenbeginn folgendes Lebensjahr vollendet, gilt der steuerpflichtige Teil aus Tabelle Seite 170.
1	0	entfällt
2	1	entfällt
3	2	97
4	4	92
5	5	88
6	7	83
7	8	81
8	9	80
9	10	78
10	**12**	**75**
11	13	74
12	14	72
13	15	71
14–15	16	69
16–17	18	67
18	19	65

Renten-beginn	Rentengebiet West		Rentengebiet Ost	
	Jahresrente[1)]	Monatsrente[2)]	Jahresrente[1)]	Monatsrente[2)]
2005	20 248	1 731	18 822	1 615
2006	19 718	1 686	18 410	1 580
2007	19 279	1 648	18 064	1 550
2008	18 957	1 621	17 854	1 532
2009	18 571	1 588	17 586	1 509
2010	18 123	1 550	17 222	1 478
2011	17 789	1 521	16 952	1 455
2012	17 423	1 490	16 759	1 438
2013	17 044	1 457	16 562	1 421
2014	16 737	1 431	16 329	1 401
2015	16 510	1 412	16 187	1 389
2016	16 260	1 390	16 052	1 377
2017	15 972	1 366	15 828	1 358
2018	15 707	1 343	15 596	1 338
2019	15 435	1 320	15 366	1 319
2020	15 082	1 290	15 051	1 292
2021	14 979	1 281	14 979	1 285
2022	14 768	1 263	14 768	1 267

1) Bruttorente in Euro 2) Monatsrente (in Euro) zweites Halbjahr 2022 gerechnet mit 3,05 % Beitrag zur Pflegeversicherung, 7,95 % zur Krankenversicherung. Quelle: Bundesverband Lohnsteuerhilfevereine e.V.

Renten ohne Steuerzahlung

Wenn das Finanzamt Ihre Steuerlast ermittelt, berücksichtigt es automatisch Ihren persönlichen Rentenfreibetrag, die Pauschalen für Werbungskosten und Sonderausgaben sowie die Basisbeiträge zur Kranken- und Pflegeversicherung. Die Tabelle oben zeigt, wie viel gesetzliche Rente Sie beziehen können, ohne dass Sie für 2022 Steuern zahlen müssen – unter der Voraussetzung, dass Sie neben der gesetzlichen Rente keine weiteren steuerpflichtigen Einkünfte haben. Die geplante Energiepreispauschale ist hier nicht berücksichtigt. Den aktuellen Stand zu den vorgesehenen Entlastungen lesen Sie unter test.de/Steuerratgeber-Extra.

Altersentlastungsbetrag

Der Altersentlastungsbetrag steht allen zu, die am 1. Januar des betreffenden Steuerjahres 64 Jahre alt waren. Für das Steuerjahr 2022 heißt das: Wer vor dem 2. Januar 1958 geboren wurde, hat Anspruch auf den Altersentlastungsbetrag. Je älter Sie sind, desto höher ist der Steuerfreibetrag für Nebeneinkünfte. Der höchste Freibetrag steht allen zu, die vor dem 2. Januar 1941 geboren wurden. Dann bleiben 40 Prozent der Nebeneinkünfte, maximal 1900 Euro im Jahr, steuerfrei.

Geburt vor dem 2. Januar	Prozent	bis Euro
1941	**40,0**	**1900**
1942	38,4	1824
1943	36,8	1748
1944	35,2	1672
1945	33,6	1596
1946	32,0	1520
1947	30,4	1444
1948	28,8	1368
1949	27,2	1292
1950	25,6	1216
1951	24,0	1140
1952	22,4	1064
1953	20,8	988
1954	19,2	912
1955	17,6	836
1956	16,0	760
1957	15,2	722
1958	**14,4**	**684**

Geburt vor dem 2. Januar	Prozent	bis Euro
1959	13,6	646
1960	12,8	608
1961	12,0	570
1962	11,2	532
1963	10,4	494
1964	9,6	456
1965	8,8	418
1966	8,0	380
1967	7,2	342
1968	6,4	304
1969	5,6	266
1970	4,8	228
1971	4,0	190
1972	3,2	152
1973	2,4	114
1974	1,6	76
1975	0,8	38
1976	0	0

Versorgungsfreibetrag mit Zuschlag

Beamten- und Werkspensionen werden neben der Werbungskostenpauschale von 102 Euro mit dem Versorgungsfreibetrag und einem Zuschlag zum Versorgungsfreibetrag begünstigt. Beide Steuervorteile sinken schrittweise. Wer solche Versorgungsbezüge erstmals 2005 oder vorher bekam, erhält einen Versorgungsfreibetrag von 40 Prozent, maximal 3 000 Euro, und einen Zuschlag von 900 Euro. Beide Abzugsbeträge bleiben unverändert, solange der Pensionär seine Pension erhält. Wer 2022 (linke Spalte) erstmals eine Pension bezogen hat, erhält 14,4 Prozent, jedoch maximal 1 080 Euro Versorgungsfreibetrag. Hinzu kommen 324 Euro Zuschlag (rechte Spalte). Jeder Jüngere muss sinkende Freibeträge hinnehmen.

	Versorgungsfreibetrag		Zuschlag
Jahr	in Prozent	bis Euro	in Euro
2005	40,0	3 000	900
2006	38,4	2 880	864
2007	36,8	2 760	828
2008	35,2	2 640	792
2009	33,6	2 520	756
2010	32,0	2 400	720
2011	30,4	2 280	684
2012	28,8	2 160	648
2013	27,2	2 040	612
2014	25,6	1920	576
2015	24,0	1800	540
2016	22,4	1680	504
2017	20,8	1560	468

Jahr	Versorgungsfreibetrag		Zuschlag
	in Prozent	bis Euro	in Euro
2018	19,2	1440	432
2019	17,6	1320	396
2020	16,0	1200	360
2021	15,2	1140	342
2022	**14,4**	**1080**	**324**
2023	13,6	1020	306
2024	12,8	960	288
2025	12,0	900	270
2026	11,2	840	252
2027	10,4	780	234
2028	9,6	720	216
2029	8,8	660	198
2030	8,0	600	180
2031	7,2	540	162
2032	6,4	480	144
2033	5,6	420	126
2034	4,8	360	108
2035	4,0	300	90
2036	3,2	240	72
2037	2,4	180	54
2038	1,6	120	36
2039	0,8	60	18
2040	0,0	0	0

Steuersätze

Der Durchschnittssteuersatz gibt an, wie viel Prozent der Fiskus im Durchschnitt vom ersten bis zum letzten Euro des zu versteuernden Einkommens nimmt. Er ist deutlich niedriger als der Grenzsteuersatz. Er beziffert die Steuerbelastung des letzten zu versteuernden Euros (→ auch test.de/steuersparrechner und bmf-steuerrechner.de).

Beispiel: Ein Alleinstehender mit einem zu versteuerndem Einkommen von 18 000 Euro hat 25,23 Prozent Grenzsteuersatz und 9,03 Prozent Durchschnittssteuersatz.

zu versteuerndes Einkommen	Grenzsteuersatz	Durchschnittssteuersatz	Grenzsteuersatz	Durchschnittssteuersatz
	alleinstehend		verheiratet/verpartnert	
10 347	0,0 %	0,0 %	0,0 %	0,00 %
11 000	15,4 %	0,9 %	0,0 %	0,00 %
12 000	17,6 %	2,2 %	0,0 %	0,00 %
14 000	22,0 %	4,7 %	0,0 %	0,00 %
16 000	24,4 %	7,1 %	0,0 %	0,00 %
18 000	**25,2 %**	**9,0 %**	0,0 %	0,00 %
20 000	26,1 %	10,7 %	0,0 %	0,00 %
30 000	30,2 %	16,5 %	24,0 %	5,9 %
40 000	34,3 %	20,4 %	26,1 %	10,7 %
50 000	38,4 %	23,6 %	28,1 %	14,0 %
60 000	42,0 %	26,4 %	30,2 %	16,5 %
70 000	42,0 %	28,7 %	32,3 %	18,6 %
80 000	42,0 %	30,3 %	34,3 %	20,4 %
90 000	42,0 %	31,6 %	36,4 %	22,1 %
100 000	42,0 %	32,7 %	38,5 %	23,6 %

Zumutbare Belastung

Die zumutbare Belastung (➔ Seite 99) richtet sich nach Einkünften, Familienstand und Familiengröße. Berechnungsgrundlage ist der „Gesamtbetrag der Einkünfte“ (➔ Seite 12).

Beispiel: Das Ehepaar B. von Seite 104 hat bereits erwachsene Kinder und 27 000 Euro Einkünfte. Die Berechnung der zumutbaren Belastung erfolgt in zwei Schritten.

1. Schritt: 4 Prozent (1. Zeile, 3. Spalte von links) von 15 340 Euro (1. Zeile, 1. Spalte von links) ergibt rund 613 Euro.

2. Schritt: 5 Prozent (2. Zeile, 3. Spalte von links) von 11 660 Euro (27 000 Euro Einkünfte minus 15 340 Euro aus der 1. Spalte, 1. Zeile von links) ergibt 583 Euro.

Aus den zwei Schritten folgt eine zumutbare Belastung von 1 196 Euro (613 plus 583). Die muss das Ehepaar selbst tragen. Das Finanzamt beteiligt sich erst bei darüberliegenden Ausgaben an den Kosten.

Hätte Ehepaar B. Einkünfte von mehr als 51 130 Euro, wäre noch ein dritter Rechenschritt erforderlich gewesen (6 Prozent von dem Betrag, der 51 130 Euro übersteigt, 3. Zeile, 1. Spalte von links).

Die alte Berechnungsmethode war zwar sehr viel übersichtlicher, aber ungünstiger für Bürgerinnen und Bürger. Sie hätte die zumutbare Belastung um 154 Euro auf 1 350 Euro erhöht (5 Prozent von 27 000).

Einkünfte in Euro	ohne Kinder		mit Kindern*	
	ledig	verheiratet/ verpartnert	1 bis 2 Kinder	3 und mehr
bis 15 340	5 %	4 %	2 %	1 %
15 341 bis 51 130	6 %	5 %	3 %	1 %
mehr als 51 130	7 %	6 %	4 %	2 %

* Gilt für Ledige und Ehepaare sowie eingetragene Lebenspartnerschaften. Es zählen Kinder mit, für die es mindestens einen Monat Kindergeld im Jahr gab oder Kinderfreibeträge (ganz oder zur Hälfte).

Behindertenpauschbetrag

Sie haben ab einem Grad der Behinderung von mindestens 20 Anspruch auf den Pauschbetrag. Damit können Sie Ihre regelmäßigen Pflege- und Betreuungskosten pauschal abrechnen, statt diese einzeln als außergewöhnliche Belastung nachzuweisen. Zusätzlich können Sie ab einem Grad der Behinderung von 70 und dem Merkzeichen „G" eine Fahrtkostenpauschale (ab Grad der Behinderung von 80 ohne Merkzeichen) als außergewöhnliche Belastung absetzen. Liegen Ihre regelmäßigen Kosten infolge der Behinderung über dem Pauschbetrag? Dann sollten Sie den Abzug als außergewöhnliche Belastung wählen. Hier wird zwar eine zumutbare Belastung angerechnet. Aber diese dürfen Sie als haushaltsnahe Pflege- und Betreuungskosten absetzen.

Grad der Behinderung	Pauschbetrag jährlich in Euro	Fahrtkosten-pauschale [1)]
20	384	–
30	620	–
40	860	–
50	1140	–
60	1440	–
70	1780	900 [2)]
80	2120	900
90	2460	900
100	2840	900
Hilflos/blind/taubblind [4)]	7400	4500 [3)]

1) Als außergewöhnliche Belastung mit Eigenanteil.
2) Mit dem Merkzeichen „G" für „erheblich gehbehindert".
3) Auch mit dem Merkzeichen „aG" für „außergewöhnlich gehbehindert".
4) Auch bei Vorlage des Bescheids über Pflegegrad 4 oder 5.

Sozialversicherungsbeiträge Rentner

Neben der möglichen Steuer müssen Rentner auf jeden Fall Sozialversicherungsbeiträge einplanen. Hat ein alleinstehender, kinderloser und pflichtversicherter Rentner in diesem Jahr zum Beispiel 15 000 Euro Bruttorente, 1 000 Euro betriebliche Altersversorgung aus einem Pensionsfonds und 2 000 Euro Zinseinkünfte oberhalb des Sparerpauschbetrags, zahlt er auf seine Bruttorente 1192,50 Euro Krankenversicherung (KV 7,3 Prozent allgemeiner Beitrag plus 0,65 Prozent durchschnittlicher Zusatzbeitrag). Der Zusatzbeitrag kann je nach Krankenkasse variieren. Die andere Hälfte des Beitrags zahlt die Rentenversicherung. Allein zahlen Rentner den Beitrag zur Pflegeversicherung von 3,05 Prozent sowie den Aufschlag von 0,35 Prozent bei Kinderlosigkeit.

Für die Firmenrente zahlt der Rentner keine Versicherungsbeiträge: Die 1 000 Euro Betriebsrente – umgerechnet rund 83 Euro monatlich – sind beitragsfrei, weil sie unter dem Freibetrag von 164,50 Euro im Monat bleiben. Erst für Auszahlungen oberhalb des Freibetrags zahlen Rentner die vollen Beiträge zur Kranken- und Pflegeversicherung: 15,9 Prozent zur Kranken- und 3,4 Prozent zur Pflegeversicherung. Auf seine Zinseinkünfte muss unser Rentner als Pflichtversicherter keine Beiträge zahlen. Wäre er freiwillig gesetzlich krankenversichert, wären darauf Beiträge fällig.

	Beitragsanteil pflichtversicherter Rentner	Zuschuss der Rentenversicherung (RV)	Gesamter Beitrag
Krankenversicherung (KV) auf die gesetzliche Rente[1)]	7,95 %	7,95 %	15,9 %
Krankenversicherung (KV) auf die betriebliche Altersversorgung[1) 2)]	15,9 %	0 %	15,9 %
Pflegeversicherung (PV)[3)]	3,05/3,4 %	0 %	3,05/3,4 %

1) Einschließlich eines durchschnittlichen Zusatzbeitrags von 1,3 Prozent. Dieser kann im Einzelfall abweichen.

2) Für Betriebsrenten gilt 2022 ein Freibetrag von 164,50 Euro monatlich. Erst wenn die Rente höher ist, wird für den Anteil oberhalb des Freibetrags der volle KV-Beitrag fällig.

3) 2022 fallen für Betriebsrenten bis 164,50 Euro/Monat keine PV-Beiträge an. Ist die Rente höher, zahlen Sie den vollen Beitrag für die gesamte Rente: 3,40 Prozent für Kinderlose/3,05 Prozent wenn Sie Kinder haben oder vor 1940 geboren wurden.

Steuererklärung: Pflicht oder nicht?

Mithilfe des Berechnungsschemas können Sie überschlagen, ob Sie eine Steuererklärung abgeben müssen oder nicht. Nutzen Sie dazu auch die Beispiele ab ➔ Seite 9 und die Ausführungen zu den einzelnen Einkünften, insbesondere zu Beamten- und Werkspensionen, Kapitalerträgen, Arbeitslohn und Vermietung. Der Zeitraum, um den es hier geht, ist immer das Kalenderjahr.

Alleinstehende müssen für 2022 keine Steuererklärung abgeben, wenn das Ergebnis in der Übersicht auf ➔ Seite 181 in Zeile 15 nicht über 10 347 Euro liegt, bei Ehepaaren und Lebenspartnerschaften darf es 20 694 Euro nicht überschreiten. Ausnahmen: Wer neben der Rente Arbeitslohn oder eine Pension bezogen hat, muss grundsätzlich eine Steuererklärung abgeben, gleichfalls, wer die Lohnsteuerklasse V oder VI gewählt hat oder wenn das Finanzamt zur Abgabe auffordert.

Bitte tragen Sie in die Zeilen 7 bis 12 nur die Werte ein, die schon um Werbungskosten, Betriebsausgaben beziehungsweise andere Abzugsbeträge verringert sind: zum Beispiel Lohn minus Arbeitnehmerpauschbetrag (1 200 Euro) beziehungsweise minus höherer tatsächlicher Werbungskosten.

Sehen Sie sich vor dem Ausfüllen bitte die Abschnitte an, in denen die in dieser Tabelle genannten Einkünfte und Abzugsbeträge erläutert werden. Mithilfe des Berechnungsschemas auf ➔ Seite 182 können Sie das zu versteuernde Einkommen ermitteln.

Infos im Internet: Auf test.de (Suche: „Steuerberechnung für Rentner") sowie auf bmf-steuerrechner.de (Suchfenster: „Berechnung der Einkommensteuer") können Sie Ihre individuelle Steuerbelastung ebenfalls berechnen lassen. In der Tabelle ab ➔ Seite 183 können Sie die Höhe der Einkommensteuer überschlägig feststellen.

Zeile	Renten und Pensionen	Betrag in Euro
1	Steuerpflichtiger Teil gesetzlicher Renten (einschließlich Rentenerhöhungen seit 2005 (→ Seite 167)	
2	plus steuerpflichtiger Teil privater Renten (→ Seite 170/171)	+
3	minus Werbungskosten (tatsächliche oder pauschal 102/204 Euro)	–
4	**Renteneinkünfte** (Ergebnis aus Zeilen 1 bis 3)	=
5	Beamten- und Werkspensionen (Bruttobeträge) minus Versorgungsfreibetrag (→ Seite 174) minus Zuschlag zum Versorgungsfreibetrag (→ Seite 174) minus Werbungskosten (tatsächliche oder pauschal 102/204 Euro)	 – – –
6	**Pensionseinkünfte**	=
	Weitere Einkünfte	
7	aus Kapitalvermögen*	
8	plus aus sonstigen Einkünften**	+
9	plus aus Arbeitslohn	+
10	plus aus gewerblicher und freiberuflicher Tätigkeit	+
11	plus aus Vermietung und Verpachtung	+
12	plus aus Land- und Forstwirtschaft	+
13	minus Altersentlastungsbetrag (→ Seite 173)	–
14	**Weitere Einkünfte insgesamt** (Ergebnis aus Zeilen 7 bis 13)	=
15	**Steuerpflichtig insgesamt (Ergebnisse der Zeilen 4 + 6 + 14)**	=

* Einkünfte aus Kapitalvermögen, für die Abgeltungsteuer einbehalten wurde, gehören in der Regel nicht hierher. Es gibt aber Ausnahmen, die hier aufgeführt werden müssen, so unterliegen etwa Zinsen aus bestimmten Privatdarlehen nicht der Abgeltungsteuer. Außerdem: Wenn der persönliche Steuersatz günstiger ist als die Abgeltungsteuer, sollten sämtliche Kapitaleinkünfte hierher, egal ob und wie viel Abgeltungsteuer bereits abgezogen wurde.

** Dazu gehören zum Beispiel Riester-Renten und Zahlungen von Pensionskassen.

Zu versteuerndes Einkommen

Bevor Sie ablesen können, wie viel Steuern Sie zu zahlen haben, müssen Sie Ihr zu versteuerndes Einkommen ermitteln. Dabei geben Ihnen das Berechnungsschema → auf Seite 180 und 181, die Beispiele im ersten Teil und die folgende vereinfachte Übersicht eine Orientierung.

In der großen Übersichtstabelle → ab Seite 183 können Sie zumindest grob ablesen, wie viel Einkommensteuer je nach Höhe des zu versteuernden Einkommens fällig wird.

Als Kirchenmitglied müssen Sie neben der Einkommensteuer zusätzlich Kirchensteuer zahlen: Je nach Bundesland werden 8 oder 9 Prozent der Einkommensteuer fällig. Für rund 90 Prozent der Einkommensteuerzahler ist dagegen zum Jahreswechsel 2020/2021 der Solidaritätszuschlag (Soli) als weitere Belastung weggefallen.

Wichtig abschließend: Wenn Sie Ausgaben für haushaltsnahe Dienstleistungen, Handwerker oder Parteispenden geltend machen, wird weniger Einkommensteuer fällig, Ihre Belastung sinkt also noch.

	Betrag in Euro
Einkünfte aus der Tabelle → Seite 181, Zeile 15	
minus Versicherungsbeiträge (siehe Anlage Vorsorgeaufwand Zeile 4 bis 50)	–
minus weitere Sonderausgaben (siehe Anlage Sonderausgaben), mindestens 36 Euro pro Person	–
minus außergewöhnliche Belastungen (siehe Anlage Außergewöhnliche Belastungen)*	–
Zu versteuerndes Einkommen**	

* unter Berücksichtigung der zumutbaren Belastung (siehe Seite 177)
** Abzugsbeträge wie der Kinderfreibetrag, der Freibetrag für Alleinerziehende, Schulgeld und ein eventueller Verlustabzug sind hier nicht berücksichtigt. Sie würden das zu versteuernde Einkommen weiter drücken.

Einkommensteuertabelle (Auszug)

Wie viel Einkommensteuer Sie zahlen müssen, hängt vom zu versteuernden Jahreseinkommen ab, das Sie auf der Seite 181 und 182 ermittelt haben. Außerdem wird Ihre Steuerlast davon bestimmt, ob Sie als Alleinstehender besteuert werden oder als Ehepaar/Lebenspartner.

zu versteuerndes Einkommen in Euro	Einkommensteuer* in Euro	
	alleinstehend	verheiratet/verpartnert
10 347	0	0
10 500	21	0
10 600	36	0
10 700	50	0
10 800	65	0
11 000	96	0
11 200	127	0
11 400	159	0
11 600	192	0
11 800	226	0
12 000	261	0
12 200	296	0
12 400	333	0
12 600	370	0
12 800	408	0
13 000	448	0
13 200	488	0
13 400	528	0
13 600	570	0
13 800	613	0
14 000	656	0
14 200	701	0
14 400	746	0
14 600	792	0
14 800	839	0
15 000	887	0
15 200	935	0
15 400	983	0
15 600	1031	0
15 800	1080	0
16 000	1129	0
16 200	1178	0
16 400	1227	0
16 600	1276	0
16 800	1325	0
17 000	1375	0

zu versteuerndes Einkommen in Euro	Einkommensteuer* in Euro	
	alleinstehend	verheiratet/ verpartnert
17 200	1 425	0
17 400	1 474	0
17 600	1 525	0
17 800	1 575	0
18 000	1 625	0
18 200	1 676	0
18 400	1 726	0
18 600	1 777	0
18 800	1 828	0
19 000	1 880	0
19 200	1 931	0
19 400	1 983	0
19 600	2 034	0
19 800	2 086	0
20 000	2 138	0
20 200	2 190	0
20 400	2 243	0
20 600	2 295	0
20 800	2 348	14
21 000	2 401	42
21 200	2 454	72
21 400	2 507	100
21 600	2 561	130

zu versteuerndes Einkommen in Euro	Einkommensteuer* in Euro	
	alleinstehend	verheiratet/ verpartnert
21 800	2 614	160
22 000	2 668	192
22 200	2 722	222
22 400	2 776	254
22 600	2 830	286
22 800	2 884	318
23 000	2 939	350
23 200	2 993	384
23 400	3 048	418
23 600	3 103	452
23 800	3 158	486
24 000	3 214	522
24 500	3 353	610
25 000	3 493	702
25 500	3 634	798
26 000	3 776	896
26 500	3 920	996
27 000	4 064	1 098
27 500	4 209	1 204
28 000	4 356	1 312
28 500	4 503	1 424
29 000	4 651	1 538
29 500	4 801	1 654

zu versteuerndes Einkommen in Euro	Einkommensteuer* in Euro	
	allein-stehend	verheiratet/verpartnert
30 000	4 951	1 774
30 500	5 103	1 894
31 000	5 255	2 014
31 500	5 409	2 136
32 000	5 563	2 258
32 500	5 719	2 380
33 000	5 876	2 502
33 500	6 033	2 626
34 000	6 192	2 750
34 500	6 352	2 874
35 000	6 512	2 998
35 500	6 674	3 124
36 000	6 837	3 250
36 500	7 001	3 376
37 000	7 166	3 504
37 500	7 332	3 632
38 000	7 499	3 760
38 500	7 667	3 888
39 000	7 836	4 016
39 500	8 006	4 146
40 000	8 177	4 276
40 500	8 349	4 406
41 000	8 522	4 538
41 500	8 696	4 670
42 000	8 872	4 802
42 500	9 048	4 934
43 000	9 225	5 068
43 500	9 403	5 202
44 000	9 583	5 336
44 500	9 763	5 470
45 000	9 945	5 606
45 500	10 127	5 742
46 000	10 311	5 878
46 500	10 495	6 014
47 000	10 681	6 152
47 500	10 867	6 290
48 000	11 055	6 428
48 500	11 243	6 566
49 000	11 433	6 706
49 500	11 624	6 846
50 000	11 816	6 986
51 000	12 202	7 268
52 000	12 593	7 552
53 000	12 988	7 840
54 000	13 387	8 128
55 000	13 790	8 418

zu versteuerndes Einkommen in Euro	Einkommensteuer* in Euro	
	allein-stehend	verheiratet/ verpartnert
56 000	14 197	8 712
57 000	14 608	9 006
58 000	15 024	9 302
59 000	15 443	9 602
60 000	15 863	9 902
61 000	16 283	10 206
62 000	16 703	10 510
63 000	17 123	10 818
64 000	17 543	11 126
65 000	17 963	11 438
66 000	18 383	11 752
67 000	18 803	12 066
68 000	19 223	12 384
69 000	19 643	12 704
70 000	20 063	13 024
71 000	20 483	13 348
72 000	20 903	13 674
73 000	21 323	14 002
74 000	21 743	14 332
75 000	22 163	14 664
76 000	22 583	14 998
77 000	23 003	15 334
78 000	23 423	15 672

zu versteuerndes Einkommen in Euro	Einkommensteuer* in Euro	
	allein-stehend	verheiratet/ verpartnert
79 000	23 843	16 012
80 000	24 263	16 354
81 000	24 683	16 698
82 000	25 103	17 044
83 000	25 523	17 392
84 000	25 943	17 744
85 000	26 363	18 096
86 000	26 783	18 450
87 000	27 203	18 806
88 000	27 623	19 166
89 000	28 043	19 526
90 000	28 463	19 890
91 000	28 883	20 254
92 000	29 303	20 622
93 000	29 723	20 990
94 000	30 143	21 362
95 000	30 563	21 734
96 000	30 983	22 110
97 000	31 403	22 486
98 000	31 823	22 866
99 000	32 243	23 248
100 000	32 663	23 632

*Tabellenauszug, ohne Soli und Kirchensteuer, Quelle: Bundesverband Lohnsteuerhilfevereine e.V.

Selbst rechnen

Sie wollen vor der nächsten Steuererklärung wissen, mit welchen Abzügen Sie rechnen müssen? Oder Sie sind gerade erst Rentner geworden und möchten sich einen ersten Überblick zur Steuerbelastung verschaffen? Im Internet finden Sie diverse kostenlose Angebote, mit denen Sie auch in der Zeit zwischen zwei Steuererklärungen Antworten finden:

▶ **Stiftung Warentest:** Auf der Seite **test.de** werden Ihnen einige kostenlose Rechner angeboten. Sie finden hier zum Beispiel derzeit (Stand: September 2022) einen Rechner speziell für Rentner, um Ihre Steuerbelastung zu ermitteln. Zudem können Sie ausrechnen, welche Steuerersparnis eine Spende bringt oder wo Ihre persönliche Grenze zwischen zumutbarer und außergewöhnlicher Belastung liegt. Sie finden die Rechner, wenn Sie auf test.de oben in das Suchfeld „Steuerrechner" eingeben.

▶ **Bundesfinanzministerium:** Unter **bmf-steuerrechner.de** können Sie genau ermitteln, wie viel Einkommensteuer für Sie je nach Höhe des zu versteuernden Einkommens fällig wird. Wählen Sie dazu auf der Startseite den Menüpunkt „Berechnungen und Informationen zur Einkommensteuer". Stehen Sie noch im Berufsleben, können Sie über dieses Portal zudem den Lohnsteuerrechner nutzen, um zu ermitteln, welche Abzüge auf Sie je nach Steuerklasse zukommen. Unter „Berechnung der Lohnsteuer" und dann „Faktorverfahren" wird ermittelt, mit welcher Steuernachzahlung oder -erstattung Sie je nach Bruttoverdienst und Steuerklassenkombination rechnen müssen oder können.

▶ **Krankenkassen:** Schauen Sie auf der Internetseite Ihrer Krankenkasse nach, ob Sie dort zum Beispiel einen Brutto-Netto-Rechner finden. Dort können Sie ausrechnen, mit welchen Sozialversicherungsbeiträgen Sie rechnen müssen. Wollen Sie einen Nebenjob zur Rente annehmen, können Sie ermitteln, welche Versicherungsbeiträge je nach Verdienst fällig werden. Kommen Sie im Internet nicht weiter, bleibt letztlich noch die Nachfrage direkt bei der Kasse, um sich über die möglichen Abzüge zu informieren.

Steuerexperten finden

Einkünfte aus Vermietung, Auslandseinkünfte, eine Abfindung oder einfach der Wunsch, in einer komplexen Frage keinen Fehler zu machen: Manchmal geht es eben doch nicht ohne die Hilfe vom Experten – entweder von einem Steuerberater oder im Lohnsteuerhilfeverein.

Der Weg zum Steuerberater

Bei allen Steuerfragen können Sie einen der rund 101 000 Steuerberater in Deutschland aufsuchen:

▸ **Berater finden:** Fragen Sie zunächst im Bekannten- oder Verwandtenkreis, ob sie jemanden empfehlen können. Ohne konkrete Empfehlung bleibt die Suche übers Internet. Sie können beispielsweise den Suchdienst der Bundessteuerberaterkammer unter bstbk.de nutzen oder über den Deutschen Steuerberaterverband unter dstv.de gehen. Dort gibt es auch Hinweise auf Fachgebiete und Spezialkenntnisse der einzelnen Fachleute. Wenn Sie jemanden gefunden haben, notieren Sie sich vor dem ersten Treffen Fragen und Probleme in Stichworten.

▸ **Erstes Treffen:** Haben Sie einen Berater gefunden, der zu Ihnen passt? Wichtig ist, dass er sich in Ihre steuerliche Situation hineinversetzen kann und Ihre Steuerprobleme verständlich erklären kann. Besteht zwischen Ihnen ein uneingeschränktes Vertrauensverhältnis? Ist der Berater oder die Beraterin für Sie leicht erreichbar und bleibt genügend Zeit für das Gespräch? Sind die Kosten angemessen und nachvollziehbar?

▸ **Kosten:** Einige Berater nehmen für den Erstkontakt gar kein Honorar. Das sollte aber vorab telefonisch geklärt werden. Ansonsten richten sich die Kosten nach der Höhe der Einkünfte und nach dem Aufwand des Beraters. Er hat im Rahmen seiner Vergütungsverordnung aber einen erheblichen Entscheidungsspielraum. Wer seine Unterlagen und Belege nicht im Schuhkarton, sondern gut geordnet übergibt, erspart dem Steuerberater Aufwand und zahlt weniger Honorar.

Beratung im Verein

Alternativ können Sie sich häufig auch auch von einem Lohnsteuerhilfeverein beraten lassen. Die Vereine dürfen für Mitglieder die Steuererklärung beim Finanzamt einreichen.

▶ **Ansprechpartner finden:** Neben der Frage im Bekanntenkreis können Sie es über das Internet probieren, etwa unter beratungsstellensuche.de. Oder Sie suchen im Telefonbuch unter dem Stichwort „Lohnsteuerhilfe". Als Orientierungshilfe bei der Auswahl der Beratungsstelle können Sie darauf achten, ob sie eine ausgewiesene Qualifikation hat: Die einzelnen Beratungsstellen können an dem Prüfverfahren des ZVL – Zertifizierungsverband der Lohnsteuerhilfevereine e. V. Berlin – teilnehmen. Nach erfolgreich bestandenem Prüfverfahren erhält die Beratungsstelle das Gütesiegel des ZVL.

▶ **Erstes Treffen:** Notieren Sie Ihre Fragen und klären Sie zu Beginn, ob der Lohnsteuerhilfeverein Sie vertreten darf. Denn die Vereine haben nur eine begrenzte Beratungsbefugnis. Freiberufler, Gewerbetreibende und Landwirte dürfen sie nicht beraten. Beziehen Rentner und Pensionäre zusätzlich solche Einkünfte, müssen sie bei Beratungsbedarf grundsätzlich zu einem Steuerberater gehen. Doch es gibt einige Ausnahmen: Wer freiberuflich in einem Ehrenamt nur steuerfreie Einnahmen erhält, kann trotzdem vom Verein beraten werden. Und auch wenn Sie eine Haushaltshilfe beschäftigen, dürfen Sie sich trotz Ihrer Funktion als „Arbeitgeber" vom Lohnsteuerhilfeverein beraten lassen.

▶ **Einkommensgrenzen:** Auf einigen Gebieten funktioniert die Begrenzung der Beratungsbefugnis der Vereine über die Höhe der Einnahmen. Wer Mieteinnahmen und private Veräußerungsgewinne bis zu insgesamt 18 000/36 000 Euro (Alleinstehende/Ehepaare und Lebenspartner) hatte, darf vom Lohnsteuerhilfeverein beraten werden. Zinsen und anderen Kapitalerträge spielen bei der Einnahmegrenze keine Rolle, wenn die Kapitalerträge bereits mit der Abgeltungsteuer besteuert wurden und in der Steuererklärung nicht angegeben werden.

▶ **Kosten:** Der Mitgliedsbeitrag ist in der Regel nach der Einkommenshöhe gestaffelt. Im Schnitt sind es zwischen 50 und 400 Euro im Jahr. Das ist gewissermaßen der jährliche Gesamtpreis der Beratung.

Musterformulare

Die folgenden Originalformulare 2022 zeigen beispielhaft, was wo einzutragen ist – manchmal sind nur sehr wenige Angaben nötig.

Den unterschriebenen Hauptvordruck verlangt das Finanzamt von allen Rentnern, die eine Steuererklärung abgeben müssen. Weitere Anlagen kommen dazu. Für die Steuererklärung auf Papier können Rentner häufig auf die Angaben in den dunkelgrünen Feldern verzichten. Dennoch sind in diesem Buch für eine bessere Anschaulichkeit die Formulare inklusive der E-Daten vollständig ausgefüllt.

Unsere alleinstehende Musterrentnerin Sieglinde Steuer ist 2022 vorzeitig mit 63 in den Ruhestand gegangen, 2022 hat sie das gesamte Jahr Rente bezogen. Sie hat einen 25-jährigen Sohn, der in den letzten Zügen des Studiums steckt – ihn unterstützt sie finanziell. Neben der gesetzlichen Rente bezieht Sieglinde eine Privatrente und eine Riester-Rente. Das Geld aus einer Erbschaft hat sie angelegt, sodass sie zusätzliche Einkünfte aus Kapitalvermögen erzielt.

Sieglinde braucht neben dem **Hauptvordruck** folgende Anlagen:

- **Anlage R** für die gesetzliche Rente und die Privatrente,
- **Anlage R-AV/bAV** für ihre Riester-Rente,
- **Anlage KAP** für ihre Kapitalerträge,
- **Anlage Vorsorgeaufwand** für die Versicherungen,
- **Anlage Sonderausgaben** für Spenden,
- **Anlage Außergewöhnliche Belastungen** für eine Zahnarztrechnung,
- **Anlage Haushaltsnahe Aufwendungen** für Handwerkerarbeiten,
- **Anlage Kind** für die Kinderförderung bis zum 25. Geburtstag sowie
- **Anlage Unterhalt,** um die weitere finanzielle Unterstützung ihres Sohnes abzurechnen.

Der Hauptvordruck und die Anlagen für unsere Musterrentnerin sind mit Ausnahme leerer Seiten → ab Seite 191 abgebildet.

Hauptvordruck ESt 1 A

Eingangsstempel

1 X Einkommensteuererklärung | Festsetzung der Arbeitnehmer-Sparzulage

2 Erklärung zur Festsetzung der Kirchensteuer auf Kapitalerträge | Erklärung zur Feststellung des verbleibenden Verlustvortrags

3 Festsetzung der Mobilitätsprämie

4 **Steuernummer** 12/345/678910

An das Finanzamt

5 BERLIN-STEGLITZ

Daten für die mit (e) gekennzeichneten Zeilen liegen im Regelfall vor und müssen nicht eingetragen werden.
– Bitte Infoblatt eDaten / Anleitung beachten –

Bei **Wohnsitzwechsel: bisheriges Finanzamt**

6

Allgemeine Angaben

Telefonische Rückfragen tagsüber unter Nr.

7 030/1122 3344

Steuerpflichtige Person (**stpfl. Person**)
Nur bei Zusammenveranlagung: **Ehemann** oder **Person A** *) (Ehepartner/-in A / Lebenspartner/-in A nach dem LPartG)

*) Bitte Anleitung beachten.

Identifikationsnummer (IdNr.) | Geburtsdatum

8 11 222 333 444 | 30061958

Name

9 STEUER

Religionsschlüssel:
Evangelisch = EV
Römisch-Katholisch = RK
nicht kirchensteuerpflichtig = VD
Weitere siehe Anleitung

Vorname

10 SIEGLINDE

Titel, akademischer Grad

11 | Religion VD

Straße (derzeitige Adresse)

12 STEUERPFAD

Hausnummer | Hausnummerzusatz | Adressergänzung

13 88 | C |

Postleitzahl (Inland) | Postleitzahl (Ausland)

14 12167 |

Wohnort

15 BERLIN

Staat (falls Anschrift im Ausland)

16

Ausgeübter Beruf

17 RENTNERIN

Verheiratet / Lebenspartnerschaft begründet seit dem | Verwitwet seit dem | Geschieden / Lebenspartnerschaft aufgehoben seit dem | Dauernd getrennt lebend seit dem

18 TTMMJJJJ | TTMMJJJJ | TTMMJJJJ | TTMMJJJJ

Nur bei Zusammenveranlagung: **Ehefrau** oder **Person B** (Ehepartner/-in B / Lebenspartner/-in B nach dem LPartG)

IdNr. | Geburtsdatum

19 | TTMMJJJJ

Name

20

Religionsschlüssel:
Evangelisch = EV
Römisch-Katholisch = RK
nicht kirchensteuerpflichtig = VD
Weitere siehe Anleitung

Vorname

21

Titel, akademischer Grad

22 | Religion

Bitte füllen Sie die Zeilen 23 bis 27 nur aus, wenn die Adressangaben von den Zeilen 12 bis 16 abweichen.

Straße

23

Hausnummer | Hausnummerzusatz | Adressergänzung

24

Postleitzahl (Inland) | Postleitzahl (Ausland)

25

Wohnort

26

Staat (falls Anschrift im Ausland)

27

Ausgeübter Beruf

28

Nur von Ehegatten / Lebenspartnern auszufüllen

29 Zusammenveranlagung | Einzelveranlagung von Ehegatten / Lebenspartnern | Wir haben Gütergemeinschaft vereinbart

Bankverbindung – Bitte stets angeben –

31 IBAN (inländisches Geldinstitut): DE 20 1007 0800 0815 0815 08

32 IBAN (ausländisches Geldinstitut):

33 BIC zu Zeile 32:

Kontoinhaber/-in

34 [X] stpfl. Person / Ehemann / Person A [X] Ehefrau / Person B oder: **Name** (im Fall der Abtretung bitte amtlichen Abtretungsvordruck einreichen)

Der Steuerbescheid soll nicht mir / uns zugesandt werden, sondern:

– Nur ausfüllen, wenn dem Finanzamt keine entsprechende Bekanntgabevollmacht vorliegt –

35 Name

36 Vorname

37 Straße

38 Hausnummer / Hausnummerzusatz / Postfach

39 Postleitzahl (Inland) / Postleitzahl (Ausland)

40 Wohnort

41 Staat (falls Anschrift im Ausland)

Antrag auf Festsetzung der Arbeitnehmer-Sparzulage

15

		stpfl. Person / Ehemann / Person A	Ehefrau / Person B
42	Für alle vom Anbieter übermittelten elektronischen Vermögensbildungsbescheinigungen wird die Festsetzung der Arbeitnehmer-Sparzulage beantragt.	17 ☐ 1 = Ja	18 ☐ 1 = Ja

Einkommensersatzleistungen

18

	– ohne Beträge lt. Zeile 28 der Anlage N –	stpfl. Person / Ehemann / Person A EUR	Ehefrau / Person B EUR
43	– die dem Progressionsvorbehalt unterliegen, z. B. Arbeitslosengeld, Elterngeld, Insolvenzgeld, Krankengeld, Mutterschaftsgeld, Verdienstausfallentschädigung (Infektionsschutzgesetz)	120 ,—	121 ,— ⓔ
44	– vergleichbare Leistungen i. S. d. Zeile 43 aus einem EU- / EWR-Staat oder der Schweiz	136 ,—	137 ,—

Ergänzende Angaben zur Steuererklärung

45 Über die Angaben in der Steuererklärung hinaus sind weitere oder abweichende Angaben oder Sachverhalte zu berücksichtigen. Diese ergeben sich aus der beigefügten Anlage, welche mit der Überschrift **„Ergänzende Angaben zur Steuererklärung“** gekennzeichnet ist. 175 ☐ 1 = Ja

Hinweis: Wenn über die Angaben in der Steuererklärung hinaus weitere oder abweichende Angaben oder Sachverhalte berücksichtigt werden sollen, tragen Sie bitte eine „1“ ein. Gleiches gilt, wenn bei den in der Steuererklärung erfassten Angaben bewusst eine von der Verwaltungsauffassung abweichende Rechtsauffassung zugrunde gelegt wurde. Falls Sie mit Abgabe der Steuererklärung lediglich Belege und Aufstellungen einreichen, ist keine Eintragung vorzunehmen.

Unterschrift

Datenschutzhinweis:

Die mit der Steuererklärung / dem Antrag angeforderten Daten werden aufgrund der §§ 149, 150 und 181 Abs. 2 der Abgabenordnung, der §§ 25, 46 und 51a Abs. 2d des Einkommensteuergesetzes sowie des § 14 Abs. 4 des Fünften Vermögensbildungsgesetzes erhoben.

Informationen über die Verarbeitung personenbezogener Daten in der Steuerverwaltung und über Ihre Rechte nach der Datenschutz-Grundverordnung sowie über Ihre Ansprechpartner in Datenschutzfragen entnehmen Sie bitte dem allgemeinen Informationsschreiben der Finanzverwaltung. Dieses Informationsschreiben finden Sie unter www.finanzamt.de (unter der Rubrik „Datenschutz“) oder erhalten Sie bei Ihrem Finanzamt.

46 Die Steuererklärung wurde unter Mitwirkung eines Angehörigen der steuerberatenden Berufe i. S. d. §§ 3 und 4 des Steuerberatungsgesetzes erstellt: ☐ 1 = Ja

Bei der Anfertigung dieser Steuererklärung hat mitgewirkt:

47 23. Februar 2023 Sieglinde Steuer

Datum, Unterschrift(en) — **Steuererklärungen sind eigenhändig – bei Ehegatten / Lebenspartnern von beiden – zu unterschreiben.**

1	Name	STEUER
2	Vorname	SIEGLINDE
3	Steuernummer	12/345/678910

lfd. Nr. der Anlage

Anlage R

Jeder Ehegatte / Lebenspartner mit Renten und Leistungen hat eine eigene Anlage R abzugeben.

X stpfl. Person / Ehemann / Person A

Ehefrau / Person B

Daten für die mit (e) gekennzeichneten Zeilen liegen im Regelfall vor und müssen nicht eingetragen werden. – Bitte Infoblatt eDaten / Anleitung beachten –

Renten und andere Leistungen aus dem Inland

– Ohne Leistungen aus Altersvorsorgeverträgen und aus der betrieblichen Altersversorgung –

7

Leibrenten / Leistungen aus gesetzlichen Rentenversicherungen, landwirtschaftlicher Alterskasse, berufsständischen Versorgungseinrichtungen, eigenen zertifizierten Basisrentenverträgen

Zeile			1. Rente EUR		2. Rente EUR	
4	Rentenbetrag (einschließlich Einmalzahlung und Leistungen)	101	21600,-	151	,-	(e)
5	Rentenanpassungsbetrag (in Zeile 4 enthalten)	102	,-	152	,-	(e)
6	Beginn der Rente	103	TTMMJJJJ	153	TTMMJJJJ	(e)
	Vorhergehende Rente:					
7	Beginn der Rente	105	01072021	155	TTMMJJJJ	(e)
8	Ende der Rente	106	TTMMJJJJ	156	TTMMJJJJ	(e)
9	Nachzahlungen für mehrere vorangegangene Jahre / Kapitalauszahlung (in Zeile 4 enthalten)	111	,-	161	,-	(e)
	Öffnungsklausel:					
10	Prozentsatz (lt. Bescheinigung Ihres Versorgungsträgers)	112	, %	162	, %	
11	die Rente erlischt / wird umgewandelt spätestens am	113	TTMMJJJJ	163	TTMMJJJJ	
12	bei Einmalzahlung: Betrag	114	,-	164	,-	

Leibrenten aus privaten Rentenversicherungen (auf Lebenszeit / mit zeitlich befristeter Laufzeit)

(ohne Renten lt. Zeile 4 bis 12)

Zeile			1. Rente EUR		2. Rente EUR	
13	Rentenbetrag	131	2940,-	181	,-	(e)
14	Beginn der Rente	132	01072021	182	TTMMJJJJ	(e)
15	Geburtsdatum einer anderen Person, von deren Lebenszeit die Laufzeit der Rente (auch) abhängt; bei Garantiezeitrenten das Geburtsdatum der verstorbenen versicherten Person	136	TTMMJJJJ	186	TTMMJJJJ	
16	Die Rente erlischt mit dem Tod von					
17	Die Rente erlischt / wird umgewandelt spätestens am	133	TTMMJJJJ	183	TTMMJJJJ	(e)
18	Nachzahlungen für mehrere vorangegangene Jahre (in Zeile 13 enthalten)	134	,-	184	,-	(e)

Anleitung vorhanden

2022

Zeile		
1	Name	STEUER
2	Vorname	SIEGLINDE
3	Steuernummer	12/345/678910
	lfd. Nr. der Anlage	

Anlage R-AV / bAV

Jeder Ehegatte / Lebenspartner mit Leistungen hat eine eigene Anlage R-AV / bAV abzugeben.

X stpfl. Person / Ehemann / Person A

☐ Ehefrau / Person B

Daten für die mit (e) gekennzeichneten Zeilen liegen im Regelfall vor und müssen nicht eingetragen werden. – Bitte Infoblatt eDaten / Anleitung beachten –

Leistungen aus zertifizierten Altersvorsorgeverträgen und aus der inländischen betrieblichen Altersversorgung

7

Leistungen

Zeile		Kz	1. Rente	Kz	2. Rente	
			EUR		EUR	
4	Leistungen aus einem Altersvorsorgevertrag, einem Pensionsfonds, einer Pensionskasse oder aus einer Direktversicherung lt. Nummer 1 der Leistungsmitteilung	500	1152,–	550	,–	(e)
5	Leistungen aus einem Pensionsfonds lt. Nummer 2 der Leistungsmitteilung	501	,–	551	,–	(e)
6	Bemessungsgrundlage für den Versorgungsfreibetrag	502	,–	552	,–	
7	Maßgebendes Kalenderjahr des Versorgungsbeginns	524	JJJJ	574	JJJJ	
8	Bei unterjähriger Zahlung: Erster und letzter Monat, für den Versorgungsbezüge gezahlt wurden	522 / 523	Monat MM – Monat MM	572 / 573	Monat MM – Monat MM	
9	Leistungen zur Abfindung einer Kleinbetragsrente lt. Nummer 3 der Leistungsmitteilung	525	,–	575	,–	(e)
10	Leistungen aus einer betrieblichen Altersversorgung lt. Nummer 4 der Leistungsmitteilung	505	,–	555	,–	(e)
11	In Zeile 10 enthaltener Rentenanpassungsbetrag	526	,–	576	,–	(e)
12	Beginn der Leistung	506	TTMMJJJJ	556	TTMMJJJJ	(e)
13	Beginn der vorhergehenden Leistung	518	TTMMJJJJ	568	TTMMJJJJ	(e)
14	Ende der vorhergehenden Leistung	519	TTMMJJJJ	569	TTMMJJJJ	(e)
15	Leibrente aus einem Altersvorsorgevertrag oder aus einer betrieblichen Altersversorgung lt. Nummer 5 oder Leistungen wegen schädlicher Verwendung lt. Nummer 9a der Leistungsmitteilung	507	,–	557	,–	(e)
16	Beginn der Rente	508	TTMMJJJJ	558	TTMMJJJJ	(e)
17	Geburtsdatum einer anderen Person, von deren Lebenszeit die Laufzeit der Rente (auch) abhängt; bei Garantiezeitrenten das Geburtsdatum der verstorbenen versicherten Person	530	TTMMJJJJ	580	TTMMJJJJ	
18	Abgekürzte Leibrente aus einem Altersvorsorgevertrag oder aus einer betrieblichen Altersversorgung lt. Nummer 6 oder Leistungen wegen schädlicher Verwendung lt. Nummer 9b der Leistungsmitteilung	509	,–	559	,–	(e)
19	Beginn der Rente	510	TTMMJJJJ	560	TTMMJJJJ	(e)
20	Die Rente erlischt / wird umgewandelt spätestens am	511	TTMMJJJJ	561	TTMMJJJJ	(e)
21	Andere Leistungen lt. den Nummern 7, 8 und 10 oder Leistungen wegen schädlicher Verwendung lt. den Nummern 9c und 9d der Leistungsmitteilung oder der Auflösungsbetrag bei Aufgabe der Selbstnutzung oder der Reinvestitionsabsicht **vor** dem Beginn der Auszahlungsphase oder der Verminderungsbetrag lt. Bescheid der Zentralen Zulagenstelle für Altersvermögen	512	,–	562	,–	(e)
22	Auflösungsbetrag bei Wahl der Einmalbesteuerung des Wohnförderkontos lt. Bescheid der Zentralen Zulagenstelle für Altersvermögen	535	,–	585	,–	(e)
23	Auflösungsbetrag bei Aufgabe der Selbstnutzung oder der Reinvestitionsabsicht **nach** dem Beginn der Auszahlungsphase lt. Bescheid der Zentralen Zulagenstelle für Altersvermögen	536	,–	586	,–	(e)
24	Beginn der Auszahlungsphase	537	TTMMJJJJ	587	TTMMJJJJ	
25	Zeitpunkt der Aufgabe der Selbstnutzung oder Reinvestitionsabsicht	538	TTMMJJJJ	588	TTMMJJJJ	(e)

1	Name	STEUER
2	Vorname	SIEGLINDE
3	Steuernummer	12/345/678910

Anlage KAP

- [X] zur Einkommensteuererklärung
- [ ] zur Erklärung zur Festsetzung der Kirchensteuer auf Kapitalerträge
- [X] stpfl. Person / Ehemann / Person A
- [ ] Ehefrau / Person B

Einkünfte aus Kapitalvermögen / Anrechnung von Steuern

54

Anträge

Zeile		Kennzahl		
4	Ich beantrage die Günstigerprüfung für sämtliche Kapitalerträge. **(Bei Zusammenveranlagung: Die Anlage KAP meines Ehegatten / Lebenspartners ist beigefügt.)**	201/401	1	1 = Ja
5	Ich beantrage eine Überprüfung des Steuereinbehalts für bestimmte Kapitalerträge.	202/402		1 = Ja

Erklärung zur Kirchensteuerpflicht

Zeile		Kennzahl		
6	Ich bin kirchensteuerpflichtig und habe Kapitalerträge erzielt, von denen Kapitalertragsteuer, aber keine Kirchensteuer einbehalten wurde.	203/403		1 = Ja

Kapitalerträge, die dem inländischen Steuerabzug unterlegen haben

Zeile		Kennzahl	Beträge lt. Steuerbescheinigung(en) EUR	Kennzahl	korrigierte Beträge (lt. gesonderter Aufstellung) EUR
7	Kapitalerträge	210/410	1955,–	220/420	,–
8	In Zeile 7 enthaltene Gewinne aus Aktienveräußerungen	212/412	,–	222/422	,–
9	In Zeile 7 enthaltene Einkünfte aus Stillhalterprämien und Gewinne aus Termingeschäften	611/811	,–	621/821	,–
10	In Zeile 7 enthaltene Gewinne aus der Veräußerung bestandsgeschützter Alt-Anteile i. S. d. § 56 Abs. 6 Satz 1 Nr. 2 InvStG	219/419	,–	229/429	,–
11	In Zeile 7 enthaltene Ersatzbemessungsgrundlage	214/414	,–	224/424	,–
12	Nicht ausgeglichene Verluste **ohne** Verluste aus der Veräußerung von Aktien	215/415	,–	225/425	,–
13	Nicht ausgeglichene Verluste aus der Veräußerung von Aktien	216/416	,–	226/426	,–
14	Verluste aus Termingeschäften	615/815	,–	625/825	,–
15	Verluste aus der ganzen oder teilweisen Uneinbringlichkeit einer Kapitalforderung, Ausbuchung, Übertragung wertlos gewordener Wirtschaftsgüter i. S. d. § 20 Abs. 1 EStG oder aus einem sonstigen Ausfall von Wirtschaftsgütern i. S. d. § 20 Abs. 1 EStG	616/816	,–	626/826	,–

Sparer-Pauschbetrag

Zeile		Kennzahl	EUR
16	In Anspruch genommener Sparer-Pauschbetrag, der auf die in den Zeilen 7 bis 15, 30 und 33 erklärten Kapitalerträge entfällt (ggf. „0")	217/417	801,–
	Bei Eintragungen in den Zeilen 7 bis 15, 18 bis 27, 30, 33, 50 und 52 dieser Anlage, in den Zeilen 6 bis 28, 32 und 33 der Anlage KAP-BET sowie in der Anlage KAP-INV:		
17	In Anspruch genommener Sparer-Pauschbetrag, der auf die in der Anlage KAP **nicht** erklärten Kapitalerträge entfällt (ggf. „0")	218/418	0,–

Kapitalerträge, die nicht dem inländischen Steuerabzug unterlegen haben

– ohne Investmenterträge lt. Anlage KAP-INV –

Zeile		Kennzahl	EUR
18	Inländische Kapitalerträge (ohne Betrag lt. Zeile 26)	230/430	,–
19	Ausländische Kapitalerträge (ohne Betrag lt. Zeile 50)	234/434	,–
20	In den Zeilen 18 und 19 enthaltene Gewinne aus Aktienveräußerungen i. S. d. § 20 Abs. 2 Satz 1 Nr. 1 EStG	232/432	,–
21	In den Zeilen 18 und 19 enthaltene Einkünfte aus Stillhalterprämien und Gewinne aus Termingeschäften	631/831	,–
22	In den Zeilen 18 und 19 enthaltene Verluste **ohne** Verluste aus der Veräußerung von Aktien	235/435	,–
23	In den Zeilen 18 und 19 enthaltene Verluste aus der Veräußerung von Aktien i. S. d. § 20 Abs. 2 Satz 1 Nr. 1 EStG	236/436	,–
24	Verluste aus Termingeschäften	635/835	,–
25	Verluste aus der ganzen oder teilweisen Uneinbringlichkeit einer Kapitalforderung, Ausbuchung, Übertragung wertlos gewordener Wirtschaftsgüter i. S. d. § 20 Abs. 1 EStG oder aus einem sonstigen Ausfall von Wirtschaftsgütern i. S. d. § 20 Abs. 1 EStG	636/836	,–
26	Zinsen, die vom Finanzamt für Steuererstattungen gezahlt wurden	260/460	,–

1 Name: STEUER

2 Vorname: SIEGLINDE

3 Steuernummer: 12/345/678910

Anlage Vorsorgeaufwand

Diese Anlage ist bei Zusammenveranlagung von Ehegatten / Lebenspartnern gemeinsam auszufüllen.

Daten für die mit (e) gekennzeichneten Zeilen liegen im Regelfall vor und müssen nicht eingetragen werden. – Bitte Infoblatt eDaten / Anleitung beachten –

52

Angaben zu Vorsorgeaufwendungen

Beiträge zur Altersvorsorge

Zeile			stpfl. Person / Ehemann / Person A EUR		Ehefrau / Person B EUR	
4	Arbeitnehmeranteil lt. Nr. 23 a/b der Lohnsteuerbescheinigung	300	,–	400	,–	(e)
5	Beiträge zur landwirtschaftlichen Alterskasse, zu berufsständischen Versorgungseinrichtungen, die den gesetzlichen Rentenversicherungen vergleichbare Leistungen erbringen (abzüglich steuerfreier Zuschüsse lt. Nr. 22 b der Lohnsteuerbescheinigung) – ohne Beiträge, die in Zeile 4 geltend gemacht werden –	301	,–	401	,–	
6	Beiträge zu gesetzlichen Rentenversicherungen – ohne Beiträge, die in Zeile 4 geltend gemacht werden –	302	,–	402	,–	
7	Erstattete Beiträge und / oder steuerfreie Zuschüsse zu den Zeilen 4 bis 6 (ohne Zuschüsse, die von den Beiträgen lt. Zeile 8 abzuziehen sind und ohne Zuschüsse lt. Zeile 9 und 10)	309	,–	409	,–	(e)
8	Beiträge zu zertifizierten Basisrentenverträgen (sog. Rürup-Verträge) mit Laufzeitbeginn nach dem 31.12.2004 (abzüglich steuerfreier Zuschüsse) – ohne Altersvorsorgebeiträge, die in der Anlage AV geltend gemacht werden –	303	,–	403	,–	(e)
9	Arbeitgeberanteil / -zuschuss lt. Nr. 22 a/b der Lohnsteuerbescheinigung	304	,–	404	,–	(e)
10	Arbeitgeberanteil zu gesetzlichen Rentenversicherungen im Rahmen einer pauschal besteuerten geringfügigen Beschäftigung (bitte Anleitung beachten)	306	,–	406	,–	

Beiträge zur inländischen gesetzlichen Kranken- und Pflegeversicherung

Zeile			stpfl. Person / Ehemann / Person A EUR		Ehefrau / Person B EUR	
11	Arbeitnehmerbeiträge zu Krankenversicherungen lt. Nr. 25 der Lohnsteuerbescheinigung	320	,–	420	,–	(e)
12	In Zeile 11 enthaltene Beiträge, aus denen sich kein Anspruch auf Krankengeld ergibt	322	,–	422	,–	
13	Arbeitnehmerbeiträge zu sozialen Pflegeversicherungen lt. Nr. 26 der Lohnsteuerbescheinigung	323	,–	423	,–	(e)
14	Zu den Zeilen 11 bis 13: Von der Kranken- und / oder sozialen Pflegeversicherung erstattete Beiträge	324	,–	424	,–	(e)
15	In Zeile 14 enthaltene Beiträge zur Krankenversicherung, aus denen sich kein Anspruch auf Krankengeld ergibt, und zur sozialen Pflegeversicherung	325	,–	425	,–	(e)
16	Beiträge zu Krankenversicherungen – ohne Beiträge, die in Zeile 11 geltend gemacht werden – (z. B. bei Rentnern, bei freiwillig gesetzlich versicherten Selbstzahlern)	326	1718,–	426	,–	(e)
17	In Zeile 16 enthaltene Beiträge zur Krankenversicherung, aus denen sich ein Anspruch auf Krankengeld ergibt	328	,–	428	,–	
18	Beiträge zu sozialen Pflegeversicherungen – ohne Beiträge, die in Zeile 13 geltend gemacht werden – (z. B. bei Rentnern, bei freiwillig gesetzlich versicherten Selbstzahlern)	329	659,–	429	,–	(e)
19	Zu den Zeilen 16 bis 18: Von der Kranken- und / oder sozialen Pflegeversicherung erstattete Beiträge	330	,–	430	,–	(e)
20	In Zeile 19 enthaltene Beiträge zur Krankenversicherung, aus denen sich ein Anspruch auf Krankengeld ergibt	331	,–	431	,–	
21	Zuschuss zu den Beiträgen lt. Zeile 16 und / oder 18 – ohne Beiträge lt. Zeile 37 und 39 – (z. B. von der Deutschen Rentenversicherung)	332	,–	432	,–	(e)
22	Über die Basisabsicherung hinausgehende Beiträge zu Krankenversicherungen (z. B. für Wahlleistungen, Zusatzversicherungen) abzüglich erstatteter Beiträge	338	,–	438	,–	

Beiträge zur inländischen privaten Kranken- und Pflegeversicherung

Zeile			stpfl. Person / Ehemann / Person A EUR		Ehefrau / Person B EUR	
23	Beiträge zu Krankenversicherungen (nur Basisabsicherung, keine Wahlleistungen)	350	,–	450	,–	(e)
24	Beiträge zu Pflege-Pflichtversicherungen	351	,–	451	,–	(e)
25	Zu den Zeilen 23 und 24: Von der privaten Kranken- und / oder Pflege-Pflichtversicherung erstattete Beiträge	352	,–	452	,–	(e)
26	Zuschuss von dritter Seite zu den Beiträgen lt. Zeile 23 und / oder 24 (z. B. von der Deutschen Rentenversicherung)	353	,–	453	,–	(e)
27	Über die Basisabsicherung hinausgehende Beiträge zu Krankenversicherungen (z. B. für Wahlleistungen, Zusatzversicherungen) und / oder zu zusätzlichen Pflegeversicherungen abzüglich erstatteter Beiträge	354	,–	454	,–	

Zeile		Kz	stpfl. Person / Ehemann / Person A EUR	Kz	Ehefrau / Person B EUR
31	Beiträge (abzüglich steuerfreier Zuschüsse – ohne Beträge lt. Zeile 37 –) zur Krankenversicherung, die mit einer inländischen Krankenversicherung vergleichbar ist (nur Basisabsicherung, keine Wahlleistungen)	333	,–	433	,–
32	In Zeile 31 enthaltene Beiträge zur Krankenversicherung, aus denen sich kein Anspruch auf Krankengeld ergibt	334	,–	434	,–
33	Beiträge (abzüglich steuerfreier Zuschüsse – ohne Beträge lt. Zeile 39 –) zur sozialen Pflegeversicherung / Pflege-Pflichtversicherung, die mit einer inländischen Pflegeversicherung vergleichbar ist	335	,–	435	,–
34	**Zu den Zeilen 31 bis 33:** Von der Kranken- und / oder sozialen Pflegeversicherung / Pflege-Pflichtversicherung erstattete Beiträge	336	,–	436	,–
35	In Zeile 34 enthaltene Beiträge zur Krankenversicherung, aus denen sich kein Anspruch auf Krankengeld ergibt, und zur sozialen Pflegeversicherung	337	,–	437	,–
36	Über die Basisabsicherung hinausgehende Beiträge (abzüglich erstatteter Beiträge) zu Krankenversicherungen und zusätzlichen Pflegeversicherungen (z. B. für Wahlleistungen, Zusatzversicherungen)	339	,–	439	,–

Steuerfreie Arbeitgeberzuschüsse

Zeile		Kz	stpfl. Person / Ehemann / Person A EUR	Kz	Ehefrau / Person B EUR
37	Gesetzliche Krankenversicherung lt. Nr. 24 a der Lohnsteuerbescheinigung	360	,–	460	,– ⓔ
38	Private Krankenversicherung lt. Nr. 24 b der Lohnsteuerbescheinigung	361	,–	461	,– ⓔ
39	Gesetzliche Pflegeversicherung lt. Nr. 24 c der Lohnsteuerbescheinigung	362	,–	462	,– ⓔ

Als Versicherungsnehmer für andere Personen übernommene Kranken- und Pflegeversicherungsbeiträge

– „Andere Personen" sind z. B. Kinder, für die **kein** Anspruch auf Kindergeld / Kinderfreibetrag besteht (bei Anspruch auf Kindergeld / Kinderfreibetrag sind die Eintragungen in den Zeilen 31 bis 42 der Anlage Kind vorzunehmen). –

Zeile	Kz	IdNr. der mitversicherten Person	Name, Vorname, Geburtsdatum der mitversicherten Person
40	600		

Zeile		Kz	stpfl. Person / Ehegatten / Lebenspartner EUR
41	Beiträge (abzüglich steuerfreier Zuschüsse) zu privaten Krankenversicherungen (nur Basisabsicherung, keine Wahlleistungen)	601	,– ⓔ
42	Beiträge (abzüglich steuerfreier Zuschüsse) zu Pflege-Pflichtversicherungen	602	,– ⓔ
43	**Zu den Zeilen 41 und 42:** Von der privaten Kranken- und / oder Pflege-Pflichtversicherung erstattete Beiträge	603	,– ⓔ
44	Beiträge (abzüglich erstatteter Beiträge) zu privaten Kranken- und / oder Pflegeversicherungen (ohne Basisabsicherung, z. B. für Wahlleistungen, Zusatzversicherungen)	604	,–

Weitere sonstige Vorsorgeaufwendungen

Zeile		Kz	stpfl. Person / Ehemann / Person A EUR	Kz	Ehefrau / Person B EUR
45	Arbeitnehmerbeiträge zur Arbeitslosenversicherung lt. Nr. 27 der Lohnsteuerbescheinigung	370	,–	470	,– ⓔ

Beiträge (abzüglich steuerfreier Zuschüsse und erstatteter Beiträge) zu

Zeile		Kz	stpfl. Person / Ehegatten / Lebenspartner EUR
46	– Versicherungen gegen Arbeitslosigkeit – ohne Beiträge, die in Zeile 45 geltend gemacht werden –	500	,–
47	– freiwilligen eigenständigen Erwerbs- und Berufsunfähigkeitsversicherungen	501	,–
48	– Unfall- und Haftpflichtversicherungen sowie Risikoversicherungen, die nur für den Todesfall eine Leistung vorsehen	502	320,–
49	– Rentenversicherungen mit Kapitalwahlrecht und / oder Kapitallebensversicherungen mit einer Laufzeit von mindestens 12 Jahren sowie einem Laufzeitbeginn und der ersten Beitragszahlung vor dem 1.1.2005	503	,–
50	– Rentenversicherungen ohne Kapitalwahlrecht mit Laufzeitbeginn und erster Beitragszahlung vor dem 1.1.2005 (auch steuerpflichtige Beiträge zu Versorgungs- und Pensionskassen) – ohne Altersvorsorgebeiträge, die in der Anlage AV geltend gemacht werden –	504	,–

Ergänzende Angaben zu Vorsorgeaufwendungen

Zeile		Kz	stpfl. Person / Ehemann / Person A	Kz	Ehefrau / Person B
51	Haben Sie zu Ihrer Krankenversicherung oder Ihren Krankheitskosten Anspruch auf steuerfreie Zuschüsse, steuerfreie Arbeitgeberbeiträge oder steuerfreie Beihilfen?	307	2 = Nein	407	2 = Nein
	Es bestand 2022 keine gesetzliche Rentenversicherungspflicht aus dem **aktiven** Dienstverhältnis / aus der Tätigkeit				
52	– als Beamter / Beamtin	380	1 = Ja	480	1 = Ja
53	– als Vorstandsmitglied / GmbH-Gesellschafter-Geschäftsführer/in	381	1 = Ja	481	1 = Ja
54	– als (z. B. Praktikant/in, Student/in im Praktikum) Bezeichnung	382	1 = Ja	482	1 = Ja
55	Aufgrund des genannten Dienstverhältnisses / der Tätigkeit bestand hingegen eine Anwartschaft auf Altersversorgung	383	1 = Ja 2 = Nein	483	1 = Ja 2 = Nein
56	Es wurde Arbeitslohn aus einem **nicht aktiven** Dienstverhältnis – insbesondere Betriebsrente / Werkspension – bezogen, bei dem es sich nicht um steuerbegünstigte Versorgungsbezüge (Zeilen 11 bis 16 der Anlage N) handelt. Bei Altersteilzeit ist hier keine Eintragung vorzunehmen.	385	1 = Ja	485	1 = Ja

1 Name: STEUER

2 Vorname: SIEGLINDE

3 **Steuernummer** 12/345/678910

Anlage Sonderausgaben

Diese Anlage ist bei Zusammenveranlagung von Ehegatten / Lebenspartnern gemeinsam auszufüllen.

Angaben zu Sonderausgaben

– Ohne Versicherungsaufwendungen und Altersvorsorgebeiträge –

52

Kirchensteuer

Zeile			2022 gezahlt EUR		2022 erstattet EUR
4	soweit diese nicht als Zuschlag zur Abgeltungsteuer einbehalten oder gezahlt wurde	103	,–	104	,–

Zuwendungen (Spenden und Mitgliedsbeiträge)

Zeile	**Spenden und Mitgliedsbeiträge** (ohne Beträge in den Zeilen 9 bis 12)		lt. Bestätigungen EUR		lt. Betriebsfinanzamt EUR
5	– zur Förderung steuerbegünstigter Zwecke an Empfänger im Inland	123	520,–	124	,–
6	– zur Förderung steuerbegünstigter Zwecke an Empfänger im EU- / EWR-Ausland	133	,–	134	,–
7	– an politische Parteien (§§ 34g, 10b EStG)	127	,–	128	,–
8	– an unabhängige Wählervereinigungen (§ 34g EStG)	129	200,–	130	,–

Zeile	**Spenden in das zu erhaltende Vermögen (Vermögensstock) einer Stiftung**		stpfl. Person / Ehemann / Person A EUR		Ehefrau / Person B EUR
9	2022 geleistete Spenden an Empfänger im Inland (lt. Bestätigungen / lt. Betriebsfinanzamt)	208	,–	209	,–
10	2022 geleistete Spenden (lt. Bestätigungen / lt. Betriebsfinanzamt) an Empfänger im EU- / EWR-Ausland	224	,–	225	,–
11	Von den Spenden in den Zeilen 9 und 10 sollen 2022 berücksichtigt werden	212	,–	213	,–
12	2022 zu berücksichtigende Spenden aus Vorjahren in das zu erhaltende Vermögen (Vermögensstock) einer Stiftung, die bisher noch nicht berücksichtigt wurden	214	,–	215	,–

Berufsausbildungskosten

Aufwendungen für die eigene **Berufsausbildung: stpfl. Person / Ehemann / Person A**

Bezeichnung der Ausbildung, Art und Höhe der Aufwendungen — EUR

13 — 200 ,–

Aufwendungen für die eigene **Berufsausbildung: Ehefrau / Person B**

Bezeichnung der Ausbildung, Art und Höhe der Aufwendungen

14 — 201 ,–

Weitere Aufwendungen

Gezahlte Versorgungsleistungen aus Renten lt. Vertrag

Angaben zur ersten empfangsberechtigten Person

Rechtsgrund, Datum des Vertrags — abziehbar — tatsächlich gezahlt EUR

15 — 102 % — 101 ,–

Name der empfangsberechtigten Person

16

IdNr. der empfangsberechtigten Person

17 136

Angaben zur zweiten empfangsberechtigten Person

Rechtsgrund, Datum des Vertrags

18 — 138 % — 137 ,–

Name der empfangsberechtigten Person

19

IdNr. der empfangsberechtigten Person

20 139

21 **Gezahlte Versorgungsleistungen aus Renten lt. gesonderter und einheitlicher Feststellung** — 150 % — 151 EUR ,–

Anlage Außergewöhnliche Belastungen

Diese Anlage ist bei Zusammenveranlagung von Ehegatten / Lebenspartnern gemeinsam auszufüllen.

1 Name: STEUER

2 Vorname: SIEGLINDE

3 Steuernummer: 12/345/678910

Außergewöhnliche Belastungen / Pauschbeträge

53

Behinderten-Pauschbetrag

– bei erstmaliger Beantragung / Änderung bitte Nachweis einreichen –

		Ausweis / (Renten-) Bescheid / Bescheinigung gültig von		bis		unbefristet gültig		Grad der Behinderung
4	stpfl. Person / Ehemann / Person A	100 MMJJ	101	MMJJ	102	1 = Ja	105	

5 Ich bin – erheblich gehbehindert (Merkzeichen „G") / außergewöhnlich gehbehindert (Merkzeichen „aG") — 104 — 1 = Ja

6 – blind / taubblind / ständig hilflos (Merkzeichen „Bl" / „TBl" und / oder „H"), schwerstpflegebedürftig (Pflegegrad 4 oder 5) — 103 — 1 = Ja

		Ausweis / (Renten-) Bescheid / Bescheinigung gültig von		bis		unbefristet gültig		Grad der Behinderung
7	Ehefrau / Person B	150 MMJJ	151	MMJJ	152	1 = Ja	155	

8 Ich bin – erheblich gehbehindert (Merkzeichen „G") / außergewöhnlich gehbehindert (Merkzeichen „aG") — 154 — 1 = Ja

9 – blind / taubblind / ständig hilflos (Merkzeichen „Bl" / „TBl" und / oder „H"), schwerstpflegebedürftig (Pflegegrad 4 oder 5) — 153 — 1 = Ja

Hinterbliebenen-Pauschbetrag

– Nur bei Hinterbliebenenbezügen nach § 33b Abs. 4 EStG; der alleinige Bezug einer Witwen- / Witwerrente ist nicht ausreichend –

		stpfl. Person / Ehemann / Person A		Ehefrau / Person B	
10	Ich beantrage den Hinterbliebenen-Pauschbetrag	380	1 = Ja	381	1 = Ja

Pflege-Pauschbetrag

– bei erstmaliger Beantragung / Änderung bitte Nachweis einreichen –

11 Die **unentgeltliche** persönliche Pflege einer pflegebedürftigen Person in ihrer oder in meiner Wohnung erfolgte durch — 200 — 1 = stpfl. Person / Ehemann / Person A; 2 = Ehefrau / Person B; 3 = beide Ehegatten / Lebenspartner

12 Anzahl der weiteren an der Pflege beteiligten Personen — 201

Name, Anschrift und Verwandtschaftsverhältnis der pflegebedürftigen Person

13

14

15 Identifikationsnummer der pflegebedürftigen Person — 202

16 Für die pflegebedürftige Person wurde folgender Pflegegrad / folgendes Merkzeichen festgestellt: — 203 — 2 = Pflegegrad 2; 3 = Pflegegrad 3; 4 = Pflegegrad 4 oder 5 und / oder Merkzeichen „H"

Behinderungsbedingte Fahrtkostenpauschale

– bei erstmaliger Beantragung / Änderung bitte Nachweis einreichen –

Ich beantrage die Berücksichtigung der behinderungsbedingten Fahrtkostenpauschale, da ich die nachfolgenden Voraussetzungen erfülle:

		stpfl. Person / Ehemann / Person A		Ehefrau / Person B	
17	Ich habe einen Grad der Behinderung von mindestens 80 oder einen Grad der Behinderung von mindestens 70 und Merkzeichen „G"	250	1 = Ja	251	1 = Ja
18	Ich bin außergewöhnlich gehbehindert / blind / taubblind / ständig hilflos (Merkzeichen „aG" / „Bl" / „TBl" und / oder „H"), schwerstpflegebedürftig (Pflegegrad 4 oder 5)	252	1 = Ja	253	1 = Ja

Andere Aufwendungen

Zeile	Art der Aufwendungen	Kz	Summe der Aufwendungen EUR	Kz	Anspruch auf zu erwartende / Erhaltene Versicherungsleistungen, Beihilfen, Unterstützungen; Wert des Nachlasses usw. EUR
	Krankheitskosten (z. B. Arznei-, Heil- und Hilfsmittel, Kurkosten)				
31	ZAHNARZTRECHNUNG VOM 08.06.2022	302	3596,–	303	719,–
	Pflegekosten (z. B. häusliche Pflege und Heimunterbringung)				
32		304	,–	305	,–
	Behinderungsbedingte Aufwendungen (z. B. Umbaukosten)				
33		306	,–	307	,–
	Bestattungskosten (z. B. Grabstätte, Sarg, Todesanzeige)				
34		310	,–	311	,–
	Sonstige außergewöhnliche Belastungen				
35		312	,–	313	,–

Für folgende Aufwendungen wird die Steuerermäßigung für haushaltsnahe Beschäftigungsverhältnisse / Dienstleistungen / Handwerkerleistungen beantragt, soweit sie wegen Abzugs der zumutbaren Belastung nicht als außergewöhnliche Belastungen berücksichtigt werden (die Beträge sind nicht zusätzlich in den Zeilen 4 bis 9 der Anlage Haushaltsnahe Aufwendungen einzutragen):

Zeile		Kz	Aufwendungen (abzüglich Erstattungen) EUR
36	Die in Zeile 32 enthaltenen Pflegeleistungen im Rahmen eines geringfügigen Beschäftigungsverhältnisses im Privathaushalt – sog. Minijob – betragen	370	,–
37	Die in Zeile 32 enthaltenen übrigen haushaltsnahen Pflegeleistungen (ohne Minijob) und in Heimunterbringungskosten enthaltenen Aufwendungen für Dienstleistungen, die denen einer Haushaltshilfe vergleichbar sind, betragen	371	,–
38	Die in Zeile 31 bis 35 enthaltenen Arbeitskosten für Handwerkerleistungen betragen	372	,–

1	Name	STEUER
2	Vorname	SIEGLINDE
3	Steuernummer	12/345/678910

Anlage Haushaltsnahe Aufwendungen

Diese Anlage ist bei Zusammenveranlagung von Ehegatten / Lebenspartnern gemeinsam auszufüllen.

Haushaltsnahe Beschäftigungsverhältnisse, Dienstleistungen und Handwerkerleistungen

Steuerermäßigung für Aufwendungen 18

Geringfügige Beschäftigungen im Privathaushalt – sog. Minijobs –

Zeile	Art der Tätigkeit	Kz	Aufwendungen (abzüglich Erstattungen) EUR
4		202	,–

Haushaltsnahe Beschäftigungsverhältnisse / Dienstleistungen

- sozialversicherungspflichtige Beschäftigungen im Privathaushalt
- haushaltsnahe Dienstleistungen, Hilfe im eigenen Haushalt
- Pflege- und Betreuungsleistungen im Haushalt, bei eigener Heimunterbringung in den Heimkosten enthaltene Aufwendungen für Dienstleistungen, die mit denen einer Haushaltshilfe vergleichbar sind; das in Zeile 32 der Anlage Außergewöhnliche Belastungen als Erstattung für häusliche Pflege- und Betreuungskosten berücksichtigte Pflegegeld (§ 37 SGB XI) / Pflegetagegeld

Zeile	Art der Tätigkeit / Aufwendungen	Kz	EUR
5	HAUSWART, ANTEIL LT. BETRIEBSKOSTENABRECHNUNG	212	187,–

Handwerkerleistungen

für Renovierungs-, Erhaltungs- und Modernisierungsmaßnahmen im eigenen Haushalt
(**ohne** Handwerkerleistungen, für die eine öffentliche Förderung durch zinsverbilligte Darlehen oder steuerfreie Zuschüsse [z. B. KfW-Bank, BAFA, landeseigener Förderbanken oder Gemeinden] oder für die eine Steuerermäßigung für energetische Maßnahmen nach § 35c EStG in Anspruch genommen wird)

Zeile	Art der Aufwendungen	Rechnungsbeträge (bei Eintragungen in Zeile 10 nur anteilig) EUR	darin enthaltene Lohnanteile, Maschinen- und Fahrtkosten inkl. Umsatzsteuer EUR
6	MALERARBEITEN, FIRMA KUNTERBUNT	2927,–	585,–
7		,–	+ ,–
8		,–	+ ,–
9	Summe steuerlich berücksichtigungsfähiger Lohnanteile, Maschinen- und Fahrtkosten inkl. Umsatzsteuer	214	585,–

Nur bei Alleinstehenden und Eintragungen in den Zeilen 36 bis 38 der Anlage Außergewöhnliche Belastungen und / oder in den Zeilen 4 bis 9 der Anlage Haushaltsnahe Aufwendungen:

Zeile		Kz	Anzahl der weiteren Personen
10	Es bestand ganzjährig ein gemeinsamer Haushalt mit einer oder mehreren anderen alleinstehenden Person(en)	223	
11	Name, Vorname, Geburtsdatum		

Nur bei Alleinstehenden oder Einzelveranlagung von Ehegatten / Lebenspartnern und Eintragungen in den Zeilen 36 bis 38 der Anlage Außergewöhnliche Belastungen und / oder in den Zeilen 4 bis 9 der Anlage Haushaltsnahe Aufwendungen:

Laut einzureichendem gemeinsamen Antrag ist der Höchstbetrag für die Aufwendungen

Zeile		Kz	%
12	– lt. Zeile 36 der Anlage Außergewöhnliche Belastungen und / oder Zeile 4 der Anlage Haushaltsnahe Aufwendungen in einem anderen Verhältnis als je zur Hälfte aufzuteilen. Der bei mir zu berücksichtigende Anteil beträgt	224	%
13	– lt. Zeile 37 der Anlage Außergewöhnliche Belastungen und / oder Zeile 5 der Anlage Haushaltsnahe Aufwendungen in einem anderen Verhältnis als je zur Hälfte aufzuteilen. Der bei mir zu berücksichtigende Anteil beträgt	225	%
14	– lt. Zeile 38 der Anlage Außergewöhnliche Belastungen und / oder Zeile 9 der Anlage Haushaltsnahe Aufwendungen in einem anderen Verhältnis als je zur Hälfte aufzuteilen. Der bei mir zu berücksichtigende Anteil beträgt	226	%

Nur in Fällen der Zusammenveranlagung oder Einzelveranlagungen von Ehegatten / Lebenspartnern und Eintragungen in den Zeilen 36 bis 38 der Anlage Außergewöhnliche Belastungen und / oder in den Zeilen 4 bis 9 der Anlage Haushaltsnahe Aufwendungen:

Zeile		stpfl. Person / Ehemann / Person A	Ehefrau / Person B
15	Es wurde 2022 ein gemeinsamer Haushalt begründet oder aufgelöst und für einen Teil des Kalenderjahres ein Einzelhaushalt geführt	219 ☐ 1 = Ja	220 ☐ 1 = Ja

1 Name STEUER

2 Vorname SIEGLINDE

3 **Steuernummer** 12/345/678910 lfd. Nr. der Anlage

Anlage Kind

Für jedes Kind bitte eine eigene Anlage Kind abgeben.

Daten für die mit (e) gekennzeichneten Zeilen liegen im Regelfall vor und müssen nicht eingetragen werden.
– Bitte Infoblatt eDaten / Anleitung beachten –

Angaben zum Kind

3

4 **Identifikationsnummer** 01 47110815471

5 Vorname ALEXANDER ggf. abweichender Familienname

6 Geburtsdatum 16 31031997 — Anspruch auf Kindergeld (einschließlich Kinderbonus) oder vergleichbare Leistungen für 2022 15 EUR 757,–

7 Für die Kindergeldfestsetzung zuständige Familienkasse BERLIN-SÜD

8 Wohnsitz im Inland 00 vom 0101 bis 3112 — ggf. abweichende Adresse 14469 POTSDAM, BREITER WEG 14

9 Wohnsitz im Ausland 07 vom TTMM bis TTMM — ggf. abweichende Adresse (bei Wohnsitz im Ausland bitte auch den Staat angeben) (Kz 14)

Kindschaftsverhältnis zur stpfl. Person / Ehemann / Person A

10 02 1 — 1 = leibliches Kind / Adoptivkind 2 = Pflegekind 3 = Enkelkind / Stiefkind

Kindschaftsverhältnis zur Ehefrau / Person B

03 — 1 = leibliches Kind / Adoptivkind 2 = Pflegekind 3 = Enkelkind / Stiefkind

Kindschaftsverhältnis zu einer anderen Person

11 Name, Vorname — Geburtsdatum dieser Person TTMMJJJJ — 04 Dauer des Kindschaftsverhältnisses vom TTMM bis TTMM

12 Letzte bekannte Adresse — Art des Kindschaftsverhältnisses 1 = leibliches Kind / Adoptivkind 2 = Pflegekind

13 Der andere Elternteil lebte im Ausland 37 TTMM TTMM

14 Das Kindschaftsverhältnis zum anderen Elternteil ist durch dessen Tod erloschen am 06 TTMMJJJJ

15 Der Wohnsitz oder gewöhnliche Aufenthalt des anderen Elternteiles ist nicht zu ermitteln oder der Vater des Kindes ist amtlich nicht feststellbar 05 1 = Ja

Angaben für ein volljähriges Kind

Das Kind
- befand sich in einer Schul-, Hochschul- oder Berufsausbildung,
- befand sich in einer Übergangszeit von höchstens vier Monaten (z. B. zwischen zwei Ausbildungsabschnitten),
- konnte eine Berufsausbildung mangels Ausbildungsplatzes nicht beginnen oder fortsetzen und / oder
- hat ein freiwilliges soziales oder ökologisches Jahr (Jugendfreiwilligendienstegesetz), eine europäische Freiwilligenaktivität, einen entwicklungspolitischen Freiwilligendienst, einen Freiwilligendienst aller Generationen (§ 2 Abs. 1a SGB VII), einen Internationalen Jugendfreiwilligendienst, Bundesfreiwilligendienst oder einen Anderen Dienst im Ausland (§ 5 Bundesfreiwilligendienstgesetz) geleistet.

(Folgen diese Abschnitte unmittelbar aufeinander, sind sie zu einem Zeitraum zusammenzufassen.)

16 1. Zeitraum 80 vom 01012022 bis 31122022 — 2. Zeitraum 81 vom TTMMJJJJ bis TTMMJJJJ

17 Erläuterungen zu den Berücksichtigungszeiträumen STUDIUM

18 Das Kind war ohne Beschäftigung und bei einer Agentur für Arbeit als arbeitsuchend gemeldet 82 TTMMJJJJ TTMMJJJJ

19 Das Kind war wegen einer vor Vollendung des 25. Lebensjahres eingetretenen Behinderung außerstande, sich selbst finanziell zu unterhalten (Bitte Anleitung beachten.) 83 TTMMJJJJ TTMMJJJJ

Angaben zur Erwerbstätigkeit eines volljährigen Kindes (nur bei Eintragungen in Zeile 16)

20 Das Kind hat bereits eine erstmalige Berufsausbildung oder ein Erststudium abgeschlossen 84 2 — 1 = Ja 2 = Nein

Falls Zeile 20 mit „Ja“ beantwortet wurde:

21 Das Kind war erwerbstätig (kein Ausbildungsdienstverhältnis) — 1 = Ja 2 = Nein

Falls Zeile 21 mit „Ja“ beantwortet wurde:

22 Das Kind übte eine / mehrere geringfügige Beschäftigung(en) im Sinne der §§ 8, 8a SGB IV (sog. Minijob) aus — 1 = Ja 2 = Nein — Beschäftigungszeitraum vom TTMM bis TTMM

23 Das Kind übte andere Erwerbstätigkeiten aus (bei mehreren Erwerbstätigkeiten bitte Angaben lt. gesonderter Aufstellung) — 1 = Ja 2 = Nein — Erwerbszeitraum TTMM TTMM

24 (Vereinbarte) regelmäßige wöchentliche Arbeitszeit der Tätigkeit(en) lt. Zeile 22 Stunden lt. Zeile 23 Stunden

Freibetrag zur Abgeltung eines Sonderbedarfs bei Berufsausbildung eines volljährigen Kindes

		1. Zeitraum vom	bis		2. Zeitraum vom	bis
61 Das Kind war auswärtig untergebracht	85	0101	3112	86	T T M M	T T M M

62 Es handelte sich zumindest zeitweise um eine auswärtige Unterbringung im Ausland 87 ☐ 1 = Ja

Anschrift(en), Staat(en) – falls im Ausland

63 14469 POTSDAM, BREITER WEG 14

Nur bei nicht zusammen veranlagten Eltern:

64 Laut gesondertem gemeinsamen Antrag ist der Freibetrag zur Abgeltung eines Sonderbedarfs bei Berufsausbildung in einem anderen Verhältnis als je zur Hälfte aufzuteilen. Der bei mir zu berücksichtigende Anteil beträgt 88 ___ %

Schulgeld (Privatschule oder Schule in freier Trägerschaft)

– ohne Aufwendungen für die Beherbergung, Betreuung und Verpflegung des Kindes –

berücksichtigungsfähige Gesamtaufwendungen der Eltern EUR

Bezeichnung der Schule oder deren Träger

65 24 ___ ,–

Nur bei nicht zusammen veranlagten Eltern:

66 Das von mir übernommene Schulgeld beträgt 56 ___ ,–

67 Laut gesondertem gemeinsamen Antrag ist für das Kind der Höchstbetrag für das Schulgeld in einem anderen Verhältnis als je zur Hälfte aufzuteilen. Der bei mir zu berücksichtigende Anteil beträgt 57 ___ %

Übertragung des Behinderten- und / oder Hinterbliebenen-Pauschbetrags

– bei erstmaliger Beantragung / Änderung bitte Nachweis einreichen –

Die Übertragung des **Behinderten-Pauschbetrags** wird beantragt:

	Ausweis / (Renten-) Bescheid / Bescheinigung gültig von	bis	unbefristet gültig		Grad der Behinderung
68	M M J J	M M J J	X	25	

Das Kind ist

69 – erheblich gehbehindert (Merkzeichen „G") / außergewöhnlich gehbehindert (Merkzeichen „aG") ☐ 1 = Ja

70 – blind / taubblind / ständig hilflos (Merkzeichen „Bl" / „TBl" und / oder „H"), schwerstpflegebedürftig (Pflegegrad 4 oder 5) 55 ☐ 1 = Ja

71 Die Übertragung des **Hinterbliebenen-Pauschbetrags** wird beantragt: 26 ☐ 1 = Ja

Nur bei nicht zusammen veranlagten Eltern:

72 Laut gesondertem gemeinsamen Antrag sind die für das Kind zu gewährenden Pauschbeträge für Behinderte / Hinterbliebene in einem anderen Verhältnis als je zur Hälfte aufzuteilen. Der bei mir zu berücksichtigende Anteil beträgt 28 ___ %

Übertragung der behinderungsbedingten Fahrtkostenpauschale

– bei erstmaliger Beantragung / Änderung bitte Nachweis einreichen –

Die Übertragung der behinderungsbedingten Fahrtkostenpauschale wird beantragt. Das Kind erfüllt die nachfolgenden Voraussetzungen:

73 Das Kind hat einen Grad der Behinderung von mindestens 80 oder einen Grad der Behinderung von mindestens 70 und Merkzeichen „G" 91 ☐ 1 = Ja

74 Das Kind ist außergewöhnlich gehbehindert / blind / taubblind / ständig hilflos (Merkzeichen „aG" / „Bl" / „TBl" und / oder „H"), schwerstpflegebedürftig (Pflegegrad 4 oder 5) 92 ☐ 1 = Ja

Nur bei nicht zusammen veranlagten Eltern:

75 Laut gesondertem gemeinsamen Antrag ist die für das Kind zu gewährende behinderungsbedingte Fahrtkostenpauschale in einem anderen Verhältnis als je zur Hälfte aufzuteilen. Der bei mir zu berücksichtigende Anteil beträgt 45 ___ %

Kinderbetreuungskosten

– ohne Aufwendungen für die Verpflegung, den (Nachhilfe-) Unterricht, die Vermittlung besonderer Fähigkeiten, die sportlichen und anderen Freizeitbetätigungen des Kindes –

		vom	bis		berücksichtigungsfähige Gesamtaufwendungen der Eltern EUR
76	Art der Dienstleistung, Name und Anschrift des Dienstleisters	T T M M	T T M M	51	,–
77	Steuerfreier Ersatz (z. B. vom Arbeitgeber), Erstattungen	T T M M	T T M M	79	,–

		vom	bis		vom	bis
78	Es bestand ein **gemeinsamer** Haushalt der Elternteile	T T M M	T T M M	Das Kind gehörte zu unserem Haushalt	T T M M	T T M M
79	Es bestand **kein gemeinsamer** Haushalt der Elternteile	T T M M	T T M M	Das Kind gehörte zu meinem Haushalt	T T M M	T T M M
80				Das Kind gehörte zum Haushalt des anderen Elternteils	T T M M	T T M M

Nur bei nicht zusammen veranlagten Eltern:

		vom	bis	berücksichtigungsfähige Aufwendungen EUR
81	Ich habe Kinderbetreuungskosten in folgender Höhe getragen	T T M M	T T M M	,–

82 Laut übereinstimmendem Antrag ist für das Kind der Höchstbetrag für die Kinderbetreuung in einem anderen Verhältnis als je zur Hälfte aufzuteilen. Der bei mir zu berücksichtigende Anteil beträgt ___ %

1 Name: STEUER

2 Vorname: SIEGLINDE

3 Steuernummer: 12/345/678910 — lfd. Nr. der Anlage:

Anlage Unterhalt

Diese Anlage ist bei Zusammenveranlagung von Ehegatten / Lebenspartnern gemeinsam auszufüllen.

Für jeden unterstützten Haushalt bitte eine eigene Anlage Unterhalt abgeben.

Angaben zu Unterhaltsleistungen an bedürftige Personen

Haushalt, in dem die unterstützte(n) Person(en) lebte(n)

53

4 Anschrift dieses Haushaltes: 14469 POTSDAM, BREITER WEG 14

5 Wohnsitzstaat, wenn Ausland:

Die Eintragungen in den Zeilen 6 bis 10 und 17 bis 26 sind nur in der ersten Anlage Unterhalt je Haushalt erforderlich.

6 Anzahl der Personen, die in dem Haushalt lt. Zeile 4 lebten — Anzahl: 01

Aufwendungen für den Unterhalt

Zeile		vom	bis	Gesamtaufwendungen EUR
7	Erster Unterstützungszeitraum, für den Unterhalt geleistet wurde, und Höhe der Aufwendungen (einschließlich von mir getragener Beträge lt. den Zeilen 11 bis 25)	0104	3112	5000,–
8	Zeitpunkt der ersten Unterhaltsleistung für den ersten Unterstützungszeitraum im Kalenderjahr	01042022		
9	Zweiter Unterstützungszeitraum, für den Unterhalt geleistet wurde, und Höhe der Aufwendungen (einschließlich von mir getragener Beträge lt. den Zeilen 11 bis 25)	TTMM	TTMM	,–
10	Zeitpunkt der ersten Unterhaltsleistung für den zweiten Unterstützungszeitraum im Kalenderjahr	TTMMJJJJ		

Zeile	Beiträge zu Basis-Kranken- und gesetzlichen Pflegeversicherungen, die von der / den unterstützten Person(en) als Versicherungsnehmer geschuldet wurden.	Auf den ersten Unterstützungszeitraum entfallen EUR	Auf den zweiten Unterstützungszeitraum entfallen EUR
11	Basis-Kranken- und gesetzliche Pflegeversicherungsbeiträge (abzüglich steuerfreier Zuschüsse und erstatteter Beiträge) für die unterstützte Person lt. Zeile 32	798,–	,–
12	in Zeile 11 enthaltene Beiträge, aus denen sich ein Anspruch auf Krankengeld ergibt	,–	,–
13	Basis-Kranken- und gesetzliche Pflegeversicherungsbeiträge (abzüglich steuerfreier Zuschüsse und erstatteter Beiträge) für die unterstützte Person lt. Zeile 62	224,–	,–
14	In Zeile 13 enthaltene Beiträge, aus denen sich ein Anspruch auf Krankengeld ergibt	,–	,–
15	Basis-Kranken- und gesetzliche Pflegeversicherungsbeiträge (abzüglich steuerfreier Zuschüsse und erstatteter Beiträge) für die unterstützte Person lt. Zeile 92	,–	,–
16	In Zeile 15 enthaltene Beiträge, aus denen sich ein Anspruch auf Krankengeld ergibt	,–	,–

Unterhaltsleistungen an im Ausland lebende Personen

Zeile		Einreisedatum	Übergabedatum	EUR
17	X Unterhaltszahlungen durch Bank- oder Postüberweisung			,–
18	X Unterhaltszahlungen durch Übergabe von Bargeld			
19	Mitgenommene Beträge	TTMMJJJJ	TTMMJJJJ	,–
20		TTMMJJJJ	TTMMJJJJ	,–
21	X Unterhaltszahlungen im Rahmen von Familienheimfahrten zum Ehegatten / Lebenspartner			
22		TTMMJJJJ	TTMMJJJJ	,–
23		TTMMJJJJ	TTMMJJJJ	,–
24		TTMMJJJJ	TTMMJJJJ	,–
25		TTMMJJJJ	TTMMJJJJ	,–
26	Nettomonatslohn der unterstützenden stpfl. Person			,–

Allgemeine Angaben zur unterstützten Person

31 Identifikationsnummer: 47 110 815 471 — lfd. Nr.

32 Name, Vorname: STEUER, ALEXANDER — Geburtsdatum: 31031997 — wenn 2022 verstorben: Sterbedatum T T M M J J J J

33 Beruf, Familienstand: STUDENT, LEDIG — Verwandtschaftsverhältnis zur unterstützenden Person: SOHN

34 **Bei Unterhaltsempfängern im Ausland:** Die von der Heimatbehörde und der unterstützten Person bestätigte Unterhaltserklärung über die Bedürftigkeit liegt mir vor. (1 = Ja, 2 = Nein)

35 Name, Vorname des im selben Haushalt lebenden Ehegatten / Lebenspartners: Name, Vorname

		1 = Ja / 2 = Nein	Falls ja (wenn nicht ganzjährig) vom	bis
36	Die unterstützte Person lebte in meinem inländischen Haushalt.	2	T T M M	T T M M
37	Hatte jemand für diese Person Anspruch auf Kindergeld oder Freibeträge für Kinder?	1	0101	3103
38	Die unterstützte Person ist mein – geschiedener Ehegatte – Lebenspartner einer aufgehobenen Lebenspartnerschaft – dauernd getrennt lebender Ehegatte / Lebenspartner (kein Abzug von Sonderausgaben nach § 10 Abs. 1a Nr. 1 EStG, keine Zusammenveranlagung).	2		
39	Die unterstützte Person ist mein nicht dauernd getrennt lebender und nicht unbeschränkt einkommensteuerpflichtiger Ehegatte / Lebenspartner	2		
40	Die unterstützte Person ist als Kindesmutter / Kindesvater gesetzlich unterhaltsberechtigt (bis zur Vollendung des dritten Lebensjahres des Kindes).	2	T T M M	T T M M
41	Die unterstützte Person ist nicht unterhaltsberechtigt, jedoch wurden oder würden bei ihr wegen der Unterhaltszahlungen öffentliche Mittel gekürzt oder nicht gewährt.	2	T T M M	T T M M

42 Gesamtwert des Vermögens der unterstützten Person (z. B. PKW, Bargeld, Grundstücke mit Ausnahme eines angemessenen, selbst bewohnten Hausgrundstücks) — EUR ,–

Zum Unterhalt der bedürftigen Person haben auch beigetragen (Name, Anschrift)

43

44 vom T T M M bis T T M M — Betrag EUR ,–

Einkünfte und Bezüge der unterstützten Person

Zeile	Diese Person hatte vom	bis	Bruttoarbeitslohn (ohne Einnahmen aus Minijobs) EUR	darauf entfallende Werbungskosten (ohne Werbungskosten zu Versorgungsbezügen) EUR	Versorgungsbezüge – im Arbeitslohn enthalten – EUR	Bemessungsgrundlage für den Versorgungsfreibetrag EUR	Werbungskosten zu Versorgungsbezügen EUR
45	0104	3112	3320				
46	T T M M	T T M M					

Zeile	maßgebendes Kalenderjahr des Versorgungsbeginns Jahr	vom	bis	Renten EUR	steuerpflichtiger Teil der Rente EUR	Werbungskosten zu Renten EUR
47		T T M M	T T M M			
48		T T M M	T T M M			

Zeile	vom	bis	Einkünfte aus Kapitalvermögen (tarifliche Einkommensteuer) EUR	vom	bis	Übrige Einkünfte EUR
49	T T M M	T T M M		T T M M	T T M M	
50	T T M M	T T M M		T T M M	T T M M	

Zeile	vom	bis	Erträge aus Kapitalvermögen (Abgeltungsteuer) EUR	vom	bis	Sozialleistungen / übrige Bezüge (z. B. aus Minijobs) EUR
51	T T M M	T T M M		T T M M	T T M M	
52	T T M M	T T M M		T T M M	T T M M	

Zeile	vom	bis	Kosten zu allen Bezügen EUR	vom	bis	Öffentliche Ausbildungshilfen (z. B. BAföG-Zuschüsse) EUR
53	T T M M	T T M M		T T M M	T T M M	
54	T T M M	T T M M		T T M M	T T M M	

Begriffsübersicht von A–Z

Alters- sowie Versorgungsbezüge tragen verschiedene und manchmal auch ziemlich verwirrende Bezeichnungen. Meist sind sie mit den Begriffen „Rente“ oder „Pension“ verbunden. Die folgende Übersicht listet Bezeichnungen in alphabetischer Reihenfolge auf, die in diesem Zusammenhang häufig verwendet werden. Sie konzentriert sich dabei vor allem auf die steuerliche Seite der aufgeführten Schlagworte. Außerdem geht es darum, welche Konsequenzen sich für die Steuererklärung ergeben können. Alle blau gedruckten Begriffe werden in dieser Begriffsübersicht erläutert.

AKA-Rente: Das sind Bezüge aus kommunalen und kirchlichen Zusatzversorgungskassen. Die Abkürzung geht auf die „Arbeitsgemeinschaft kommunale und kirchliche Altersversorgung“ zurück. Die AKA-Rente wird vor allem als Zusatzversorgung an ehemalige Mitarbeiter kommunaler und kirchlicher Einrichtungen beziehungsweise an ihre Hinterbliebenen gezahlt. Die Besteuerung richtet sich nach der Art und Weise der vorausgegangenen Einzahlung. So werden Rentenzahlungen, für die der Arbeitgeber pauschal besteuerte Leistungen eingezahlt hat, mit dem Ertragsanteil besteuert , Seite 170). Gleiches gilt für Rentenzahlungen, die auf Pflichtbeiträgen beruhen, die Arbeitnehmer aus eigenem versteuertem Einkommen eingezahlt haben. Wenn Arbeitnehmer Teile ihres Gehalts steuer- und sozialabgabenfrei umgewandelt und als Beiträge in ihre AKA-Rente eingezahlt haben, sind so entstandene Rentenzahlungen voll steuerpflichtig. Steuerpflicht gilt auch für Rentenzahlungen, für die in der Einzahlungsphase die Riester-Förderung in Anspruch genommen wurde. Was wie zu versteuern ist, ergibt sich aus der Leistungsmitteilung des Versicherungsträgers und wird von dort in die Anlage R-AV/bAV übernommen (➔ Seite 79).

Altersrente: Das sind Zahlungen wegen Alters vor allem aus der gesetzlichen Rentenversicherung. Die wichtigste Form ist die Regelaltersrente. Andere Formen der Altersrente sind zum Beispiel die vorgezogenen Renten für langjährig Versicherte, für Frauen, wegen Arbeitslosigkeit, für Schwerbehinderte und nach Altersteilzeit. Die Altersrente wird häufig auch als gesetzliche Rente, Sozialversicherungsrente oder als Versichertenrente bezeichnet. Steuerlich werden die verschiedenen Formen der Altersrente gleich behandelt. Es gibt einen steuerfreien und einen steuerpflichtigen Teil. Die genaue Aufteilung richtet sich seit 2005 nach dem Jahr des Rentenbeginns. Wer 2005 oder früher in Rente ging, muss 50 Prozent seiner damaligen Rente versteuern. Die andere Hälfte bleibt steuerfrei. Rentenbeginn im Jahr 2006 bedeutete 52 Prozent Steuerpflicht, 2022 müssen Neurentner 82 Prozent versteuern. Für jeden neuen Rentnerjahrgang erhöht sich der steuerpflichtige Anteil (➔ Seite 167). Der bei Renteneintritt festgelegte steuerfreie Euro-Betrag bleibt im Regelfall lebenslang erhalten.

Auslandsrente: Wer in Deutschland Zahlungen ausländischer Versorgungsträger erhält, sollte zumindest bei der ersten Steuererklärung fachlichen Rat einholen. Ob die Einkünfte in Deutschland oder in dem Land besteuert werden, aus dem die Zahlung kommt, ist unterschiedlich und abhängig von den Festlegungen im jeweiligen Doppelbesteuerungsabkommen, die Deutschland mit vielen Ländern abgeschlossen hat. Falls die Einkünfte in Deutschland steuerfrei bleiben, werden sie beim Steuersatz für das übrige Einkommen berücksichtigt (Progressionsvorbehalt). In beiden Fällen müssen die Auslandsbezüge in die Steuererklärung eingetragen werden, weil sie – anders als Renten aus Deutschland – nicht vom Versorgungsträger elektronisch an die deutschen Steuerbehörden gemeldet werden. Wenn Auslandsbezüge in Deutschland besteuert werden, kann das ebenso wie Altersbezüge aus Deutschland sehr unterschiedlich erfolgen, beispielsweise wie eine **Altersrente** aus gesetzlicher Versicherung, wie eine **betriebliche Altersversorgung** oder wie eine Zahlung aus **privater Rentenversicherung**. Im umgekehrten Fall sind auch Rentenzahlungen aus Deutschland an Ruheständler, die im Ausland leben, häufig in Deutschland zu besteuern. Die Besteuerung hängt von verschiedenen Faktoren ab, zum Beispiel von der Aufenthaltsdauer im Ausland, vom konkreten Aufenthaltsland, von der Art des Altersbezugs, von den zwischenstaatlichen Vereinbarungen zwischen Deutschland und dem Aufenthaltsland oder von zusätzlichen Einkünften. Rentner und Pensionäre, die ganz oder teilweise ins Ausland übersiedeln wollen, sollten sich rechtzeitig über die steuerlichen Konsequenzen informieren. Übrigens werden auch die jährlich gut 1,8 Millionen ins Ausland gezahlten Renten an die Finanzverwaltung gemeldet. Für die Besteuerung im Ausland lebender Rentner, die keine weiteren deutschen Einkünfte haben, ist bundesweit das Finanzamt Neubrandenburg zuständig.

Basisrente: Das ist eine monatliche lebenslange Rente aus einer privaten Rentenversicherung. Verträge konnten seit 2005 abgeschlossen werden. Bekannter ist die Basisrente unter dem Begriff „Rürup-Rente", benannt nach dem Wirtschaftswissenschaftler Professor Bert Rürup. Die Beiträge zu einer Basisrente dürfen grundsätzlich als Sonderausgaben abgesetzt werden. Die Basisrente gibt es frühestens ab 60, und sie unterliegt einer Reihe von Bedingungen, zum Beispiel ist sie weder vererbbar noch beleihbar. Wurde der Vertrag 2012 oder später abgeschlossen, erfolgt die Rentenzahlung frühestens ab dem 62. Geburtstag. Die Rente ist ebenso steuerpflichtig wie die **Altersrente**. Ihr steuerpflichtiger Anteil richtet sich nach dem Jahr des Rentenbeginns (➔ Seite 167).

Beamtenpension: siehe **Pension**

Berufsunfähigkeitsrente: siehe **Erwerbsminderungsrente**

Betriebliche Altersversorgung: Betriebliche Altersversorgung ist ein Sammelbegriff für alle Leistungen, die Rentner und Pensionäre (und ihre Hinterbliebenen) im Zusammenhang mit einer früheren Erwerbstätigkeit erhalten. Darunter fallen Leistungen, die ausschließlich oder teilweise vom Arbeitgeber beziehungsweise vom Arbeitnehmer finanziert wurden. Es gibt fünf Formen oder „Durchführungswege" der betrieblichen Altersversorgung: **Direktzusage, Unterstützungskasse, Pensionskasse, Direktversicherung** und **Pensionsfonds**. Die Besteuerung von Leistungen aus der betrieblichen Altersversorgung ist nicht einheitlich. Je nach Form, Finanzierung und Förderung sind die Leistungen entweder voll oder mit dem Ertragsanteil (➔ Seite 170) oder gar nicht steuerpflichtig. Eine erste Übersicht bietet die Tabelle Seite ➔ 168/169. Was wie zu versteuern ist, ergibt sich in der Regel aus der Leistungsmitteilung des Versicherungsträgers. Daraus geht hervor, was auf welches Steuerformular gehört. Wenn in diesem Zusammenhang Unklarheiten auftreten, kann es zweckmäßig sein, beim Versicherungsträger oder beim Finanzamt nachzufragen.

Betriebspension: siehe **Pension**

Betriebsrente: Betriebsrente ist ein umgangssprachlich sehr häufig gebrauchter Sammelbegriff für alle Arten der Altersversorgung, die aus einer früheren Erwerbstätigkeit stammen. Er bezeichnet Renten ebenso wie Pensionen und andere Zahlungen. Die Altersbezüge werden folglich steuerlich sehr unterschiedlich behandelt. Deshalb kommt der Begriff Betriebsrente in diesem Ratgeber, der sich auf die verschiedenen steuerlichen Aspekte der Altersversorgung konzentriert, eher selten vor (siehe **betriebliche Altersversorgung**).

Direktversicherung: Die Direktversicherung ist die wohl unbürokratischste Form der **betrieblichen Altersversorgung**. Es handelt sich um eine **Lebensversicherung**. Bei Verträgen, die vor 2005 abgeschlossen wurden, können Beiträge eingezahlt werden, die der Arbeitgeber pauschal versteuert. Für Verträge, die seit 2005 abgeschlossen wurden, entfällt die Möglichkeit einer Pauschalbesteuerung. Die Erträge einer Direktversicherung sind entweder voll, teilweise oder gar nicht steuerpflichtig. Hat der Arbeitgeber die Beiträge pauschal versteuert, muss der Arbeitnehmer Rentenzahlungen mit dem Ertragsanteil versteuern (➔ Seite 170). Erfolgt die Auszahlung als Kapitalabfindung „auf einen Schlag", kann sie steuerfrei sein, wenn der Vertrag vor 2005 abgeschlossen wurde, mindestens 12 Jahre gelaufen ist und einige weitere Bedingungen erfüllt sind (siehe auch **Lebensversicherung**). Wenn in der Einzahlungsphase die Riester-Förderung gewährt wurde, sind die Auszahlungen voll steuerpflichtig. Volle Steuerpflicht gilt auch bei Nutzung der sogenannten Entgeltumwandlung. Das bedeutet hier die Umwandlung von Lohn in Beiträge zu einer Direktversicherung. Seit einigen Jahren dürfen bis zu acht Prozent der Beitragsbemessungsgrenze in der gesetzlichen Rentenversicherung steuerfrei bleiben. 2022 sind das maximal 6768 Euro im Jahr. Die Sozialversicherungsfreiheit endet allerdings bei vier Prozent. Entscheidend für die Eintragung in die Steuererklärung ist, was auf der Leistungsmitteilung des Rentenversicherungsträgers steht.

Direktzusage: Die Direktzusage ist eine häufig gewählte Form der betrieblichen Altersversorgung. Der Arbeitgeber verpflichtet sich, dem Arbeitnehmer beziehungsweise dessen Hinterbliebenen eine zuvor vereinbarte Leistung zu zahlen. In der Regel ist das eine Altersrente oder eine Hinterbliebenenrente. Wenn der Arbeitgeber die Beiträge allein übernimmt, sind sie ohne Begrenzung in der Höhe steuer- und abgabenfrei. Es können aber auch Gehaltsteile des Arbeitnehmers in Beiträge umgewandelt werden. Diese bleiben ebenfalls unbegrenzt steuerfrei. Die Freiheit von Sozialabgaben endet allerdings bei vier Prozent der Beitragsbemessungsgrenze in der gesetzlichen Rentenversicherung. Das entsprach 2022 einem Betrag von 3384 Euro im Jahr. Eine Riester-Förderung ist nicht möglich. Durch die Möglichkeit des Arbeitgebers, relativ hohe Beiträge steuer-

und sozialversicherungsfrei einzuzahlen, wird die Direktzusage häufig als Absicherung für Führungskräfte genutzt. Bei einem Wechsel des Arbeitgebers kann sie allerdings selten fortgeführt werden. Leistungen aus einer Direktzusage werden grundsätzlich wie Arbeitslohn besteuert (siehe **Pension**). Das Finanzamt berücksichtigt den Versorgungsfreibetrag, den Zuschlag zum Versorgungsfreibetrag (➔ Seite 174) und 102 Euro Werbungskostenpauschale. Die Leistungen gehören auf die Anlage N.

Erwerbsminderungsrente: Erwerbsminderungsrenten sind Zahlungen, die das Einkommen ersetzen, wenn die Erwerbsfähigkeit ganz oder teilweise weggefallen ist. Spätestens ab Erreichen der Regelaltersgrenze – je nach Geburtsjahr zwischen dem 65. und dem 67. Geburtstag – wird die Erwerbsminderungsrente in eine **Altersrente** umgewandelt. Das kann auch schon früher geschehen. Durch eine Gesetzesänderung 2001 wurde das System der gesetzlichen Berufs- und Erwerbsunfähigkeitsrenten durch Erwerbsminderungsrenten abgelöst. Eine Erwerbsminderungsrente aus der gesetzlichen Rentenversicherung wird wie eine **Altersrente** besteuert. Je nach Jahr des Rentenbeginns sind mindestens 50 Prozent der Rente steuerpflichtig. Die Besteuerung privater Erwerbsminderungsrenten erfolgt mit dem Ertragsanteil, sodass meist der überwiegende Teil der Rentenzahlung steuerfrei bleibt (➔ Seite 167). Gesetzliche und private Erwerbsminderungsrenten gehören in die Anlage R.

Erwerbsunfähigkeitsrente: siehe **Erwerbsminderungsrente**

Gesetzliche Rente: siehe **Altersrente**

Hinterbliebenenrente: Hinterbliebenenrenten sind Leistungen an nächste Angehörige eines Verstorbenen. Die wichtigsten Formen sind die **Witwen-/Witwerrente** und die **Waisenrente** aus der gesetzlichen Rentenversicherung. Die Hinterbliebenenrente aus der gesetzlichen Versicherung wird steuerlich wie **Altersrente** behandelt (➔ Seite 167). Das gilt für zeitlich begrenzte Renten, zum Beispiel Waisenrenten, ebenso wie für lebenslange Renten. Hatte der Verstorbene selbst bereits eine Rente aus der gesetzlichen Rentenversicherung bezogen, ist für die Höhe des steuerpflichtigen Anteils einer Hinterbliebenenrente nicht das Jahr des Beginns der Auszahlung der Hinterbliebenenrente maßgeblich, sondern das frühere Jahr des Rentenbeginns des Verstorbenen. Das ist für den Betroffenen steuerlich in der Regel das günstigere Jahr, weil der steuerpflichtige Rentenanteil mit jedem neuen Jahr wächst (➔ Beispiel Seite 24).

Kapitallebensversicherung: siehe **Lebensversicherung**

Kriegsdienstbeschädigtenrente: siehe **Steuerfreie Rente**

Lebensversicherung: Leistungen privater Lebens- und Rentenversicherungen gehören für viele Menschen zur Altersversorgung. Die Auszahlung einer Lebensversicherung kann als Kapitalabfindung „auf einen Schlag", in Form von Raten oder als Rentenzahlung erfolgen. Lebensversicherungen, die vor 2005 abgeschlossen wurden, bleiben als Kapitalabfindung unter bestimmten Voraussetzungen steuerfrei. Eine davon ist, dass mindestens fünf Jahre Beiträge gezahlt wurden. Kapitalabfindungen aus Lebensversicherungen, die seit 2005 abgeschlossen wurden, sind nicht mehr steuerfrei. Erfolgt die Auszahlung nach mindestens 12 Jahren Laufzeit und frühestens nach dem 60. Geburtstag, kann die Hälfte der Erträge steuerfrei sein (➔ Anlage KAP, Seite 113). Wurde der Vertrag 2012 oder später abgeschlossen, gilt das frühestens ab dem 62. Geburtstag. Wenn die Voraussetzungen der Steuerbegünstigung nicht erfüllt wurden, zum Beispiel keine Mindestlaufzeit von 12 Jahren vorliegt, werden die Erträge der Lebensversicherung voll steuerpflichtig und gehören als Kapitaleinkünfte auf die Anlage KAP, Erfolgt anstelle der Auszahlung der Gesamtsumme eine Rentenzahlung , sind die Einnahmen mit dem Ertragsanteil steuerpflichtig. Das gilt auch für Verträge, die vor 2005 abgeschlossen wurden (➔ Seite 174). Diese Zahlungen gehören auf die Anlage R.

Leibrente: Leibrente ist ein häufig genutzter Begriff für Rentenzahlungen, die regelmäßig (meist monatlich) in gleicher Höhe fließen, zum Beispiel als **Altersrente** oder als **Hinterbliebenenrente** aus der gesetzlichen Rentenversicherung. Eine Leibrente gibt es aber auch in Form einer **Privatrente**. Leibrenten werden bis zum Lebensende gezahlt oder als sogenannte abgekürzte Leibrente auf eine Höchstlaufzeit beschränkt. Das kann zum Beispiel eine private **Erwerbsminderungsrente** sein, die bis zum regulären Rentenbeginn läuft. Private Leibrenten sind mit dem Ertragsanteil steuerpflichtig.

Mütterrente: Der Begriff ist ein Schlagwort für die bessere rentenrechtliche Anerkennung von Kindererziehungszeiten für Mütter und Väter von Kindern, die vor 1992 geboren wurden. Für diese Eltern wurde seit Juli 2014 in mehreren Schritten der Rentenanspruch erhöht. Derzeit werden ihnen bei der Rentenberechnung zweieinhalb Jahre Kindererziehungszeit mit je einem Rentenpunkt gutgeschrieben. Ursprünglich war es nur ein Jahr Erziehungszeit. Zum Vergleich: Eltern von Kindern, die ab 1992 geboren wurden, erhalten bis zu drei Rentenpunkte aufgrund von drei Jahren Erziehungszeit. Die Mütterrente ist keine eigenständige Rente, sondern eine Rentenerhöhung der **Altersrente**.

Pension: Unter dem Begriff Pension werden landläufig Alters- und Hinterbliebenenbezüge von Beamten, Richtern und Berufssoldaten verstanden. Es sind in jedem Fall Zahlungen, die unmittelbar vom früheren Arbeitgeber geleistet werden. Es gibt solche Altersbezüge aber nicht nur im öffentlichen Dienst, sondern auch in der privaten Wirtschaft, zum Beispiel, wenn der Arbeitgeber seinen Beschäftigten ein von ihm finanziertes Ruhegehalt zahlt (siehe **Direktzusage**). In der privaten Wirtschaft kann diese Versorgungsleistung ganz unterschiedliche Bezeichnungen haben, zum Beispiel Werkspension, Betriebspension oder **Betriebsrente**. Sie wird steuerlich grundsätzlich wie eine Pension öffentlich Bediensteter behandelt. Steuererleichterungen für Werkspensionen in Form von Freibeträgen gibt es aber im Unterschied zu Beamtenpensionen in der Regel erst nach dem 63. Lebensjahr. Nach dem Alterseinkünftegesetz erhöht sich auch für jeden neuen Pensionärsjahrgang die Besteuerung, weil die Freibeträge schmelzen.

Pensionen: Sie gelten steuerlich als nachträgliche Arbeitseinkünfte. Der Versorgungsfreibetrag, der Zuschlag zum Versorgungsfreibetrag (➔ Seite 174) und die Werbungskostenpauschale von 102 Euro werden vom Finanzamt berücksichtigt. Pensionszahlungen gehören nicht auf die Anlage R, sondern auf die Anlage N.

Pensionsfonds: Pensionsfonds sind die jüngste Form der betrieblichen Altersversorgung. Es handelt sich um selbstständige Unternehmen, die gegen Beitragszahlung eine lebenslange kapitalgedeckte Altersversorgung anbieten und garantieren. Da sie keine Versicherungsunternehmen sind, unterliegen sie auch nicht den Einschränkungen, die für Versicherungen gelten. Pensionsfonds können bei einem Arbeitgeberwechsel problemlos „mitgenommen" werden. Arbeitnehmer dürfen Gehaltsteile umwandeln und in einen Pensionsfonds einzahlen. Bis zu acht Prozent der Beitragsbemessungsgrenze in der gesetzlichen Rentenversicherung bleiben steuerfrei. Für 2022 waren das maximal 6768 Euro im Jahr. Die Sozialversicherungsfreiheit endet aber bei vier Prozent. Für Einzahlungen aus bereits versteuertem Geld ist eine Riester-Förderung möglich. Rentenzahlungen sind in diesem Fall voll steuerpflichtig. Eine Auszahlung als Kapitalabfindung ist grundsätzlich nicht möglich. Eine Ausnahme erlaubt unter bestimmten Voraussetzungen die Auszahlung von 30 Prozent des angesparten Vermögens bei Rentenbeginn. Die Bezüge aus Pensionsfonds gehören auf die Anlage R.

Pensionskasse: Pensionskassen sind Versicherungsunternehmen, die die betriebliche Altersversorgung entweder für ein größeres Unternehmen als „klassische Pensionskasse" oder für mehrere Unternehmen als „offene Pensionskasse" organisieren. Die Finanzierung erfolgt durch Einzahlungen des Arbeitgebers, des Arbeitnehmers und durch Erträge, die die Pensionskasse erwirtschaftet hat. Bei der Umwandlung von Arbeitslohn in Beiträge zu einer Pensionskasse dürfen 2022 bis zu acht Prozent der Beitragsbemessungsgrenze in der gesetzlichen Rentenversicherung steuerfrei bleiben. Maximal sind das 6768 Euro im Jahr. Die Sozialversicherungsfreiheit endet bereits bei vier Prozent. Alternativ ist die Riester-Förderung nutzbar. Hat der Arbeitgeber die Beiträge pauschal versteuert, sind Rentenzahlungen mit dem Ertragsanteil steuerpflichtig (→ Seite 170). Erfolgt die Auszahlung als Kapitalabfindung „auf einen Schlag", kann sie steuerfrei sein, wenn der Vertrag vor 2005 abgeschlossen wurde, mindestens 12 Jahre gelaufen ist und einige weitere Bedingungen erfüllt sind (siehe **Lebensversicherung**). Wurde die Riester-Förderung oder die steuerlich geförderte Entgeltumwandlung genutzt, sind die Auszahlungen voll steuerpflichtig. Entscheidend für die Eintragung in die Steuererklärung ist die Leistungsmitteilung des Anbieters.

Pensionszusage: siehe **Direktzusage**

Private Rentenversicherung: siehe **Lebensversicherung**

Privatrente: Privatrenten sind Leistungen, die auf der Grundlage privater Vereinbarungen gezahlt werden. Beispielsweise gibt es Privatrenten als Gegenleistung für den Verkauf eines Grundstücks oder im Zusammenhang mit Vermögensübertragungen in der Familie. Privatrenten haben ganz unterschiedliche steuerliche Folgen, und ihre Vereinbarung erfordert in der Regel professionellen steuerlichen Beistand. Erhält jemand von einem Verwandten oder Bekannten eine private Rente ohne Gegenleistung, ist sie als Unterhaltsleistung einkommensteuerfrei. Eventuelle erbschaft- und schenkungsteuerliche Folgen sind dabei allerdings immer mit einzukalkulieren. Erfolgt die Zahlung einer Privatrente als kaufmännisch kalkulierte

Gegenleistung für den Verkauf eines Grundstücks oder anderer Vermögenswerte, ist die Rente mit dem Ertragsanteil steuerpflichtig (➔ Seite 170). Wird im Ergebnis einer Vermögensübertragung unter Angehörigen eine Versorgungsleistung gezahlt, kann diese mit dem Ertragsanteil oder voll steuerpflichtig sein. Achtung: Der Gesetzgeber hat die Steuerbegünstigung von Privatrenten bei der Vermögensübertragung unter Angehörigen auf bestimmte Arten von Betriebsvermögen eingeschränkt. Geht es um andere Vermögensarten, kann der Zahler die Kosten nicht als Sonderausgaben absetzen, der Empfänger braucht aber auch nichts zu versteuern. Vor 2008 abgeschlossene Vereinbarungen werden weiter gefördert, auch wenn sie nicht auf Betriebsvermögen beruhen.

Regelaltersrente: siehe **Altersrente**

Rente: In diesem Ratgeber wird Rente als Sammelbegriff für regelmäßig wiederkehrende Zahlungen aufgrund von Rechtsansprüchen verwendet. Nähere Informationen finden Sie unter den verschieden Formen und Arten von Renten, etwa unter **Altersrente** oder **Hinterbliebenenrente**.

Riester-Rente: Die Riester-Rente ist eine staatlich geförderte Form der privaten beziehungsweise **betrieblichen Altersversorgung**. Namenspatron ist der ehemalige Bundesarbeitsminister Walter Riester. Die Förderung erfolgt zunächst durch eine „Grundzulage", die 2022 bei 175 Euro liegt. Wer den 25. Geburtstag noch nicht gefeiert hat, bekommt den (einmaligen) „Einsteiger-Bonus" von 200 Euro. Eltern erhalten zusätzlich eine Kinderzulage, die für Kinder, die bis Ende 2007 geboren wurden, bis zu 185 Euro im Jahr beträgt. Für ab 2008 geborene Kinder gibt es bis zu 300 Euro Zulage im Jahr. Neben den Zulagen berücksichtigt das Finanzamt einen Sonderausgabenabzug von maximal 2 100 Euro, wenn dieser dem Sparer eine höhere Entlastung bringt als die Zulagen. Eingezahlte Beiträge sind dadurch einschließlich der Zulagen bis maximal 2 100 Euro steuerfrei. Um die Förderung zu erhalten, müssen die Anlageprodukte zulagenfähig sein und dafür einige Kriterien erfüllen. So dürfen nur lebenslange Leistungen erbracht werden, und zwar frühestens ab dem 60. Geburtstag, bei ab 2012 abgeschlossenen Verträgen frühestens ab dem 62. Geburtstag. Die Auszahlungen sind voll steuerpflichtig, egal ob sie aus Riester-Verträgen der privaten oder betrieblichen Altersversorgung stammen. Sie gehören in die noch vergleichsweise junge Anlage R-AV/bAV (➔ Seite 74).

Rürup-Rente: siehe **Basisrente**

Schadensersatzrente: siehe **Steuerfreie Rente**

Schmerzensgeldrente: siehe **Steuerfreie Rente**

Sofortrente: Die Sofortrente ist eine Sonderform der privaten Altersversorgung. Der künftige Rentenempfänger zahlt an ein Versicherungsunternehmen einen größeren Betrag, und das Unternehmen beginnt sofort mit der Rentenzahlung. Die Sofortrente ist mit dem Ertragsanteil steuerpflichtig (➔ Seite 170).

Sozialversicherungsrente: siehe **Altersrente**

Steuerfreie Rente: Manche Renten bleiben nach gesetzlichen Vorgaben steuerfrei, dazu gehören auch Renten aus der gesetzlichen Unfallversicherung (gezahlt von Berufsgenossenschaften) und Renten für Wehr- und Zivildienstgeschädigte, Kriegsbeschädigte sowie deren Hinterbliebene, Schadensersatz- und bestimmte Schmerzensgeldrenten.

Unfallrente: siehe **Steuerfreie Rente**

Unterstützungskasse: Unterstützungskassen sind häufig auch als „U-Kassen" bezeichnete eigenständige Versorgungseinrichtungen von Unternehmen und ein weiterer Weg der **betrieblichen Altersversorgung**. U-Kassen sind keine Versicherungsunternehmen und werden auch nicht von der Bundesanstalt für Finanzdienstleistungsaufsicht kontrolliert. Sie arbeiten eng mit dem Arbeitgeber zusammen. U-Kassen sind bei der Vermögensanlage besonders flexibel, allerdings können sie bei einem Wechsel des Arbeitgebers nur selten weitergenutzt werden. Die Finanzierung der Leistungen erfolgt durch Einzahlungen des Arbeitgebers, die Umwandlungen des Gehalts des Arbeitnehmers und durch Kapitalerträge, die von der U-Kasse erwirtschaftet worden sind. Eine Riester-Förderung ist nicht möglich. Andererseits gibt es aber keine Begrenzung der Steuer- und Abgabenfreiheit für Beiträge, die der Arbeitgeber einzahlt. Werden Gehaltsteile des Arbeitnehmers in Beitragszahlungen an eine U-Kasse umgewandelt, bleiben sie unbegrenzt steuerfrei. Die Sozialversicherungsfreiheit endet allerdings bei vier Prozent der Beitragsbemessungsgrenze in der gesetzlichen Rentenversicherung. Das entsprach 2022 einem Betrag von 3384 Euro im Jahr. Leistungen aus einer U-Kasse werden grundsätzlich wie Arbeitslohn besteuert (siehe auch **Pension**). Das Finanzamt zieht aber den Versorgungsfreibetrag, den Zuschlag zum Versorgungsfreibetrag (➔ Seite 174) und die Werbungskostenpauschale von 102 Euro ab. Die Leistungen aus der U-Kasse rechnen Sie über die Anlage N ab.

VBL-Rente: Das ist eine Rente für die Beschäftigten des öffentlichen Dienstes und deren Hinterbliebene. Die Abkürzung steht für Versorgungsanstalt des Bundes und der Länder. Die Besteuerung erfolgt unterschiedlich. Rentenzahlungen, für die der Arbeitgeber pauschal besteuerte Leistungen eingezahlt hat, werden mit dem Ertragsanteil besteuert (➔ Seite 170). Gleiches gilt für Rentenzahlungen, die auf Pflichtbeiträgen beruhen, die der Arbeitnehmer aus versteuertem Einkommen eingezahlt hat. Wenn Einzahlungen über Gehaltsumwandlung oder mit Riester-Förderung liefen, sind die Auszahlungen voll steuerpflichtig. Oft muss ein einheitlicher Rentenbetrag aufgeteilt werden, weil seine einzelnen Bestandteile unterschiedlich besteuert werden. Darüber informiert die Leistungsmitteilung des Versicherungsträgers. Die Auszahlungen gehören auf die Anlage R-AV/bAV. Die auf der Leistungsmitteilung bescheinigten Beiträge zur Kranken- und Pflegeversicherung gehören als abzugsfähige Sonderausgaben in die Anlage Vorsorgeaufwand (➔ Seite 88).

Veräußerungsrente: siehe **Privatrente**

Versorgungswerke: Versorgungswerke sind berufsständische (oder vergleichbare) Einrichtungen, in die Angehörige der kammerfähigen Berufe, zum Beispiel Anwälte, Ärzte oder Architekten, einzahlen. Die Werke zahlen an ihre Mitglieder und deren Angehörige im Alter oder bei Bedürftigkeit Versorgungsbezüge aus. Diese Versorgungsbezüge werden im Prinzip so besteuert wie die **Altersrente**. Die Höhe des steuerpflichtigen Anteils richtet sich nach dem Jahr des Versorgungsbeginns. Lag der Versorgungsbeginn 2005 oder früher, beträgt der steuerpflichtige Anteil 50 Prozent, bei Versorgungsbeginn 2022 sind es 82 Prozent (➔ Seite 167). Als Ausnahme gibt es eine sogenannte Öffnungsklausel für Menschen, die bis Ende 2004 mindestens zehn Jahre lang Beiträge oberhalb des Höchstbeitrags zur gesetzlichen Rentenversicherung eingezahlt haben. Das betrifft ganz besonders Selbstständige mit einem hohen Einkommen. Als Nachweis ist eine Bescheinigung erforderlich, die das Versorgungswerk auf Antrag des Versicherten ausstellt. Die geforderten zehn Jahre müssen nicht aufeinanderfolgen. Gelingt der Nachweis, wird der Teil der Rente, der auf Beiträgen oberhalb der Beitragsbemessungsgrenze beruht, nur mit dem Ertragsanteil besteuert (➔ Seite 170).

Waisenrente: Waisenrente können Kinder Verstorbener unter bestimmten Voraussetzungen bis zum 18. Geburtstag erhalten. Wenn sie noch in der Ausbildung sind, geht das grundsätzlich auch noch bis 27. Das Höchstalter beträgt also nicht wie beim Kindergeld 25 Jahre. Steuerlich wird die Waisenrente dem Kind zugerechnet und erhöht somit nicht das Einkommen der Witwe oder des Witwers. Ebenso wie andere Renten aus der gesetzlichen Versicherung richtet sich der steuerpflichtige Rentenanteil von Waisenrenten nach dem Jahr des Rentenbeginns. War der Rentenbeginn 2005 oder früher, sind 50 Prozent der Rente steuerpflichtig. Ein Rentenbeginn 2022 bedeutet 82 Prozent Steuerpflicht (→ Seite 167). Waisenrenten aus einer privaten Rentenversicherung werden mit dem Ertragsanteil versteuert (→ Seite 170).

Wehrdienstgeschädigten-/Zivildienstgeschädigtenrente: siehe **Steuerfreie Rente**

Werkspension/-rente: siehe **Pension**

Witwenrente/Witwerrente: Witwen- beziehungsweise Witwerrenten aus der gesetzlichen Versicherung werden ähnlich wie Altersrenten besteuert. Die Höhe des steuerpflichtigen Anteils richtet sich allerdings nach dem Jahr des Erstbezugs der Rente durch den Verstorbenen. Erfolgte dessen erster Rentenbezug 2005 oder früher, sind 50 Prozent der Rente steuerpflichtig. Mit diesem Prozentsatz wird dann der Freibetrag der Witwen- oder Witwerrente mit der Jahresrente im Jahr nach dem ersten Rentenbezug berechnet. War dies 2021, beträgt der Freibetrag der Hinterbliebenenrente 50 Prozent der Jahresrente 2022. Eine Kapitalabfindung anlässlich einer Wiederverheiratung bleibt steuerfrei. Wenn die neue Ehe geschieden wird, lebt die alte Witwen- beziehungsweise Witwerrente wieder auf, einschließlich des seinerzeitigen steuerpflichtigen Anteils. Witwen- und Witwerrenten aus einer privaten Rentenversicherung sind mit dem Ertragsanteil steuerpflichtig (→ Seite 170).

Zusatzversorgungskassen: Zusatzversorgungskassen sind Einrichtungen des öffentlichen Dienstes des Bundes, der Länder, Kommunen, Kirchen und Sparkassen. Sie bieten die ergänzende Altersversorgung des Personals dieser Einrichtungen an. Die größte Zusatzversorgungskasse ist die Versorgungsanstalt des Bundes und der Länder (siehe **VBL-Rente** und auch **AKA-Rente**).

Stichwortverzeichnis

G

H

I

J

K

R

S

T

U

V

W

Z

Die Stiftung Warentest wurde 1964 auf Beschluss des Deutschen Bundestages gegründet, um dem Verbraucher durch vergleichende Tests von Waren und Dienstleistungen eine unabhängige und objektive Unterstützung zu bieten.

17., aktualisierte Auflage,

Stiftung Warentest
Lützowplatz 11–13
10785 Berlin
Telefon 0 30/26 31–0
Fax 0 30/26 31–25 25
www.test.de
email@stiftung-warentest.de

USt-IdNr.: DE136725570

Vorstand: Hubertus Primus
Weitere Mitglieder der Geschäftsleitung: Dr. Holger Brackemann, Julia Bönisch, Daniel Gläser

Programmleitung: Niclas Dewitz

Autorin: Isabell Pohlmann
Fachliche Beratung: Tobias Gerauer (StB), Peterskirchen
Projektleitung: Philipp Sperrle
Lektorat: Heike Plank
Titelentwurf: Susann Unger, Berlin

Layout: Büro Brendel, Berlin
Grafik, Satz: Büro Brendel, Berlin
Bildredaktion: Anne-Katrin Körbi
Bildnachweis: Titel: Getty Images/View Stock RF; U4: Getty Images/Boris Zerwann
Gettyimages: 4, 36, 64, 142 Utamaru Kido; 9, 24, 11 Westend61; 16 FreshSplash; 21 Geber86; 29 izusek; 32 hobo_018; 48 Julian Ward; 51 Fabio Camandona; 81 Maskot ; 87 onurdongel; 94 Kinga Krzeminska; 105 xavierarnau; 111 Mischa Keijser; 116 coldsnowstorm; 122 the_burtons; 133 Kentaroo Tryman; 153 Terry Vine; 161 Kathrin Ziegler
Adobe Stock: 68 Stockfotos-MG; 73 MarcelS; 148 Wolfilser

Produktion: Vera Göring
Verlagsherstellung: Rita Brosius (Ltg.), Susanne Beeh, Romy Alig
Litho: tiff.any, Berlin
Druck: Fromm + Rasch GmbH & Co. KG., Osnabrück

ISBN: 978-3-7471-0585-6

Wir haben für dieses Buch 100 % Recyclingpapier und mineralölfreie Druckfarben verwendet. Stiftung Warentest druckt ausschließlich in Deutschland, weil hier hohe Umweltstandards gelten und kurze Transportwege für geringe CO_2-Emissionen sorgen. Auch die Weiterverarbeitung erfolgt ausschließlich in Deutschland.